Reinhard Demuth · Gerd Walther · Manfred Prenzel (Hrsg.)

Unterricht entwickeln mit SINUS
10 Module für den Mathematik- und Sachunterricht in der Grundschule

Redaktionelle und fachdidaktische Koordination und Bearbeitung:
Brigitte Dedekind (Mathematik) und Dr. Karen Rieck (Naturwissenschaften)

D1720444

Klett I **Kallmeyer**

Bibliografische Information der Deutschen Nationalbibliothek
Die Deutsche Nationalbibliothek verzeichnet diese Publikation in der Deutschen Nationalbibliografie;
detaillierte bibliografische Daten sind im Internet über http://dnb.d-nb.de abrufbar.

Impressum

Reinhard Demuth, Gerd Walther, Manfred Prenzel (Hrsg.)
Unterricht entwickeln mit SINUS
10 Module für den Mathematik- und Sachunterricht in der Grundschule

1. Auflage 2011

Das Werk und seine Teile sind urheberrechtlich geschützt. Jede Nutzung in anderen
als den gesetzlich zugelassenen Fällen bedarf der vorherigen schriftlichen Einwilligung
des Verlages. Hinweis zu § 52 a UrhG: Weder das Werk noch seine Teile dürfen
ohne eine solche Einwilligung eingescannt und in ein Netzwerk eingestellt werden.
Dies gilt auch für Intranets von Schulen und sonstigen Bildungseinrichtungen.
Fotomechanische oder andere Wiedergabeverfahren nur mit Genehmigung des Verlages.

© 2011. Kallmeyer in Verbindung mit Klett
Friedrich Verlag GmbH
D-30926 Seelze
Alle Rechte vorbehalten.
www.friedrich-verlag.de

Redaktion: Inka Klenke-Paul, Brilon
Satz: Jürgen Rohrßen Digitale Druckvorstufe, Hannover
Druck: Kessler Druck + Medien GmbH & Co. KG, Bobingen
Printed in Germany

ISBN: 978-3-7800-1091-9

Nicht in allen Fällen war es uns möglich, den Rechteinhaber ausfindig zu machen. Berechtigte
Ansprüche werden selbstverständlich im Rahmen der üblichen Vereinbarungen abgegolten.

Reinhard Demuth · Gerd Walther · Manfred Prenzel (Hrsg.)

Unterricht entwickeln mit SINUS

10 Module für den Mathematik- und Sachunterricht
in der Grundschule

Klett | Kallmeyer

Modul G 6: Fachübergreifend und fächerverbindend unterrichten

Modul G 7: Interessen von Mädchen und Jungen aufgreifen und weiterentwickeln

Einleitung

In 400 Grundschulen Deutschlands geschah in der Zeit von August 2004 bis Juli 2009 etwas Aufregendes: Lehrerinnen und Lehrer in vierzehn Bundesländern arbeiteten während dieser Zeit gemeinsam daran, ihren Mathematikunterricht und ihren naturwissenschaftlichen Sachunterricht weiterzuentwickeln. Sie sprachen über ihren Unterricht, diskutierten über diverse Aspekte der Unterrichtsveränderung, um das Lernen ihrer Schülerinnen und Schüler besser zu unterstützen.

Was waren die Gründe dafür, dass sich die Lehrkräfte in diese zusätzliche Arbeit stürzten? Nun, alle diese Kolleginnen und Kollegen arbeiteten in dem Programm SINUS-Transfer Grundschule. Dieses Programm wurde vom Kieler Leibniz-Institut für die Pädagogik der Naturwissenschaften und Mathematik (IPN) betreut, koordiniert und wissenschaftlich begleitet.

Warum engagierten sich Lehrkräfte in diesem Programm? SINUS-Transfer Grundschule griff aktuelle und brennende Fragen der Unterrichtswirklichkeit in dieser Schulstufe auf. Es betrachtete Lehrkräfte als Expertinnen und Experten für Unterricht, die dessen Probleme und Herausforderungen am besten kennen und lösen können. Das Programm lud Lehrkräfte dazu ein, sich mit besonderen, empirisch belegten Herausforderungen des Grundschulunterrichts auseinanderzusetzen.

Welche Unterstützung erhielten im SINUS-Programm arbeitende Lehrkräfte? SINUS-Transfer Grundschule ist modular gegliedert. Die Arbeitsgrundlage bilden zehn Module, die sich in drei Basismodule und sieben Erweiterungsmodule aufteilen und folgende thematische Schwerpunkte haben:

▸ **Basismodul G 1:** Gute Aufgaben
▸ **Basismodul G 2:** Entdecken, Erforschen, Erklären
▸ **Basismodul G 3:** Schülervorstellungen aufgreifen, grundlegende Ideen entwickeln

Erweiterungsmodule:
▸ **Modul G 4:** Lernschwierigkeiten erkennen – verständnisvolles Lernen fördern
▸ **Modul G 5:** Talente entdecken und unterstützen
▸ **Modul G 6:** Fächerübergreifend und fächerverbindend unterrichten
▸ **Modul G 7:** Interessen von Mädchen und Jungen aufgreifen und weiterentwickeln
▸ **Modul G 8:** Eigenständig lernen – Gemeinsam lernen
▸ **Modul G 9:** Lernen begleiten – Lernergebnisse beurteilen
▸ **Modul G 10:** Übergänge gestalten

Zu jedem dieser zehn Module liegen für den mathematischen und den naturwissenschaftlichen Bereich fachdidaktische Modulbeschreibungen als Ausgangsimpuls für die Lehrkräfte vor. Jedes Modul beschreibt einen wichtigen Problembereich des Unterrichts und zeigt beispielhaft Möglichkeiten, diese Herausforderungen zu bearbeiten. Um die SINUS-Lehrkräfte mit den Modulthemen vertraut zu machen und um die Kooperation der Lehrkräfte zu unterstützen, wurden und werden bundes- und landesweite Tagungen angeboten. Vorträge und Workshops geben vielfältige Impulse und Anregungen für die Unterrichtsgestaltung. Diese Ideen können und sollen möglichst unter Mitarbeit weiterer Kolleginnen und Kollegen im Unterricht umgesetzt, ausprobiert und evaluiert werden.

Wie lassen sich die Module im Schulalltag umsetzen? Die drei Basismodule dienen als Startpunkt. Diesen Modulen liegt die Vorstellung zugrunde, dass die weitere Unterrichtsentwicklung auf der inhaltlichen Seite untrennbar mit einer Verbesserung der Aufgabenkultur – und auf der Seite der Lehrenden – mit einem besseren Verständnis individueller Lernprozesse verbunden ist.

In der ersten Phase bearbeiten die SINUS-Teams zwei dieser drei Basismodule, weitere Module werden dann nach eigenen Wünschen hinzugefügt und miteinander kombiniert. Die Arbeit an einzelnen Modulen öffnet den beteiligten Lehrkräften den Blick dafür, wie sie erfolgreich ihre Unterrichtsansätze weiterentwickeln können. Dadurch wird schrittweise eine auf die Bedürfnisse der Schule ausgerichtete Veränderung des Unterrichts in Gang gesetzt. Durch die Wahl des Moduls können sich SINUS-Gruppen an den Schulen auf drängende Fragen ihres unterrichtlichen Umfeldes konzentrieren und so in relativ kurzer Zeit eine spürbare und nachhaltige Verbesserung erreichen, ohne ihren ganzen Unterrichtsansatz grundsätzlich in Frage zu stellen.

Warum die Veröffentlichung der Modulbeschreibungen in einer Kurzfassung? Die Anforderungen an Schule und Unterricht nehmen immer mehr zu, sodass ein wiedererwachendes Interesse der Lehrkräfte an den Fachdidaktiken, insbesondere in den Naturwissenschaften und in der Mathematik, zu erkennen ist. Die zu jedem Modulthema, getrennt für Mathematik und für den Sachunterricht, von erfahrenen Fachdidaktikerinnen und -didaktikern formulierten handlungsorientierten und beispielbezogenen Modulbeschreibungen werden auch außerhalb des Programms nachgefragt und vielfach in der Lehrerausbildung und in der Fortbildung von Lehrkräften eingesetzt. Zudem startete im August 2009 im Anschluss an das Programm SINUS-Transfer Grundschule das Programm *SINUS an Grundschulen*, an dem sehr viel mehr Schulen aus insgesamt elf Bundesländern mitwirken. Vier weitere Bundesländer gehören dem Programm als assoziierte Mitglieder an. *SINUS an Grundschulen* arbeitet ebenfalls auf der Grundlage der bisherigen SINUS-Module.

Es hat sich gezeigt, dass Lehrkräfte, die mit ihren Schulen nicht am Programm beteiligt sind, großes Interesse an den SINUS-Modulen haben. Deshalb erscheinen die Beschreibungen in diesem Buch in verkürzter, komprimierter Darstellung. Wer an einer ausführlicheren Darstellung interessiert ist, findet weitere Informationen auf den Internet-Seiten des Programms (www.sinus-an-grundschulen.de/).

Wie ist das Buch aufgebaut? Das Thema jedes Moduls wird in einer Einführung vorgestellt und die Autorinnen und Autoren mit ihrem Anliegen kurz präsentiert. Danach folgen die Modulbeschreibungen, zunächst für das Fach Mathematik, dann für die Naturwissenschaften.

Basismodul G 1:
Gute Aufgaben

Im Unterricht rückt die didaktische Funktion von Aufgaben in den Blickpunkt, denn letztlich dienen Aufgaben dazu, Lernprozesse anzuregen und zu unterstützen sowie den Lernstand abzubilden. Die Qualität der Aufgaben wird dadurch bestimmt, inwieweit es mit ihnen gelingt, diese Ziele umzusetzen. Im Unterricht stellt sich für die Lehrkraft die Frage, welcher Lernprozess mit dieser Aufgabe angestoßen werden soll, und zwar bei der jeweiligen Lerngruppe bzw. bei einzelnen Schülerinnen und Schülern, die über ein bestimmtes Vorwissen oder Vorverständnis verfügen. Aufgaben müssen nicht immer neu erfunden werden. Zahlreiche Aufgaben findet man in Schulbüchern und fachdidaktischen Publikationen. Wichtig ist es, mit Hilfe von didaktischen Kriterien Aufgaben auszuwählen oder so zu verändern, dass sie kompetenzorientiert den Lernprozess anregen. Sensibel für die Funktion und Qualität von Aufgaben werden Lehrkräfte insbesondere dann, wenn sie selbst Aufgaben variieren oder neu entwickeln oder dies gemeinsam mit Kolleginnen und Kollegen tun.

Gerd Walther beschreibt im vorliegenden Beitrag „Die Entwicklung allgemeiner mathematischer Kompetenzen fördern" für das Mathematik-Modul einen Qualitätsbegriff für Aufgaben, dessen Potenzial besonders in der Entwicklung und Festigung prozessbezogener Kompetenzen liegt. Mit dem Instrument der Aufgabenanalyse werden Aufgaben auf ihr Potenzial zur Entwicklung und Festigung dieser Kompetenzen überprüft. Das Instrument der Aufgabenvariation eignet sich dazu, Lernumgebungen zu gestalten, die ein breites Spektrum an nach Inhalt und Niveau differenzierten Anforderungen enthalten und die Lernenden zu prozessbezogenen Aktivitäten anregen. Beide Instrumente werden in der Modulbeschreibung an einigen Beispielen illustriert. Darüber hinaus wird aufgezeigt, dass Aufgaben – wenn sie Gegenstand des kollegialen Gesprächs über Mathematikunterricht sind – sowohl ein Mittel der Qualitätsentwicklung sein können als auch zur Qualitätssicherung beitragen, indem sie das Wesentliche der Bildungsstandards exemplarisch verdeutlichen.

Der Beitrag „Kennzeichen guter Aufgaben" für den Bereich Naturwissenschaften von Karen Rieck strukturiert Aufgaben anhand der beiden zentralen didaktischen Funktionen, die sie im Unterricht übernehmen: Lernprozesse initiieren und den Lernstand erheben. Es wird dargestellt, dass beide Situationen unterschiedliche Anforderungen an Aufgaben stellen. Mit Hilfe des Radarplots wird eine Methode vorgestellt, die zur Analyse von Aufgaben eingesetzt werden kann. Ausgehend von der Aufgabenanalyse können Aufgaben je nach Einsatz variiert oder neu entwickelt werden.

Gerd Walther

Die Entwicklung allgemeiner mathematischer Kompetenzen fördern

Traditionelle Aufgabenstellung kontra „Gute Aufgabe"

Schülerinnen und Schüler werden im Mathematikunterricht mit Aufgaben zu Tätigkeiten angeregt, die zum Lernen führen. Häufig geht es dabei um das Einüben von Fertigkeiten. In dem folgenden Beispiel werden das stellengerechte Anschreiben und das schriftliche Addieren mit mehr als zwei Summanden und Überträgen geübt.

 Beispiel 1

Schreibe untereinander, dann addiere.
a) 738 + 917 + 435   b) 674 + 58 + 613
   624 + 49 + 958   978 + 76 + 735
   473 + 381 + 97   823 + 94 + 987

Dieser Typ von Aufgaben hat eine jahrhundertelange Tradition.
Die folgende Aufgabe fordert von den Lernenden einer 2. Klasse über das Rechnen hinaus weitergehende Tätigkeiten.

 Beispiel 2

a) Rechne aus:
   35 + 36 =
   36 + 35 =
   31 + 40 =
b) Warum sind die Ergebnisse in dem Päckchen immer gleich?
c) Finde weitere Aufgaben mit dem gleichen Ergebnis.

Wie im ersten Beispiel wird in der Teilaufgabe a zunächst gerechnet. Die nächsten beiden Teilaufgaben enthalten explizit formulierte Anforderungen, die über das Rechnen hinausgehen. Bei b sollen sie einen mathematischen Sachverhalt begründen. Als Argumente mit jeweils einzugrenzendem Gültigkeitsbereich könnten Lernende verwenden: „Tauschaufgabe", Konstanz der Summe bei gegensinniger Veränderung der beiden Summanden um die gleiche Zahl, Vertauschen der Einerziffern in beiden Summanden. Der Teil c fordert von den Kindern Problemlösen, nämlich ohne Rückgriff auf ein bereits bekanntes Verfahren selbstständig Aufgaben zu konstruieren. Dazu müssen sie etwa das Konstruktionsmuster der Aufgaben erkennen und anwenden. Es ist aber auch zulässig, mit der Zerlegung der Zahl 71 in zwei Summanden einen anderen Weg für die Problemlösung einzuschlagen. Zweifelsohne stellen Aufgaben des zuletzt genannten Typs auch Lehrkräfte vor weitergehende fachliche und pädagogische Anforderungen.

Es geht um gute Aufgaben, also um solche Aufgaben, die, wie wir vorläufig sagen, über das „Rechnen" hinaus den Lernenden weitere kognitive mathematische Tätigkeiten abverlangen. Der Bezugsrahmen für diese „weiteren kognitiven mathematischen Tätigkeiten" sind die von der KMK verabschiedeten Bildungsstandards Mathematik für den Primarbereich (KMK 2004).

Bildungsstandards Mathematik für den Primarbereich

Das Kompetenzmodell der Bildungsstandards Mathematik für den Primarbereich bündelt die mathematischen Inhalte der Grundschule in den fünf Leitideen Zahlen und Operationen, Raum und Form, Muster und Strukturen, Größen und Messen sowie Daten, Häufigkeit und Wahrscheinlichkeit. Mit wenigen Ausnahmen nehmen diese Leitideen die traditionellen Inhalte neuerer Grundschullehrpläne seit den 80er-Jahren auf. Die an die Leitideen geknüpften mathematischen Fertigkeits- und Fähigkeitserwartungen bei den Lernenden werden als so genannte inhaltsbezogene mathematische Kompetenzen formuliert. Die Entwicklung inhaltsbezogener mathematischer Kompetenzen soll nach dem Kompetenzmodell der KMK in enger Wechselwirkung mit der verbindlichen Entwicklung allgemeiner mathematischer Kompetenzen: Problemlösen, Kommunizieren, Argumentieren, Modellieren und Darstellen erfolgen.

Angemerkt sei hier, dass das Ziel der Entwicklung allgemeiner mathematischer Kompetenzen in einem sehr engen Zusammenhang mit der Thematik auch der beiden anderen Basismodule von SINUS-Transfer Grundschule steht. Kreativität, Ideenreichtum, Ideenfluss und die Fähigkeit, Situationen „mathematisch" zu sehen, sind wichtige Bedingungen für entdeckendes, erforschendes Lernen im Mathematikunterricht.

Von mathematisch inhaltlich ausgerichteten Aufgaben zu prozessbezogenen Tätigkeiten

Der berufliche Alltag von Mathematiklehrkräften und der Lernalltag von Lernenden werden durch den Umgang mit Aufgaben geprägt. Aufgaben sind sowohl aus Lehrer- als auch aus Schülerperspektive mit vielfältigen Tätigkeiten und Bezügen verbunden.

Lehrkräfte…
▸ bereiten Aufgaben vor und wählen Aufgaben für den Unterricht aus,
▸ stellen didaktisches Material für die Aufgabenbearbeitung bereit,
▸ stellen – vielfach spontan – Aufgaben in mündlicher Form,
▸ beraten Schüler bei der Bearbeitung von Aufgaben,
▸ überprüfen mündliche oder schriftliche Lösungen und Lösungswege,
▸ führen verschiedene Lösungsfragmente von Kindern zusammen,
▸ bewerten Aufgabenlösungen von Schülern, usw.

Lernende…
▸ versuchen, Aufgaben zu lösen,
▸ versuchen, Lösungen von Mitschülern zu verstehen (oder „einfach" zu übernehmen),
▸ schätzen Aufgaben nach ihrer Lösungschance ein,
▸ bearbeiten allein oder gemeinsam mit anderen (im Unterricht oder zu Hause) Aufgaben,
▸ bitten um Unterstützung bei der Aufgabenbearbeitung,
▸ stellen emotionale Bezüge zu Aufgaben und zur Aufgabenbearbeitung her (z. B.: „interessant/langweilig", „mache ich gern/ungern") usw.

Aufgaben können im Unterricht verschiedene Funktionen erfüllen. Mit Aufgaben zum Lernen werden durch ihre individuelle oder gemeinsame Bearbeitung bei den Kindern Lernprozesse zur Entwicklung und Konsolidierung von Kompetenzen angestoßen. Mit Aufgaben zum Leisten wird der Leistungsstand der Lernenden, d. h. ihre durch Lernen erreichten Kompetenzen, festgestellt. Im Folgenden geht es um Aufgaben zum Lernen, also vor dem oben skizzierten Hintergrund der Bildungsstandards, um die gemeinsame Entwicklung und Festigung inhaltlicher und allgemeiner mathematischer Kompetenzen. Diese Verkoppelung vermittelt im Mathematikunterricht ein an der Wissenschaft Mathematik orientiertes Bild von Mathematik, das gleichermaßen Mathematik als fertigen, abrufbaren und anwendbaren Bestand an begrifflichem Wissen und Verfahrenswissen, aber auch als einen durch mathematische Tätigkeit erzeugten Prozess einschließt.

Vor dem Hintergrund der allgemeinen mathematischen Kompetenzen legen wir nun fest: Unter „Guten Aufgaben" verstehen wir Aufgaben, die bei Lernenden an grundlegenden mathematischen Inhalten, also Begriffen, Zusammenhängen und Verfahren, so genannte prozessbezogene Tätigkeiten, etwa des Problemlösens, Kommunizierens, Argumentierens, Modellierens und Darstellens anregen, und so auf lange Sicht die Entwicklung der entsprechenden allgemeinen Kompetenzen unterstützen.

Ein Beispiel für eine in diesem Sinne gute Aufgabe haben wir bereits zu Beginn (Beispiel 2) kennengelernt. Der Aufgabentext fordert bei b Argumentieren, insbesondere folgende prozessbezogene Tätigkeiten:
▸ mathematische Zusammenhänge erkennen und Vermutungen entwickeln,
▸ Begründungen suchen und nachvollziehen.

Bei der Teilaufgabe c geht es um das Problemlösen, insbesondere um folgende prozessbezogene Tätigkeiten:
▸ Lösungsstrategien entwickeln und nutzen (z. B. systematisch probieren),
▸ Zusammenhänge erkennen, nutzen und auf ähnliche Sachverhalte übertragen.

Mit Blick auf den Mathematikunterricht erfüllen Aufgaben noch weitere Funktionen:

▸ Gute Aufgaben können als Instrument der Qualitätsentwicklung von Mathematikunterricht dienen (Leuders 2001). Insbesondere kann über das Vehikel „Aufgaben" das kollegiale Gespräch über Mathematikunterricht (Konzeption, Qualität etc.) zwischen Lehrpersonen in Gang gesetzt werden.

▸ In der aktuellen Diskussion über Bildungsstandards dienen Aufgabenbeispiele als normatives Instrument der Qualitätssicherung dazu, das Wesentliche dieser Bildungsstandards an Aufgaben exemplarisch zu verdeutlichen und zu transportieren (KMK 2004). Gleichzeitig sollen Lehrkräfte dafür sensibilisiert werden zu erkennen, dass in guten Aufgaben das Potenzial zur Entwicklung von Kompetenzen steckt, wie sie die Bildungsstandards fordern.

Die beiden Punkte bilden gewissermaßen das Rückgrat des Moduls. Allgemeines Ziel des Programms SINUS-Transfer Grundschule ist letzten Endes die weitere Qualitätsentwicklung von Mathematikunterricht. Ausdrücklich sei darauf hingewiesen, dass der Blick auf Aufgaben unter dem Gesichtspunkt einer Entwicklung von prozessbezogenen Kompetenzen im Unterricht nur eine unter einer Vielzahl von Möglichkeiten ist (Ruwisch/Peter-Koop 2003).

Gute Aufgaben – eine Herausforderung für Lernende und Lehrkräfte

Bei Beispiel 2 wurde deutlich, dass die Schülerinnen und Schüler bei ihrer Bearbeitung über das Rechnen hinaus ein Mehr an Denk- und Sprachleistung erbringen müssen. Auch die Lehrkräfte sind gefordert. Den Bildungsstandards entsprechend „kompetenzorientiert" unterrichten, bedeutet in der Vorbereitung von Unterricht insbesondere, sich Zielklarheit mit der Beantwortung der folgenden Fragen zu verschaffen:

▸ Welche (inhaltlich mathematischen und) prozessbezogenen Tätigkeiten können bei den Schülern durch vorgegebene Aufgaben oder durch deren Variation angeregt werden?

▸ Welche Aufgaben eignen sich besonders, um bestimmte (inhaltlich mathematische und) prozessbezogene Tätigkeiten bei den Schülern anzuregen?

Die Beschäftigung mit diesen beiden Fragen möchte ich als kompetenzbezogene Aufgabenanalyse bezeichnen. Mit der ersten Frage wird das Potenzial für prozessbezogene Tätigkeiten von Aufgaben ausgelotet. Im Beispiel 2 enthält der Text diesbezüglich explizite Hinweise etwa auf Argumentieren und Problemlösen, die jedoch von der Lehrkraft auch erst in diesem Sinne, mit Hilfe ihrer kognitiven Struktur, gewissermaßen ihrer „Kompetenzbrille", gedeutet werden müssen. Eine kurze kompetenzbezogene Analyse dieser Aufgabe haben wir bereits dargestellt. Die konkrete Umsetzung im Unterricht, die „Orchestrierung" der Schülerbeiträge, dezente Hilfen etc., ist dann noch ein weiteres Problem, das hier nur angedeutet werden kann. Viele

Aufgaben in Schulbüchern enthalten keine expliziten Hinweise auf prozessbezogene Tätigkeiten. Was kann hier getan werden?

Bei der zweiten Frage geht es um die kompetenzorientierte Aufgabenauswahl. Möchte beispielsweise eine Lehrkraft beim Thema schriftliche Addition prozessbezogene Tätigkeiten zum Argumentieren anregen, so wären die Aufgaben etwa auf der zugehörigen Schulbuchseite auf ihre Tauglichkeit hierfür zu prüfen.

Ein weiteres Aufgabenbeispiel zeigt, wie durch die Variation (Schupp 2002) von Aufgaben prozessbezogene Tätigkeiten bei den Schülern angeregt werden können.

Im Praktikum in einer vierten Klasse wurde die Addition mit mehr als zwei Summanden geübt. Die Praktikantin hatte u. a. folgende Aufgaben gestellt:

(A) Beispiel 3

$$
\begin{array}{r}
3 \\
33 \\
+\ 333 \\
\end{array}
\qquad
\begin{array}{r}
777 \\
7 \\
+\ 77 \\
\end{array}
\qquad
888 + 88 + 8 =
$$

Wichtig für die Bearbeitung der Aufgaben ist das sorgfältige, stellengerechte Aufschreiben der Zahlen ins Heft, das hier auch geübt werden sollte. Das besondere „Aussehen" der Summanden spielt dabei keine Rolle. Die Praktikantin lässt ihre Viertklässler die Aufgabe in der geforderten Weise bearbeiten. Sie geht durch die Reihen, gibt Tipps. Nach dem Vergleich der Ergebnisse der Kinder und der Durchführung von Korrekturen schließt sie die Bearbeitung der Aufgabe ab. Bei diesem Umgang mit der Aufgabe stehen offenbar als Ziele die Entwicklung bzw. Festigung von mathematischem Grundwissen, mathematischen Fertigkeiten und Verfahren, also inhaltsbezogene mathematische Kompetenzen im Vordergrund, was eine durchaus legitime Zielsetzung sein kann. Prozessbezogene Tätigkeiten werden jedenfalls explizit nicht thematisiert.

Eine Variante dieser Aufgabenstellung sieht folgendermaßen aus: „Kann man 100 als Summe von Zahlen schreiben, die nur die Ziffer 2, 3 usw. enthalten?"

Um eine bequemere Sprechweise zur Verfügung zu haben, führte die Lehrerin für Zahlen, die nur die Ziffer 2 bzw. 3 usw. enthalten, die Bezeichnung Zweierzahlen, Dreierzahlen usw. ein.

Die folgende Darstellung gibt auszugsweise den Gang der Untersuchung in dieser Stunde wieder. Bei dem Bericht konzentriere ich mich auf Hanna, die gewissermaßen eine „Wortführerschaft" übernommen hatte. Die vorangestellten Zahlen geben die zeitliche Abfolge an. Aus Platzgründen werden für die Darstellung zwei Spalten benutzt.

A **Kann man 100 als Summe von Zahlen schreiben, die nur die Ziffer 2, 3 usw. enthalten?**

1 **Hanna:** Nur die Zahlen 2 und 22 kommen in Frage.

$$2 , 22 \qquad \boxed{100}$$

2 **Hanna:** Und dann geht es so:

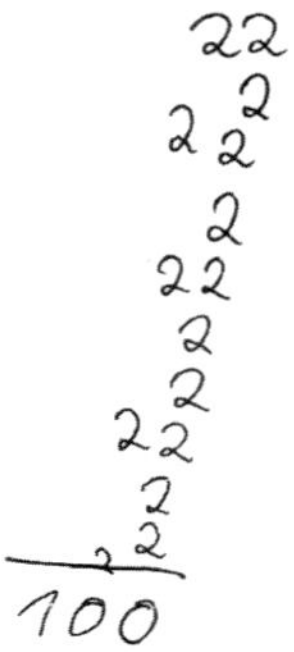

$$22$$
$$2$$
$$2\ 2$$
$$2$$
$$22$$
$$2$$
$$2$$
$$22$$
$$2$$
$$2\ 2$$
$$\overline{100}$$

3 **Lehrerin:** Schön Hanna, das geht also.
4 **Lehrerin:** Geht es auch mit Fünferzahlen?

(Hanna schreibt)

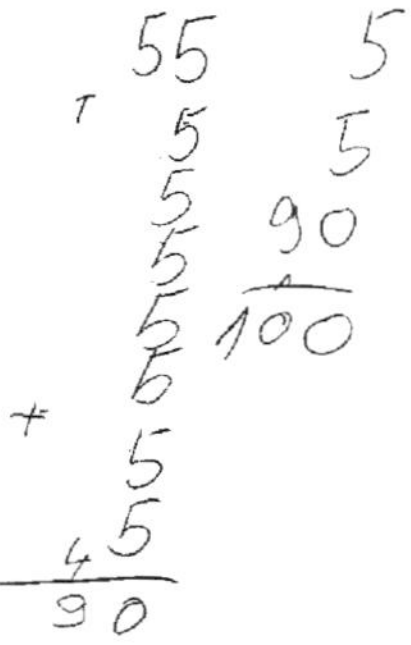

$$\begin{array}{r} 55 \quad 5 \\ 5 \quad 5 \\ 5 \\ 5 \quad 90 \\ 5 \quad \overline{100} \\ + \\ 5 \\ 5 \\ \overline{90} \end{array}$$

5 **Hanna:** Ja.
6 **Lehrerin:** Sehr schön. Wer hat auch etwas herausgefunden? (Schaut sich Lösungen anderer Kinder an.)
7 **Lehrerin:** So, und jetzt mit Siebenerzahlen.

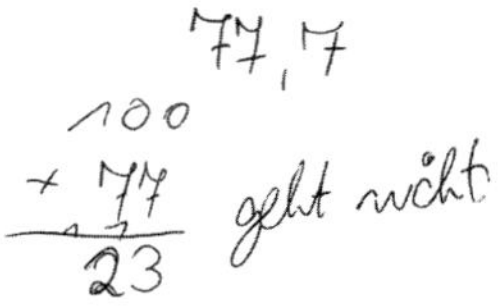

$$\begin{array}{r} 77,7 \\ 100 \\ + 77 \quad geht\ nicht \\ \overline{23} \end{array}$$

8 **Hanna:** Nein, das geht nicht.
9 **Lehrerin:** Wieso nicht?
10 **Hanna:** Die 23 ist zu viel.
11 **Lehrerin:** Was meinst du?
12 **Hanna:** Aber mit 21 und mit 28 würde es gehen.
13 **Lehrerin:** (Nach einiger Überlegung) Gut, oder geht es vielleicht doch?
Hanna setzt die Überprüfung mit Siebenerzahlen weiter fort.

Abb. 1: Schülerarbeit von Hanna

Der folgenden kompetenzorientierten Aufgabenanalyse legen wir einerseits tatsächlich ausgeführte prozessbezogene Tätigkeiten zu Grunde (wir deuten sie jedenfalls so) und geben Hinweise, wie weitere prozessbezogene Tätigkeiten aus dem Potenzial der Aufgabe heraus angeregt werden könnten.

Bei der variierten Aufgabe liegt der Schwerpunkt auf prozessbezogenen Tätigkeiten in den Bereichen Problemlösen, Argumentation und Kommunikation. Auch bei dieser Variante wird gerechnet, aber das Rechnen ist jetzt mit diesen prozessbezogenen Tätigkeiten verknüpft.

Problemlösen und Kommunizieren

Da die Schülerinnen und Schüler zunächst nicht auf ein abrufbares Verfahren zurückgreifen können, müssen sie selbstständig durch Problemlösen die Aufgabe anpacken. Systematisches Probieren führt zum Ziel. Kinder, die diesen Weg einschlagen, beschreiben ihre Vorgehensweise den anderen Schülern (Kommunizieren). Wenn noch andere Lösungsvorschläge, etwa andere Zerlegungen von 100 in Zweierzahlen vorliegen, so können die Lernenden diese vergleichen. Zum Beispiel unter dem Aspekt: Wer benötigt weniger Zweierzahlen, wie viele braucht man mindestens bzw. höchstens (Kommunizieren, „Lösungswege anderer verstehen und gemeinsam darüber reflektieren")?

Das Element des Problemlösens rückt stärker in den Mittelpunkt, wenn die Schülerinnen und Schüler in einem Schritt der Verallgemeinerung gebeten werden, möglichst ähnliche Aufgaben vorzuschlagen. Um den sprudelnden Einfallsreichtum der Kinder zu steuern, könnte die Lehrkraft das Aufgabenformat „Vergilbte Manuskripte" heranziehen. Auf einem solchen Manuskript standen neben der Ausgangsaufgabe (100 als Summe von Zweierzahlen) noch weitere Aufgaben, die jetzt aber nicht mehr sichtbar sind. Wie könnten sie wohl gelautet haben?

Bei diesen Variationen können Schüler die wohl eher seltene Erfahrung machen, dass sich dabei auch Aufgaben ergeben können (z. B. Hanna mit den Siebenerzahlen), die keine Lösung besitzen.

Argumentieren

Die in der Ausgangsaufgabe gestellte Frage ist zu bejahen. Die Begründung besteht hier darin, eine passende Summe anzugeben.

Um auf eine solche Summe zu kommen, kann man, so wie Hanna, eine additive Probierstrategie verfolgen. Man könnte auch Überlegungen zur Teilbarkeit/Division und Vielfachenbildung anstellen, um beispielsweise 100 als Summe von 50 Zweien oder vier mal 22 (als Summand) und sechs Zweien darzustellen.

Bei den Variationen der Ausgangsaufgabe sind auch Fälle, die „nicht gehen". Hier muss die Darstellbarkeit von 100 durch Siebenerzahlen widerlegt werden. Mehr als einmal kann 77 nicht als Summand vorkommen. Kommt 77 als Summand genau einmal vor, so geht es nicht, wie Hanna feststellt, weil die zu 100 fehlende 23 nicht als Summe von Siebenen geschrieben werden kann. Nun macht die Lehrkraft einen

bemerkenswerten Schritt. Sie gibt sich nicht mit dieser von Hanna angegebenen Teil-
lösung zufrieden, sondern deutet die Möglichkeit an, dass es vielleicht doch (unaus-
gesprochen: auf andere Weise) geht. Es könnte durchaus eine andere Darstellung von
100 durch Siebenerzahlen geben. Hannas Begründung ist also noch nicht vollständig. Diese „Argumentationslücke" sollte den Schülern auf alle Fälle deutlich gemacht
werden. Im vorliegenden Beispiel kann die Lücke jedoch leicht geschlossen werden,
und Hanna macht dies auch im weiteren Verlauf der ausführlichen Darstellung, indem
sie zeigt, dass auch der noch verbleibende Fall „Addition nur von Siebenen" nicht
zum Ziel führt.

Eine weitere Variation mit dem Ziel, die Argumentation zu fördern, wäre zu untersuchen, ob die Zerlegung oder Nicht-Zerlegung von 100 auch für die Zerlegung bzw.
Nicht-Zerlegung von 1000 gilt, und dies zu begründen.

Rückschau auf Aufgabenvariation

In den Beispielen 2 und 3 wurden gegebene Aufgaben variiert, um Schülerinnen und
Schüler zu prozessbezogenen Tätigkeiten anzuregen. Von Lehrkräften wird immer
wieder die Frage gestellt, ob es dafür ein leicht „merkbares" Verfahren gäbe.

Der wichtigste Schritt vor der Variation einer Ausgangsaufgabe ist die Identifizierung variierbarer Bestimmungselemente (Parameter) der Aufgabe. In Beispiel 3 ist
das besonders leicht zu sehen. Bestimmungselemente sind die Zahl 100 und „Zahlen,
die nur die Ziffer 2 enthalten" (Zweierzahlen). Nun kann man, wie geschehen, statt
Zweierzahlen auch Siebenerzahlen etc. in Betracht ziehen und man könnte auch statt
der Zahl 100 irgendeine andere natürliche Zahl vorgeben. Darüber hinaus könnte
man neue/weitere Bedingungen hinzufügen: Lässt sich die Zahl 1000 durch höchstens
neun Summanden aus Viererzahlen darstellen?

Halten wir fest: Aufgaben an sich sind nicht in einem absoluten Sinn gut; um von guten Aufgaben reden zu können, bedarf es eines Qualitätsmaßstabes:
▸ Der Qualitätsmaßstab orientiert sich hier am Kompetenzmodell der Bildungsstandards, also dem System der inhaltsbezogenen und allgemeinen mathematischen
  Kompetenzen, sowie den in den Anforderungsbereichen ausformulierten kognitiven Anforderungen an die Lernenden.
▸ Die Qualität einer Aufgabe ist in der Regel nicht bereits durch ihren Aufgabentext
  festgelegt, sondern wird durch den Umgang der Lehrkraft mit der Aufgabe (etwa
  durch Variation der Aufgabe gegebenenfalls unter Mitwirkung der Lernenden),
  also durch ihre kognitiven Aktivitäten mit der Aufgabe bestimmt. Entscheidend
  hierfür sind die fachliche und fachdidaktische Kompetenz der Lehrkraft.

Gute Aufgaben stellen durch ihre erhöhten kognitiven Anforderungen und durch den
Aspekt der Offenheit für Lehrende und Lernende eine besondere Herausforderung
dar. Wegen der Risiken beim Verlassen eingespielter Aufgabenbearbeitungsproze-
duren besteht im Unterricht eine Tendenz, solche Aufgaben in ihrer Komplexität zu

reduzieren. Kinder drängen vielfach die Lehrkraft, Lösungshinweise zu geben, seitens der Lehrkraft besteht dann die Neigung, mit weitreichenden „Hilfen" gerade prozessbezogene Aspekte zu Gunsten von inhaltlichen Aspekten zu reduzieren und damit die Aufgabe in eine Routineaufgabe zu überführen. Wenn Hilfen nötig sind, sollten sie so sparsam wie möglich – als Hilfe zur Selbsthilfe – gegeben werden.

Gemeinsam geht Vieles leichter

Weil kompetenzorientierte Aufgabenanalyse und Aufgabenvariation in der Regel ungewohnt und anspruchsvoll sind, insbesondere für fachfremd Unterrichtende, empfiehlt sich – ganz im Sinne einer SINUS-Leitidee – ein kooperativer Zugang.

Die kollegiale Zusammenarbeit bezieht sich zunächst einmal auf Recherche von in unserem Sinne guten Aufgabenbeispielen, u.a. aus Schulbüchern, Grundschulzeitschriften und Materialsammlungen. Kollegen tauschen sich darüber aus, welches Potenzial in den Aufgaben steckt, welche Variationen sich eröffnen und welche prozessbezogenen Tätigkeiten in welcher Weise gefördert werden können. Sie entwickeln einen „Blick" für die Aufgabenanalyse.

Das Einlassen auf den analytischen und konstruktiven Umgang mit Aufgaben ist eine Investition in die eigene Professionalität als Lehrkraft; den Ertrag erhofft man sich in Form einer Qualitätsverbesserung des Unterrichts.

Im nächsten Schritt der konstruktiven und vertrauensvollen Zusammenarbeit mit anderen Lehrkräften könnte man an wechselseitige Unterrichtshospitationen denken und sich mit den Kolleginnen und Kollegen dann über die Umsetzung der Ziele im Unterricht austauschen. Ein noch weiter greifender Schritt wäre schließlich die Videoanalyse des eigenen Unterrichts.

Literatur

KMK (2004): Beschlüsse der Kultusministerkonferenz. Bildungsstandards im Fach Mathematik (Jahrgangsstufe 4). Entwurf (23.4.04).

Leuders, T. (2001): Qualität im Mathematikunterricht der Sekundarstufe I und II. Berlin.

Ruwisch, S./Peter-Koop, A. (2003): Gute Aufgaben im Mathematikunterricht der Grundschule. Offenburg.

Schupp, H. (2002): Thema mit Variationen oder Aufgabenvariation im Mathematikunterricht. Hildesheim.

Selter, Ch. (2004): Mehr als Kenntnisse und Fertigkeiten: Erforschen, entdecken und erklären im Mathematikunterricht der Grundschule, Beschreibung des Moduls 2 für das Projekt SINUS-Transfer Grundschule. www.sinus-an-grundschulen.de/fileadmin/uploads/Material_aus_STG/Mathe-Module/M2.pdf (4.3.2011).

Walther, G. (2004): Modul G 1: Gute und andere Aufgaben. SINUS-Transfer Grundschule. www.sinus-an-grundschulen.de/fileadmin/uploads/Material_aus_STG/Mathe-Module/M1.pdf (8.11.2010).

Karen Rieck

Kennzeichen guter Aufgaben

Anliegen der Modulbeschreibung

„An einer Aufgabe wachsen", „sich einer Aufgabe stellen", „eine Aufgabe erledigen" oder „einer Aufgabe gewachsen sein" – alle diese Aussagen beziehen sich auf den Begriff „Aufgabe", dieser Begriff hat aber durchaus unterschiedliche Bedeutungen in den Aussagen. Durch Aufgaben werden Menschen in Beziehung gesetzt mit Sachverhalten, Anforderungen, Ereignissen, Prozessen oder auch mit anderen Menschen (Girmes 2003). Nimmt man eine Aufgabe an, so konzentriert sich die Aufmerksamkeit auf die Gegebenheiten und Sachverhalte, die mit der Aufgabe in Zusammenhang stehen. Wissen, Können und Erfahrungen werden abgerufen, um die Aufgabe zu bearbeiten.

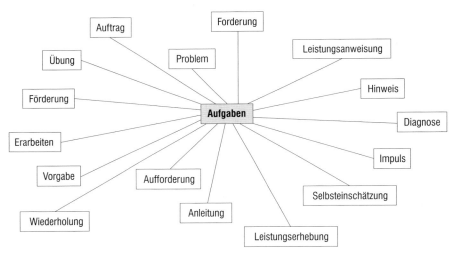

Abb. 1: Anforderungen an gute Aufgaben

Aufgaben gibt es in allen Lebensbereichen, z.B. im Berufsleben, in der Familie und im Schulunterricht. In diesen Bereichen sind der Gebrauch des Begriffs „Aufgabe" und die Funktion von Aufgaben durchaus unterschiedlich. Das Ziel von Aufgaben im Unterricht ist es, spezielles Wissen und Können der Schülerinnen und Schüler, das sie im Unterricht (oder auch außerhalb des Unterrichts) erworben haben, zu aktivieren und anzuwenden. Eine breit angelegte Definition des Aufgabenbegriffs könnte lauten: vom Auftrag, etwas von der Tafel abzuschreiben, bis hin zur elaborierten Anleitung zur Durchführung eines Experiments, vom schnellen Beantworten bis hin zu einer langfristigen Bearbeitung. In Bezug auf die Qualität des Unterrichts ist es von Bedeutung, über die Funktion von Aufgaben nachzudenken, geeignete

Aufgaben aus Büchern auszuwählen, Aufgaben zu variieren und zweckmäßige Aufgaben selbst zu entwickeln. Ziel dieser Modulbeschreibung ist es, den Blick für den Einsatz von Aufgaben zu schärfen. Dazu werden Begriffe, mit denen die Eigenschaften von Aufgaben erfasst werden können, sowie Kriterien und Verfahren, nach denen Aufgaben bewertet, zielgerichtet verändert und systematisch erstellt werden können, vorgestellt.

Didaktische Funktionen von Aufgaben

Aufgaben können verschiedene Ziele haben und dementsprechend unterschiedliche didaktische Funktionen übernehmen. Der Unterricht in der Schule ist gekennzeichnet durch zwei Grundsituationen: die des Lernens und die des Prüfens. Beide Situationen stellen unterschiedliche Anforderungen an die Lehrkraft und die Lernenden. Tabelle 1 zeigt einige grundsätzliche Anforderungen an Aufgaben in diesen beiden Situationen:

Aufgaben zum Lernen ...	Aufgaben zum Prüfen ...
• fördern und ermöglichen Kreativität, eigenes Entdecken und Neugier	• bewirken Leistungserwartung und Leistungserleben
• gestatten Fehler als Chance	• billigen Fehler nicht
• haben Aufforderungscharakter und Problemorientierung	• sind von außen veranlasst (z. B. Test, Probe, Klassenarbeit)
• ermöglichen Kooperation und Kommunikation	• sind meist eine Einzelleistung
• sind oft prozessorientiert	• sind oft produktorientiert
• unterstützen den Aufbau von Kompetenzen	• zeigen, wie bestimmte Kompetenzen angewendet werden

Tab. 1: Unterschiedliche Anforderungen an Aufgaben

Im Unterricht werden Aufgaben in vielfältigen Zusammenhängen eingesetzt. Aufgaben im Unterricht und in der Hausaufgabe sind meistens Ausgangspunkt für Lernprozesse oder werden zur Festigung von neu erworbenen Kompetenzen sowohl im Bereich der naturwissenschaftlichen Denk- und Arbeitsweisen (Beobachten, Vergleichen, Experimentieren u. a.) als auch im Bereich des Begriffs- und Konzeptwissens eingesetzt. Aufgaben für Lernerfolgskontrollen erfüllen eine andere Funktion. Mit ihnen werden Lernvoraussetzungen und erworbene Kompetenzen überprüft. Sie können einerseits Schülerinnen und Schülern als Rückmeldung über ihren Lernfortschritt dienen, andererseits dienen sie der Lehrkraft als Grundlage für die Gestaltung des Unterrichts und die Bewertung der Leistungen von Lernenden. In Schulbüchern findet sich zumeist eine Sammlung verschiedener Aufgaben zu einem bestimmten Thema, in der Regel geordnet nach fachsystematischen und lerntheoretischen Gesichtspunkten. Das bedeutet allerdings nicht, dass diese Aufgaben in jedem Fall sinnvoll im Unterricht eingesetzt werden können.

Was ist nun eine „gute" Aufgabe? Die vielleicht unbefriedigende Antwort lautet: „Das kommt darauf an" und zwar darauf, welche Funktion die Aufgabe erfüllen soll. Zunächst muss geklärt werden, in welchem Kontext die Aufgabe verwendet wird und welche didaktische Funktion sie haben soll.

Im Folgenden werden die beiden zentralen Funktionen von Aufgaben im Sachunterricht („Aufgaben zum Lernen" und „Aufgaben zum Prüfen") ausführlicher dargestellt. Verschiedene Beispiele und Anregungen für den Einsatz von Aufgaben finden sich in der Langfassung dieser Modulbeschreibung (Rieck 2005).

Aufgaben zum Lernen

Aufgaben zum Lernen dienen in erster Linie dem Erwerb von Wissen und Fähigkeiten und werden vermutlich im Sachunterricht am häufigsten eingesetzt. Effizientes Lernen im Unterricht sollte ein strukturierter Prozess sein, zu dem Aufgaben beitragen können. Die vier wichtigsten Bereiche, in denen Aufgaben zum Lernen eine Rolle spielen, sind:

▸ Wissen durch Erkunden, Entdecken und Erfinden aufbauen,
▸ Wissen durch selbstständiges Erarbeiten erwerben,
▸ Wissen durch Zusammentragen und Sammeln systematisieren und sichern,
▸ Wissen durch Üben und Wiederholen festigen.

Die folgenden Ausführungen sollen Hinweise geben, anhand derer vorhandene Aufgaben überprüft und variiert bzw. neue Aufgaben entwickelt werden können. Sicherlich wird es nicht möglich und auch nicht nötig sein, in jeder Aufgabe alle Aspekte zu verwirklichen. Auch sind manchmal die Übergänge verschiedener Bereiche, in denen eine Aufgabe eingesetzt werden kann, fließend.

Erkunden, Entdecken und Erfinden

Aufgaben, die Wissen durch Erkunden, Entdecken und Erfinden aufbauen, unterstützen das aktiv-entdeckende Lernen. Sie kommen im Sachunterricht häufig zum Einsatz, allerdings wird ihr Potenzial wahrscheinlich nicht genügend ausgeschöpft.

Charakteristisch für diese Art Aufgabe sind folgende Kennzeichen (Büchter/Leuders 2005). Die Aufgabe …

▸ ist leicht zugänglich, d. h. sie baut auf Vorerfahrungen auf oder ist in eine anschauliche Situation eingebettet,
▸ wirft z. B. durch Widersprüche herausfordernde Fragen auf,
▸ besteht meist aus einer offenen Ausgangssituation, in der (Forschungs-)Fragen noch formuliert werden müssen,

▸ lässt sowohl verschiedene Bearbeitungs- und Lösungswege als auch verschiedene Ergebnisse zu,

▸ erfordert es, dass zunächst geeignete Lösungsstrategien entwickelt und ausgedacht werden, die zu einem Ergebnis führen,

▸ lässt Variation und gegebenenfalls Vereinfachung der Aufgabenstellung zu,

▸ ist naturwissenschaftlich bedeutsam und führt zur Konkretisierung von Konzepten und grundlegenden naturwissenschaftlichen Einsichten.

Erarbeiten

Aufgaben zum Erarbeiten sind Teil eines meist handlungsorientierten Unterrichts und erfordern das selbstständige und selbstbestimmte Aneignen von Wissen. Ziel dieser Aufgaben ist es, dass sich Schülerinnen und Schüler einzeln oder in Kleingruppen Kenntnisse über ein bestimmtes Thema innerhalb eines gewissen Zeitraums in verschiedenen Lernschritten selbst aneignen. Die Kinder übernehmen dabei Verantwortung für das eigene Lernen. Die Anforderung an die Lehrkraft besteht darin, die Lernumgebung mit Blick auf das einzelne Kind so vorzubereiten, dass es weder über- noch unterfordert wird und selbstgesteuertes Lernen über eine gewisse Zeit möglich ist. Die Lehrkraft nimmt während dieser Zeit eine beratende Position ein, um individuelle Lernprozesse differenziert betreuen zu können.

Im Zusammenhang mit der selbstständigen Erarbeitung von Inhalten können vielfältige Methoden zum Einsatz kommen, die durch gezielte Aufgabenstellungen unterstützt werden. Beispiele für solche Methoden sind projektartiges Arbeiten, Wochenplanarbeit, Rollenspiele, Interviews mit Experten, Lernen an Stationen, Lernwerkstatt oder Gruppenpuzzle. Verschiedene Informationsquellen wie Sach- und Fachtexte, Lernkarteien, naturwissenschaftliche Lexika, Zeitschriften, Experimentierkarteien, nützliche Software oder das Internet können für die Informationsbeschaffung zur Verfügung gestellt werden. Durch das gezielte Nutzen von Sachinformationen und das Durchführen verschiedener Versuche können sich die Kinder ein Thema durch selbstständiges Handeln im selbstbestimmten Rhythmus erarbeiten. Die Aufgabe der Lehrkraft ist nach einer Phase der Materialsichtung und Sammlung die Beratung und Betreuung, in der gemeinsam mit den Kindern die Ergebnisse der Suche strukturiert werden, sodass das Thema nicht in einer Flut von Informationen verlorengeht. Die Ergebnisse und Erfahrungen, die die Kinder im Verlauf der selbstständigen Erarbeitung eines Themas machen, können beispielsweise in einem Lerntagebuch oder Portfolio festgehalten werden.

Sichern und Systematisieren

Ergebnisse von Schüleraktivitäten, die durch das Bearbeiten von Aufgaben entstehen, sind zwangsläufig vielfältig und divergent. Um die Ergebnisse in einen Zusammenhang zu bringen und einen roten Faden in ihnen zu erkennen, müssen sie zusammengetragen und systematisiert werden. Dazu können verschiedene Schülerlösungen beispielsweise im Klassengespräch gegenübergestellt und mit den Schülerinnen und

Schülern diskutiert werden. Dieser Prozess des Sicherns und Systematisierens kann ebenfalls mit Hilfe von verschiedenen unterrichtsbezogenen Vorgaben wie Portfolios oder Merkheften unterstützt werden. Auch Aufgaben können das Systematisieren und Sichern von Ergebnissen gestalten. Ziel dieser Aufgaben ist es, das bereits Gelernte sinnvoll miteinander in Beziehung zu bringen, zum Beispiel mit Aufgaben, bei denen Kinder aufgefordert werden, einen Sachverhalt oder einen Vorgang aufgrund ihrer Kenntnisse über einzelne Aspekte dieses Sachverhaltes in einen gemeinsamen Zusammenhang zu bringen und zu bewerten. Zum Zweck der Sicherung von Lernergebnissen wird im Sachunterricht auch häufig die nachbereitende Hausaufgabe eingesetzt.

Üben und Wiederholen

Üben ist ein wesentlicher Bestandteil des Lernens. Im Zentrum des Übens stehen die routinemäßige Ausbildung von Fertigkeiten und die Verinnerlichung von Kenntnissen. Eine Gefahr besteht darin, dass bei der Routinebildung das Verständnis für das eigene Tun verschüttet wird. Ziel muss es also sein, ein verständnisförderndes Üben zu ermöglichen, sodass sich den Übenden der Sinn ihres Übens erschließt. Allerdings garantiert ein verständnisförderndes Üben nicht, dass die erworbenen Fähigkeiten und die verinnerlichten Kenntnisse auch in Situationen abgerufen werden können, die nicht den Lern- und Übungssituationen ähneln. Neben der Routinebildung und dem Verständnis muss demnach auch die Transfertauglichkeit von Erlerntem beim Üben bedacht werden. Ein häufig genutztes Medium zum Üben ist das Schulbuch, das in seinem Aufbau zunächst einen Teil anbietet, in dem Arbeitsweisen, Zusammenhänge und Begriffe erläutert und eingeführt werden, die dann in einem Übungsteil mit Aufgaben, die zumeist einen steigenden Schwierigkeitsgrad aufweisen, angewendet werden können. Diese Aufgaben vertiefen und vernetzen bereits Gelerntes, verlangen oft Reflexion oder verbinden das Üben neuer Begriffe und Arbeitsweisen mit älteren Unterrichtsthemen, sodass ein fließender Übergang zwischen Üben, Lernen und Sichern entsteht.

Aufgaben zum Prüfen

Mit Hilfe von Aufgaben zum Prüfen sollen die Lernvoraussetzungen sowie die vorhandenen Kompetenzen und deren Anwendung erhoben werden. Diesen Aufgaben kommt eine wichtige Rolle zu: Sie haben oft maßgeblichen Anteil bei Entscheidungen über Versetzung und Übertritt in die weiterführende Schule. Bereits in Tabelle 1 wurden grundsätzliche Unterschiede zwischen Aufgaben zum Lernen und Aufgaben zum Prüfen dargestellt. Aufgaben zum Prüfen können in folgende Bereiche eingeteilt werden:

▶ Aufgaben zur Leistungsbewertung, die möglichst objektiv den Leistungsstand der Lernenden darstellen,

▶ Aufgaben zur Diagnose, mit denen Lehrkräfte beispielsweise etwas über Lernvoraussetzungen und Lernschwierigkeiten erfahren,

▸ Aufgaben, bei deren Bearbeitung die Lernenden ihren Zuwachs an Wissen und Fähigkeiten selbst bewusst erleben und einschätzen können.

Auch hier sollen die folgenden Ausführungen Hinweise geben, anhand derer vorhandene Aufgaben überprüft und variiert bzw. neue Aufgaben entwickelt werden können.

Leistungsbewertung

Aufgaben zur Leitungsbewertung sind das Instrument, durch das sich die gestellten Anforderungen abbilden lassen sollten. Als Leitfaden für eine Einschätzung von Aufgaben zur Leistungsbewertung lassen sich folgende Kennzeichen festhalten (Büchter/Leuders 2005): Die Aufgabe ...

▸ konzentriert sich auf das Wissen und die Fähigkeiten, die bewertet werden sollen, und fügt keine weiteren nebensächlichen Aspekte hinzu.

▸ ist so gestellt, dass Schülerinnen und Schüler verstehen, was von ihnen verlangt wird. Die Sprache sollte einfach sein und die Aufträge klar formuliert werden.

▸ sollte ein ausgewogenes Verhältnis von Bearbeitungszeit und bewertbaren Schüleräußerungen ermöglichen.

▸ sollte so gestellt sein, dass entweder Fähigkeiten oder die Kenntnis von bestimmten Begriffen oder Verfahren überprüft werden.

Diagnose

Zu den schwierigsten und zugleich wichtigsten Bereichen der Lehrertätigkeit gehört die Gestaltung des Unterrichts auf der Grundlage der Lernvoraussetzungen, die die Schülerinnen und Schüler mitbringen. Aufgaben mit diagnostischer Zielsetzung sollen der Lehrkraft Aufschluss geben über den Kenntnisstand, die Lernfortschritte und die Leistungsprobleme einzelner Schülerinnen und Schüler. Mündliche Äußerungen, Zeichnungen und andere beobachtbare Verhaltens- und Handlungsweisen der Kinder sind hierfür wichtige Ansatzpunkte. Ziel dieser Aufgaben ist es, individuelle Wege sichtbar und nachvollziehbar zu machen und Kenntnisse über Schülervorstellungen zu erlangen.

Aufgaben zur Diagnose sollten so gestaltet sein, dass sie ...

▸ auf die bedeutsamen Aspekte reduziert sind (keine komplexen Aufgaben).

▸ offen sind, sodass individuelle Lösungswege ermöglicht werden und kein einzelner Lösungsweg auf der Hand liegt.

▸ zu Eigenproduktionen (Zeichnungen, Begründungen) anregen und auffordern.

▸ Reflexion durch Beschreiben, Erklären und Begründen einfordern.

Selbsteinschätzung

Erfolgserlebnisse und Erfahrungen der eigenen Wirksamkeit schaffen Motivation für weiteres Lernen. Um Lernfreude und eine positive Einstellung für weiteres Lernen zu fördern, sollten Schülerinnen und Schüler im Unterricht die Möglichkeit erhalten, durch geeignete Aufgaben Erfolge zu erleben. Für Aufgaben, die dieses leisten können, lassen sich folgende Kriterien aufstellen:

▸ Damit sowohl schwache als auch starke Schülerinnen und Schüler Erfolgserlebnisse erfahren, müssen die Aufgaben einen gewissen Grad an Differenzierung zulassen.

▸ Kinder haben Erfolgserlebnisse beim Bearbeiten von Aufgaben besonders dann, wenn die Aufgaben ergebnisorientiert und produktorientiert sind, sodass nach relativ kurzer Bearbeitungszeit ein Ergebnis oder ein individuelles Produkt vorliegt.

▸ Bereits bei der Auswahl der Anforderungen sollten die Schülerinnen und Schüler aktiv werden, um so die Selbstwirksamkeit zu steigern.

Aufgaben, die Kindern Erfolge ermöglichen, sollten nicht nur Bestandteil von prüfungsorientierten Aufgaben sein, sondern in allen Unterrichtsphasen eingesetzt werden.

Aufgabenanalyse

Neben den beschriebenen didaktischen Funktionen lassen sich Aufgaben anhand verschiedener Merkmale, wie beispielsweise die Offenheit einer Aufgabe, die Differenzierungsmöglichkeiten mit Hilfe einer Aufgabe, die Länge der Bearbeitungszeit, das Aktivierungspotenzial und der Schwierigkeitsgrad, charakterisieren. Um Aufgaben optimal einzusetzen, gilt es zunächst, ihre Merkmale zu erfassen und zu entscheiden, welche von ihnen verstärkt werden müssen, um sie optimal einsetzen zu können. Für dieses Vorgehen eignet sich die Methode „Radarplot" (Stäudel 2003), mit der zunächst die Ausprägung verschiedener Aufgabenmerkmale festgestellt werden kann. Dafür werden zuerst die Merkmale der zu analysierenden Aufgabe benannt. Jedes Merkmal bekommt eine eigene Skala, auf der die Ausprägung des Merkmals bestimmt wird. Abbildung 2 zeigt die Skala für das Aufgabenmerkmal „Schwierigkeitsgrad".

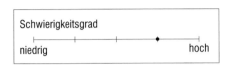

Abb. 2: Beispiel für die Bewertung eines
Aufgabenmerkmals (nach Stäudel 2003)

Die Skalen der verschiedenen Merkmale werden so angeordnet, dass der Nullpunkt (geringste Ausprägung des Merkmals) jeder Skala sich im Zentrum eines Kreises befindet. Der maximale Wert der Skala liegt auf dem Kreisbogen. Beispielsweise hat für das Merkmal „Bearbeitungszeit" das im Kreismittelpunkt befindliche Ende der Skala den Wert „kurze Bearbeitungszeit", das andere Ende der Skala auf dem

Kreisbogen bedeutet „lange Bearbeitungszeit". Bei der Analyse einer Aufgabe wird für jedes Merkmal ein Skalenwert eingeschätzt, der durch die Aufgabe repräsentiert wird. Die folgende Abbildung zeigt das Ergebnis der Analyse einer Aufgabe nach insgesamt acht Merkmalen. Die Analyse lässt sich auch mit mehr oder mit weniger Merkmalen durchführen.

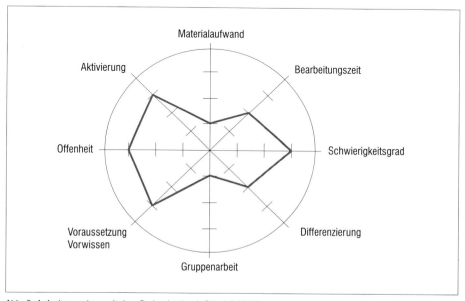

Abb. 3: Aufgabenanalyse mit dem Radarplot (nach Stäudel 2003)

Auf diese Weise können Merkmale einer Aufgabe zunächst festgestellt werden, um anschließend zu entscheiden, welche Merkmale verstärkt werden müssten, um die Aufgabe optimal einsetzen zu können. Anschließend kann die Aufgabe dann in Bezug auf ein bestimmtes Merkmal gezielt variiert werden. Darüber hinaus bietet die Methode des Radarplots die Möglichkeit, Unterschiede und Gemeinsamkeiten in der Beurteilung einer Aufgabe durch mehrere Lehrkräfte sichtbar zu machen, indem die Radarplots mehrerer Lehrkräfte zu einer Aufgabe übereinandergelegt werden. Durch die grafische Darstellung werden Unterschiede in der Bewertung einer Aufgabe offensichtlich, sodass die Zusammenschau als Ausgangspunkt weiterer Diskussionen dienen kann.

Literatur

Büchter, A./Leuders, T. (2005): Mathematikaufgaben selbst entwickeln. Lernen fördern – Leistung überprüfen. Berlin.

Girmes, R. (2003): Die Welt als Aufgabe?! In: Ball, H. u. a. (Hrsg.): Aufgaben. Lernen fördern – Selbstständigkeit entwickeln. Seelze. S. 6–11.

Rieck, K. (unter Mitarbeit von Friege, G./Hoffmann, D.)(2005): Modul G 1: Gute Aufgaben. SINUS-Transfer Grundschule. Naturwissenschaften. www.sinus-an-grundschulen.de/fileadmin/ uploads/Material_aus_STG/NaWi-Module/N1.pdf (7.4.2011).

Stäudel, L. (2003): Der Aufgabencheck. Überprüfen Sie Ihre Aufgabenkultur. In: Ball, H. u. a. (Hrsg.): Aufgaben. Lernen fördern – Selbstständigkeit entwickeln. Seelze. S. 16–17.

Basismodul G 2:
Entdecken, Erforschen und Erklären

Die Fähigkeit, mathematisches und naturwissenschaftliches Wissen in lebensnahen Kontexten anzuwenden, Phänomene zu entdecken und zu beschreiben, Fragestellungen zu erkennen und aus Belegen Schlussfolgerungen zu ziehen, sind Kompetenzen, die sowohl im naturwissenschaftlichen Sachunterricht als auch im Mathematikunterricht der Grundschule als Denk- und Arbeitsweisen zur Erkenntnisgewinnung erforderlich sind. Einem Unterricht, der auf Verstehen, Kooperieren, Handeln und Problemlösen ausgerichtet ist, wird es gelingen, die Entdeckerhaltung der Kinder und damit auch die Freude an den Wissenschaften zu fördern. Dabei wird entscheidend sein, inwieweit der Austausch der Kinder über das Vorgehen, über Vermutungen und eigene Vorstellungen gefördert, Beobachtungen generalisiert und mit vorhandenem Wissen verknüpft wird, damit Handlungssituationen lernwirksam werden und eine vernetzte und kumulative Wissensentwicklung stattfindet. Veränderungen des Unterrichts in diesen beiden Fächern erfordern die Bereitstellung von Aufgaben, die Lernende zum eigenständigen, kreativen Experimentieren herausfordern. Den Lernenden eröffnen sich Fragen, die sie einladen, sich mit den Phänomenen genauer zu beschäftigen, Vermutungen zu äußern und sie mithilfe von selbstentwickelten Untersuchungsdesigns zu bestätigen oder zu verwerfen. Arbeiten Schülerinnen und Schüler in diesem Prozess kooperativ zusammen, erweitern sie ihre Fähigkeiten des Kommunizierens, des Argumentierens und des Problemlösens.

Christoph Selter zeigt in der Mathematik-Modulbeschreibung „Mathematikunterricht – mehr als Kenntnisse und Fertigkeiten" anhand von Beispielaufgaben ein Bild von Mathematik, das Anregungen gibt, mathematische Phänomene zu entdecken, zu erforschen und zu erklären. Dabei wird Mathematik als Tätigkeit verstanden, bei der neben Intuition, Fantasie und schöpferischem Denken, gemeinsames Nachdenken und ein Austausch von Argumenten stattfindet. Dadurch wird einerseits ein Vertrauen in die eigene Denkfähigkeit aufgebaut und andererseits – für Lernende weniger merkbar – an der Aneignung von Kenntnissen und Fertigkeiten gearbeitet.

Im naturwissenschaftlichen Modul „Entdecken, Erforschen und Erklären im naturwissenschaftlichen Unterricht der Grundschule" beschreibt Silke Mikelskis-Seifert grundlegende Methoden zum Herangehen an naturwissenschaftliche Phänomene, Fragen und Probleme aus dem Bereich des Sachunterrichts. Es werden eine Reihe von naturwissenschaftlichen Denk- und Arbeitsweisen vorgestellt, mit deren Hilfe Kinder im Grundschulalter sich die Welt erschließen, Sachverhalte einordnen und verstehen, sowie Neues entdecken können.

Christoph Selter

Mathematikunterricht – mehr als Kenntnisse und Fertigkeiten

Zahlenmauern – so und so

Dass es im Mathematikunterricht der Grundschule um mehr geht als um Kenntnisse und Fertigkeiten, kann anhand des Vergleichs zweier Arbeitsblätter zu den sogenannten Zahlenmauern deutlich werden. In die untere Steinreihe werden Zahlen eingetragen. In die versetzt darüber angeordneten Steine schreibt man jeweils die Summe, errechnet aus den beiden Zahlen der darunterliegenden Steine, so, wie es das ausgefüllte Beispiel bei Aufgabe 1 zeigt.

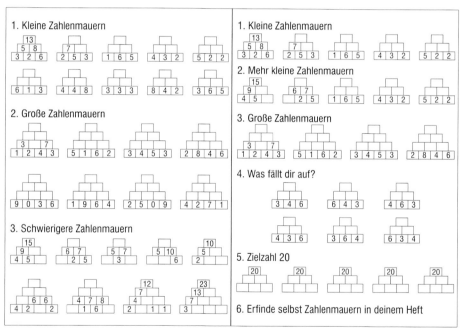

Abb. 1: Zahlenmauern Variante A und B

Genauso wichtig wie der Erwerb der inhaltsbezogenen Kompetenzen ist die Entwicklung prozessbezogener Kompetenzen, wie zum Beispiel das Erforschen, das Entdecken oder das Erklären (Selter 2005; Walther u. a. 2007). In den Bildungsstandards wird in diesem Zusammenhang übrigens von allgemeinen mathematischen Kompetenzen gesprochen. Da der Begriff der prozessbezogenen Kompetenzen nach meinem Dafürhalten aussagekräftiger ist, wird er im Weiteren verwendet.

35

Die ersten drei Aufgaben der Variante B sind auch in der Variante A enthalten. Bei A finden sich darüber hinaus lediglich weitere Aufgaben desselben Typs. Im Vordergrund steht hier also die Übung der Addition und der Subtraktion.

Darum geht es auch bei der Variante B, aber eben nicht nur. Bei der Nummer 4 sollen sich die Kinder damit befassen, wie sich die unterschiedliche Anordnung der 3, der 4 und der 6 auf die anderen Zahlen in der Mauer auswirkt. Bei der Aufgabe 5 sollen die Kinder Mauern mit Zielzahl 20 notieren. Und schließlich sollen sie Zahlenmauern frei erfinden. Hier werden also sowohl inhalts- als auch prozessbezogene Kompetenzen angesprochen.

Wie eine stärkere Berücksichtigung prozessbezogener Kompetenzen praktisch möglich ist, soll in diesem Beitrag anhand eines Beispiels, bei dem die Kinder das Rechnen üben und sich zudem zahlreiche Möglichkeiten zum Erforschen, Entdecken und Erklären ergeben, dargestellt werden (Walther u. a. 2007, Website des PIK AS-Projekts, www.pikas.tu-dortmund.de). Einige theoretische Hintergrundüberlegungen runden das Bild von einem veränderten Mathematiklernen ab.

Zahlengitter –
ein Unterrichtsbeispiel zum Entdecken, Erforschen und Erklären

Den Zahlengittern liegt folgende Aufgabenvorschrift zugrunde: Zunächst wird die sogenannte Startzahl (hier: 0) in das linke obere Feld eingetragen. Dann schreibt man fortlaufend in die benachbarten Felder die um die linke bzw. um die obere Pluszahl vermehrte Zahl.

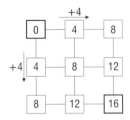

Abb. 2: Zahlengitter 1

Die rechte untere Zahl heißt Zielzahl, die mittlere Mittelzahl und die anderen Randzahlen. Die Verwendung zweier gleicher Pluszahlen (+4; +4) ist ebenso möglich wie die der 0. Im Folgenden wird über eine Unterrichtsreihe im 3. oder 4. Schuljahr berichtet, die bei entsprechenden Modifikationen auch schon in niedrigeren Klassenstufen durchführbar ist (Selter 2004).

Wie viele Zahlengitter findest du?

Eingangs wurden an einem Beispiel (+2; +5) auf einem an der Tafel hängenden Plakat die Aufgabenvorschrift sowie die oben genannten Begriffe eingeführt. Zwei Schüler haben dies daraufhin bei weiteren Beispielen (+8; +8) und (+5; +2) angewendet. An ihnen sollte deutlich werden, dass auch zwei gleiche Pluszahlen möglich waren und dass durch ein Pluszahl-Paar (+2; +5) sowie sein „Tauschpaar" (+5; +2) zwei verschiedene Zahlengitter gebildet wurden.

Dann wurde die Aufgabe gestellt, möglichst viele Pluszahl-Paare zu finden, die zur Zielzahl 20 führen. Einige Kinder äußerten erste Vermutungen, von denen die am häufigsten genannte (+5; +5) zur Verdeutlichung der Aufgabenstellung an der Tafel festgehalten wurde.

Die Kinder erhielten ein Arbeitsblatt, in dem sie alle von ihnen gefundenen Möglichkeiten notieren sollten, und wurden dazu angeregt, die Pluszahlen-Paare in einer Tabelle einzutragen. Zudem wurden sie gebeten, im Forscherbericht festzuhalten, wie sie vorgingen und was ihnen auffiel. Des Weiteren wurde gesagt, dass für die Schüler, die das Arbeitsblatt mit der Zielzahl 20 bearbeitet hätten, ein ebensolches für die Zielzahl 22 zur Verfügung stünde und dass der Arbeitsphase eine Sammlungs- und Reflexionsphase folgen würde.

Es waren sicherlich nicht wenige Informationen, die den Kindern auf einmal gegeben wurden. Aber es erschien wichtig, dass diese sowohl über Zieltransparenz (z. B. Was sind die Ziele meiner Arbeit? Welche Produkte, hier: Aufstellung der Möglichkeiten bzw. beschreibender Text, werden erwartet?) als auch über Prozesstransparenz verfügten (z. B. Was ist der ungefähre Zeitrahmen für einzelne Aufgaben? Welche Materialien, hier: Arbeitsblätter bzw. Tafelplakate, werden wozu verwendet?).

In der Arbeitsphase konnten unterschiedliche Vorgehensweisen der Kinder beobachtet werden:

▶ unsystematisches oder unsystematisch erscheinendes Probieren,
▶ Ableiten eines Pluszahlen-Paares aus seinem Tauschpaar (aus (+2; +8) wird (+8; +2) gewonnen),
▶ Zerlegen der Mittelzahl 10 in zwei Summanden, die dann als Pluszahlen dienen und
▶ operatives Variieren der Pluszahlen (z. B. linke Pluszahl um 1 erhöhen, obere um 1 vermindern).

Einige Schüler waren nach knapp fünf Minuten der Meinung, dass keine weiteren Möglichkeiten mehr existieren; bei anderen war dies nach rund 20 Minuten der Fall. Alle Kinder arbeiteten anschließend an ihrem Forscherbericht zur Zielzahl 20.

Welche Lösungen hast du gefunden?	Wie bist du vorgegangen? Was ist dir aufgefallen?
Zielzahl 20 +↓ +→ 0 10 1 9 2 8 3 7 4 6 5 5 6 4 7 3 8 2 9 1 10 0	Das man wenn es 20 ergeben soll z.B. 12 die beiden Addieren muss und dann das ergebnis von den beid Zahlen mal 2 nehmen dann hat man 20 raus.

Abb. 3: Forscherbericht

Eine ganze Reihe von Schülern befasste sich dann noch mit der Übertragung der Aufgabenstellungen auf die Zielzahl 22. Drei Kinder setzten sich in dieser Einführungsstunde sogar damit auseinander, die Anzahl der Möglichkeiten zu einer selbst gewählten Zielzahl kleiner gleich 30 zu finden.

Zum Abschluss wurde durch das geordnete Anhängen aller elf Zahlengitter das Nachdenken über deren Gemeinsamkeiten und Unterschiede angeregt. Diese waren zur Zeitersparnis bereits während der Arbeitsphase von zwei Schülern auf vorbereiteten Zahlengittern notiert worden, die an der Tafel mit Hilfe von Haftstreifen flexibel umgeordnet werden konnten.

Die Kinder begründeten, warum sie alle Möglichkeiten gefunden hatten, und lasen aus ihren Forscherberichten vor, wie sie vorgegangen waren und was ihnen aufgefallen war. In der Zusammenschau der Zahlengitter wurden diverse Auffälligkeiten benannt, wie etwa:

▸ Als Mittelzahl kommt immer die 10 (bzw. die 11) heraus.
▸ Wenn die linke Pluszahl um 1 größer wird, wird die obere Pluszahl um 1 kleiner.
▸ Rechts oben (bzw. links unten bzw. rechts unten (Zielzahl)) steht immer eine gerade Zahl.
▸ Die da (die rechte mittlere) und die da (die untere Mittelzahl) sind zusammen immer 30.
▸ Bei der Zielzahl 20 sind es immer 30, wenn man die Zahlen von links oben nach rechts unten (bzw. von rechts oben nach links unten) zusammenzählt.

Wie ging es weiter?

Da die einzelnen Kinder natürlich unterschiedlich weit fortgeschritten waren, schloss sich eine Stunde an, in der sie individuell die Gelegenheit erhielten, die Aufgabenstellungen auf weitere Zielzahlen zu übertragen.

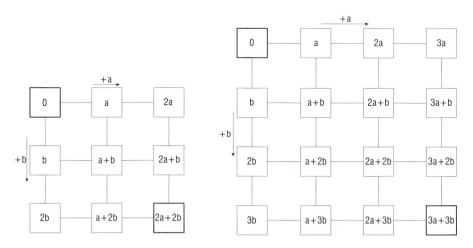

Abb. 4: 3 · 3 - Zahlengitter   Abb. 5: 4 · 4 - Zahlengitter

Dem „allgemeinen" 3 · 3 - Gitter kann man die Auffälligkeiten entnehmen, die die Kinder speziell für die Zielzahl 20 formuliert haben. Zählt man zum Beispiel die Zahlen in den Diagonalen zusammen, so erhält man stets 3a + 3b. Oder man sieht an der Bauart der rechten oberen (2a), der linken unteren (2b) sowie der Zielzahl (2a + 2b), dass hier nur gerade Zahlen auftreten können.

Am darauffolgenden Tag stand die Aufgabenstellung im Vordergrund, bestimmte Zielzahlen (30 bzw. 33) in einem 4 · 4 - Zahlengitter zu erreichen. Dabei ergibt sich als Zielzahl nicht 2a + 2b, sondern 3a + 3b. Also können nur Vielfache von 3 als Zielzahlen auftreten.

Abschließend wurden einige Auffälligkeiten des 4 · 4 - Gitters besprochen. Interessant ist beispielsweise, dass die Anzahl der Pluszahlen-Paare für eine bestimmte Zielzahl um 1 größer ist als die Summe der Pluszahlen in einem solchen Paar. Dies gilt auch für quadratische Gitter beliebiger Größe.

Variationen

Die folgende Auflistung weiterer Aufgabenvariationen für das 3 · 3 - Gitter verdeutlicht dessen vielfältige Einsatzmöglichkeiten.

A Trage die fehlenden Zahlen ein

a) Gegeben sind die Startzahl und die beiden Pluszahlen.
b) Gegeben sind die Zielzahl und die beiden Pluszahlen.
c) Gegeben ist eine der beiden Diagonalen.
d) Gegeben sind jeweils zwei der drei folgenden Zahlen: Startzahl, Mittelzahl und Zielzahl.
e) Gegeben sind zwei (drei) beliebige Zahlen.
f) Keine Zahlen sind vorgegeben (Erfinden eigener Zahlengitter).

Forscheraufgaben

a) Was ändert sich wie, wenn eine der beiden Pluszahlen um 1 (2 etc.) erhöht bzw. vermindert wird?
b) Vergleiche die Mittelzahl mit der Start- und der Zielzahl!
c) Wie viele Möglichkeiten gibt es, das Zahlengitter auszufüllen, wenn jeweils zwei der drei folgenden Zahlen gegeben sind: Startzahl, Mittelzahl und Zielzahl?
d) Welche Zusammenhänge bestehen zwischen Zahlengittern mit gleicher Start- und Zielzahl?
e) Welche Zahlen kann man als Zielzahlen erreichen, welche nicht?
f) Was ändert sich, wenn man die Startzahl verändert, aber die Zielzahl fix lässt?
g) Welche Zielzahlen ergeben sich, wenn als Pluszahlen nur bestimmte Zahlen zugelassen sind (z. B. Fünferzahlen)?

Addition im Zahlengitter

a) Addiere jeweils zwei gegenüberliegende Randzahlen.
b) Addiere die Zahlen in den beiden Diagonalen.
c) Addiere die Zahlen in jeder der drei Spalten (Zeilen).
d) Addiere alle acht Randzahlen und vergleiche sie mit der Mittelzahl usw.

Sonderfälle wie beispielsweise gleiche Pluszahlen ($a = b$), benachbarte Pluszahlen ($a = b + 1$) bzw. Vielfachen-Beziehungen wie $a = 2b$ oder die Beschränkung auf bestimmte Pluszahlen (z. B. nur Vielfache von 5) führen zu weiteren interessanten Auffälligkeiten.

Denkbar sind des Weiteren Modifikationen wie die Verwendung anderer Startzahlen oder die Übertragung der Fragestellungen auf andere quadratische bzw. auf rechteckige Zahlengitter. Außerdem können auch die anderen Grundrechenarten bei der Auswahl der Operatoren berücksichtigt werden. In höheren Klassenstufen schließlich wäre eine Erweiterung auf Bruchzahlen oder negative Zahlen möglich.

Ein anderes Bild von Mathematik

Aufgabenfelder wie die Zahlengitter, die inhalts- und prozessbezogene Ziele gleichermaßen ansprechen, sind im Verlauf der letzten 15 Jahre vermehrt entwickelt bzw. wiederentdeckt worden. In ihnen kommt ein anderes Bild von Mathematik zum Ausdruck, das sich gegenüber der weit verbreiteten Sichtweise von Mathematik als Geheimwissenschaft abgrenzt und sich durch die Umschreibung Mathematik als Tätigkeit und als Wissenschaft von den Mustern fassen lässt (Wittmann 2003).

Mathematik als „Geheimwissenschaft"

Für die meisten Menschen ist Mathematik wie „bittere Medizin", hat der Mathematiker und Computerwissenschaftler Seymour Papert geschrieben, und damit hat er vermutlich recht.

Mathematik wird hier als ein Wissensbestand angesehen, der aus undurchschaubaren Begriffen, Sätzen und Verfahren besteht – zumindest ab einer bestimmten Klassenstufe. Die Techniken dieser Geheimwissenschaft gilt es notfalls auch ohne Verständnis zu lernen, um sie bei der nächsten Klassenarbeit abzuspulen und dann wieder zu vergessen.

Mathematik und Kreativität – so eine weit verbreitete Meinung – haben wenig oder sogar nichts miteinander zu tun. Der Sinn von Beweisen ist unklar. Und wenn man etwas beweist, muss man ständig Schritte tun, die man nicht versteht und von denen man nicht weiß, warum man sie tut. Mathematiker werden häufig gleichermaßen geachtet (ihrer offensichtlichen intellektuellen Kapazitäten wegen) und bemitleidet (aufgrund ihrer vermeintlichen Weltfremdheit).

Bei der Auseinandersetzung mit den Aktivitäten rund um Zahlengitter kann man selbst als „Mathematik-Geschädigter" erfahren, was Mathematik auch sein kann, nämlich nicht nur eine Ansammlung von Regelwissen und Rezepten.

Mathematik als Tätigkeit …

So wie die Wörter Kunst und Musik nicht nur für etwas schon Fertiges stehen – die Bilder oder die Musikstücke – sondern auch für das, was Künstler und Musiker tun, nämlich malen und musizieren, so steht Mathematik auch für eine Tätigkeit, bei der

▸ Intuition, Fantasie und schöpferisches Denken beteiligt sind,
▸ man durch eigenes und gemeinschaftliches Nachdenken Einsichten erwerben und Verständnis gewinnen kann und
▸ selbstständig Entdeckungen machen und dabei Vertrauen in die eigene Denkfähigkeit und Freude am Denken aufbauen kann (Spiegel/Selter 2003, S. 47).

Für viele Leserinnen und Leser ist das vermutlich eine neue und unvertraute Sichtweise, dass Mathematik etwas mit Kreativität zu tun haben soll. Wenn Sie aber das Buch „Der Zahlenteufel" von Hans Magnus Enzensberger (1997) gelesen haben, wird Ihnen das Obige nicht so fremd sein. Auch nicht, dass eigentlich jeder Mensch ein Mathematiker ist – auch jedes Kind. Dies beschreibt Wheeler bereits 1970 so:

> *Die Mathematik existiert nur im Intellekt. Jeder, der sie erlernt, muss sie daher nachempfinden bzw. neu gestalten. In diesem Sinn kann Mathematik nur erlernt werden, indem sie geschöpft [geschaffen] wird. Wir glauben nicht, dass ein klarer Trennstrich gezogen werden kann zwischen der Tätigkeit des forschenden Mathematikers und der eines Kindes, das Mathematik lernt. Das Kind hat andere Hilfsmittel und andere Erfahrungen, aber beide sind in den gleichen schöpferischen Akt einbezogen. Wir möchten betonen, dass die Mathematik, die ein Kind beherrscht, tatsächlich sein Besitz ist, weil das Kind diese Mathematik durch persönliche Handlung entdeckt hat.*
>
> (Wheeler 1970, S. 8)

Mathematik fängt schon da an, wo ein Kind z. B. für sich allein entdeckt, dass es „gerechte" und „ungerechte" Zahlen gibt (wir Erwachsenen nennen sie gerade und ungerade). Oder wo es für die Zahl 101, die wir hunderteins nennen, einhundert sagt, weil es das Prinzip der Zahlwortbildung für zweistellige Zahlen auf dreistellige überträgt.

Mathematik als Wissenschaft von den Mustern

Auf die Frage, was Mathematik ist, geben heutige Mathematiker häufig die Antwort: „Mathematik ist die Wissenschaft von den Mustern" (Devlin 1998). Diese Aussage ist kurz und voraussetzungsvoll und daher potenziell missverständlich. Man muss wissen, dass der Begriff Muster sich keineswegs nur auf sichtbare Muster wie Zahlenfolgen oder Parkette beschränkt. Weit darüber hinausgehend steht das Wort Muster stellvertretend für Begriffe wie Ordnungen, Strukturen, Beziehungen, Zusammenhänge, Auffälligkeiten, Abhängigkeiten oder Regelmäßigkeiten. Durch Beschäftigung mit Mathematik lernt man, die Welt zu ordnen. Denn:

> *Mathematische Muster dürfen nicht als fest Gegebenes angesehen werden, das man nur betrachten und reproduzieren kann. Ganz im Gegenteil: Es gehört zu ihrem Wesen, dass man sie erforschen, fortsetzen, ausgestalten und selbst erzeugen kann.* (Wittmann 2003, S. 26)

Natürlich darf man die Formulierung „Wissenschaft von den Mustern" nicht so verstehen, dass es in der Grundschule nicht mehr um das Erlernen des Einmaleins oder der schriftlichen Addition geht. Dieses ist – wie in den einleitenden Bemerkungen schon ausgeführt – nach wie vor von essenzieller Bedeutung. Aber es sollte im Unterricht wesentlich auch um die Schulung prozessbezogener Kompetenzen gehen, d. h. um das Sehen, Beschreiben, Erfinden, Untersuchen, Fortsetzen, Abwandeln, … von Mustern.

Prozessbezogene Kompetenzen sollten natürlich nicht nur in arithmetischen Sachzusammenhängen angesprochen werden, sondern auch im Rahmen von Aufgaben, die anderen Inhaltsbereichen bzw. Leitideen (Selter 2005 und Peter-Koop/Hasemann 2006) zuzuordnen sind.

Literatur

Devlin, K. (1998): Muster der Mathematik. Heidelberg.

Enzensberger, H. M. (1997): Der Zahlenteufel. Ein Kopfkissenbuch für alle, die Angst vor der Mathematik haben. München/Wien.

Höhtker, B./Selter, Ch. (1995): Von der Hunderterkette zum leeren Zahlenstrahl. In: Müller, G. N./ Wittmann, E. Ch. (Hrsg.): Mit Kindern rechnen. Frankfurt. S. 122–134.

KMK (2004): Bildungsstandards im Fach Mathematik (Klasse 4). (Stand: 23.4.01).

Peter-Koop, A./Hasemann, K. (2006): Modul G 10: Übergänge gestalten. SINUS-Transfer Grundschule. www.sinus-an-grundschulen.de/fileadmin/uploads/Material_aus_STG/Mathe-Module/ M10.pdf (8.11.2010).

Selter, Ch. (2005): Modul G 2: Erforschen, entdecken und erklären im Mathematikunterricht der Grundschule. SINUS-Transfer Grundschule. http://sinus-transfer.uni-bayreuth.de/fileadmin/Materialien/M2.pdf (8.11.2010).

Selter, Ch. (2002): Was heißt eigentlich „rechnen lernen"? Ein Diskussionsbeitrag zum Thema „Tragfähige Grundlagen Arithmetik". In: Böttcher, W./Kalb, P. E. (Hrsg.): Kerncurriculum. Was Kinder in der Grundschule lernen sollen. Weinheim. S. 169–197.

Selter, Ch. (2004): Zahlengitter – eine Ausgangsaufgabe, viele Variationen. Die Grundschulzeitschrift (177), S. 42–45.

Spiegel, H./Selter, Ch. (2003): Kinder & Mathematik. Was Erwachsene wissen sollten. Seelze.

Sundermann, B./Selter, Ch. (2006): Beurteilen und Fördern im Mathematikunterricht. Berlin.

Walther, G./Selter, Ch./Neubrand, J. (2007): Die Bildungsstandards Mathematik. In: Walther, G. u. a. (Hrsg.): Bildungsstandards für die Grundschule: Mathematik konkret. Berlin, S. 16–41.

Wheeler, D. (1970) (Hrsg.): Modelle für den Mathematikunterricht in der Grundschule. Stuttgart.

Wittmann, E. (2003): Was ist Mathematik und welche pädagogische Bedeutung hat das wohlverstandene Fach auch für den Mathematikunterricht in der Grundschule? In: Baum, M./Wielpütz, H. (Hrsg.): Mathematik in der Grundschule. Ein Arbeitsbuch. Seelze. S. 18–46.

Websites

www.sinus-an-grundschulen.de
www.kira.uni-dortmund.de
www.pikas.tu-dortmund.de

Silke Mikelskis-Seifert

Entdecken, Erforschen und Erklären im naturwissenschaftlichen Unterricht der Grundschule

Nichts sehen und hören, nichts hören und sehen – ein kleiner Problemabriss

Das Erforschen und Entdecken ist kaum aus unserer Lebenswelt wegzudenken. Nicht nur Kinder nehmen ihre Umwelt wahr und sammeln wichtige Erfahrungen, indem sie die Umwelt spielerisch erforschen. Die nachfolgende Situation illustriert, wie in einer alltäglichen Begebenheit das Entdecken, hier insbesondere das Beobachten, von Bedeutung sein kann:

Geräusche, die uns begleiten

Herr Meier sitzt an einem sonnigen Tag bequem und entspannt auf einer Parkbank. Er genießt den schönen Tag und schließt seine Augen. Er hört aufmerksam auf die ihn umgebenden Geräusche. Je mehr Zeit sich Herr Meier dabei nimmt, desto mehr Laute hört er, Gezwitscher oder Töne, auf die er sonst vielleicht nie geachtet hätte, den Gesang der verschiedenen Vögel, die Klingel eines Fahrrads, das Zerknüllen von Papier, die Schritte einer sich nähernden Person oder sogar den eigenen Atem.

Unsere Welt ist voll von vielen unterschiedlichen Geräuschen, man muss nur genau hinhören. Jedoch bekommt man einen ganz anderen Eindruck von der Welt, wenn man sich die Ohren zuhält und nur mit den Augen beobachtet. Zurück zu Herrn Meier, der immer noch auf der Parkbank sitzt:

Ausbleiben von Geräuschen

Herr Meier hält sich seine Ohren fest zu und beobachtet, was um ihn herum geschieht. Dabei fällt ihm auf, wie leer die Welt ohne die uns umgebenden Geräusche erscheint. Er sieht vorbeiflitzende Menschen, spielende Kinder oder die ruhenden Enten am Teich.

Im Allgemeinen nimmt der Mensch mit den Augen viel mehr wahr als mit den Ohren; den überwiegenden Teil der Informationen gewinnen wir durch das Sehen. Erkenntnisse über die Umwelt sammeln wir, indem wir diese mit den Sinnesorganen erforschen und erkunden. Natürlich stellt ein solches Vorgehen nur einen Ausschnitt davon dar, wie man zu Erkenntnissen über die Welt gelangt. Beim Sehen, Schmecken und

Riechen ist die Rede vom Beobachten als einer wichtigen Arbeitsweise in den Naturwissenschaften. Jedoch, was versteht man unter Entdecken und Erforschen, welche Rolle spielt dabei das Beobachten und was unterscheidet diese Tätigkeiten vom Erklären? Diesen Fragen wird in den folgenden Betrachtungen nachgegangen.

Kennzeichen der Naturwissenschaften vor dem Hintergrund der Grundschule

Die Beantwortung der Frage: „Was kennzeichnet die Naturwissenschaften?" führt meistens zu der Feststellung, dass zwei Merkmale bedeutsam sind. Dies sind einerseits die grundlegenden Konzepte, die für die Disziplinen Physik, Chemie und Biologie gelten. Andererseits sind hier die Methoden, auch Arbeitsweisen genannt, anzuführen. Beide Merkmale sind für den naturwissenschaftlichen Sachunterricht von Relevanz. Da die Konzepte in einem anderen Beitrag in diesem Buch näher betrachtet werden, liegt der Fokus hier auf den Methoden.

Das Erforschen und Entdecken kann als eine Herangehensweise angesehen werden, die gezielt naturwissenschaftliche Denk- und Arbeitsweisen fördert. Eine typische Arbeitsweise ist das Beobachten. Es ist dem Erforschen und Entdecken zuzuordnen, denn in allen Naturwissenschaften wird beobachtet. Das Beobachten kann nicht isoliert gesehen werden, sondern ist mit anderen Tätigkeiten wie beispielsweise dem Messen oder dem Experimentieren verbunden. Ferner gibt es einen folgerichtigen Aufbau, eine Hierarchie, die vom Einfachen (Beobachten) zum Komplexen (Experimentieren) fortschreitet. Wann immer man in den Naturwissenschaften zu Erkenntnissen gelangen will, sind die nachfolgend beschriebenen Arbeitsweisen grundlegend:

- das Beobachten, Beschreiben und Messen;
- das Planen und Auswerten von Experimenten;
- das Aufstellen, Prüfen und Revidieren von Modellen sowie
- das naturwissenschaftliche Diskutieren, Argumentieren und Problemlösen.

Solche Methoden können unter dem Oberbegriff „Forschen" zusammengefasst werden. Jedoch ist anzumerken, dass es eine typische Methode als Standard zur Erkenntnisgewinnung nicht gibt. Nichtsdestoweniger können die Experimente zusammen mit den theoretischen Beschreibungen in Form von Modellen als Säulen der Erkenntnisgewinnung angesehen werden (siehe Abb. 1). Sowohl die Erkenntnisgewinnung als auch das Lernen von naturwissenschaftlichen Inhalten kann als ein Wechselspiel beschrieben werden, in dem die Auseinandersetzung mit Phänomenen und deren theoretischer Beschreibung erfolgt.

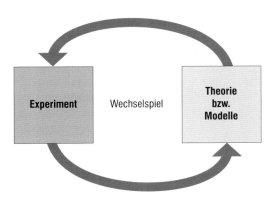

Abb. 1: Wechselspiel von Experimentieren und Modellieren

Ein solches Wechselspiel ist durch die folgenden Merkmale gekennzeichnet:
▸ Eine naturwissenschaftliche Hypothese ist eine Vermutung, die auf Vorwissen be-
   ruht. Weil sie durch ein Experiment geprüft (getestet) werden kann, spricht man
   auch von einer „wissenschaftlichen" Vermutung.
▸ Bei einem Experiment werden in einer Versuchsanordnung bewusst festgelegte
   oder ausgewählte Bedingungen (Variablen) verändert, kontrolliert und wiederholt
   beobachtet.
▸ Ein Experiment ist ein Bindeglied zwischen der Wirklichkeit und der Welt der Modelle und Theorien.

Tätigkeiten wie das Beobachten, Beschreiben und Messen, das Planen und Auswerten
von Experimenten oder das Aufstellen, Prüfen und Revidieren von Modellen spielen
hierbei eine wichtige Rolle.

Theoretischer Rahmen für das Erlernen naturwissenschaftlicher Arbeitsweisen

Probleme beim naturwissenschaftlichen Arbeiten im Schulalltag

Fasst man die Ergebnisse der Untersuchungen zum naturwissenschaftlichen Arbeiten zusammen, dann sind die Befunde sehr vielfältig. Beispielsweise sind die Schülervorstellungen zur Modellproblematik von Fehlvorstellungen dominiert. So schreiben
die Schülerinnen und Schüler den kleinsten Teilchen oft eine Farbe, eine Form oder
eine Temperatur zu. Elektronen sehen sie als kleine sich bewegende Kugeln an oder
ordnen den Lichtstrahl der Realität zu. Bei einer solchen Denkweise wird nicht mehr
zwischen Modellhaftem und Realem unterschieden. Das heißt, dass die Kinder nicht
in der Lage sind, angemessen mit einer Modellvorstellung umzugehen. Vor dem Unterricht verbinden die Schülerinnen und Schüler mit dem Begriff „Modell" vor allem
gegenständliche Modelle. Selbst die Behandlung typischer Modelle im Unterricht –

beispielsweise das Modell elektrisch geladener Teilchen – verändert die Vorstellung von der Dominanz der gegenständlichen Modelle kaum. Dies ist problematisch, da die Denkmodelle, die nicht gegenständlicher Natur sind, im naturwissenschaftlichen Unterricht eine große Rolle spielen. Dies macht deutlich, dass der Modellaspekt im naturwissenschaftlichen Unterricht ausführlich thematisiert werden muss. Ein Lernen mit Modellen muss über die Schuljahre hinweg kontinuierlich und systematisch erfolgen und anhand von vielfältigen naturwissenschaftlichen Themen geübt werden.

Nicht nur der Umgang mit Modellen ist von Lernschwierigkeiten geprägt. Beim Experimentieren im Schulalltag sind ebenfalls Probleme zu beobachten, wie z. B. beim Aufstellen unterschiedlicher Hypothesen (wissenschaftliche Vermutungen), beim systematischen Überprüfen der Hypothesen (Variablenkontrolle) oder beim Ziehen angemessener Schlussfolgerungen aus den Daten. In aller Regel interpretieren die Lernenden ein Experiment anders, als es aus der Sicht der Lehrkraft zu erwarten ist. Gleiches gilt für die Beobachtungen der Kinder. Eine Ursache hierfür ist, dass den Lernenden der theoretische Rahmen, in dem das Experiment oder die Beobachtung stattfindet, nicht bewusst bzw. nicht verfügbar ist. Auch trifft man im naturwissenschaftlichen Unterricht nicht selten ein induktives Vorgehen an, bei dem häufig aus den Ergebnissen eines einzelnen Experiments weitreichende Schlüsse gezogen werden. Aus den skizzierten Lernschwierigkeiten lässt sich folgern, dass ein traditioneller Unterricht Fehlvorstellungen nicht verhindern kann. Vielmehr trägt der Unterricht sogar zur Entstehung von unangemessenen Vorstellungen über naturwissenschaftliche Konzepte bei. Hinzu kommt, dass sich bei den Schülerinnen und Schülern einmal erworbene Denkweisen als relativ stabil erweisen und nur mit großer Anstrengung in die erwünschte Richtung zu verändern sind. Deshalb erscheint ein Erlernen der naturwissenschaftlichen Arbeitsweisen bereits im Sachunterricht der Grundschule sinnvoll und notwendig zu sein.

Das Konzept des Lernens naturwissenschaftlicher Arbeitsweisen in der Grundschule

Beim Aufbau angemessener und anschlussfähiger Denkweisen ist es wichtig, zwischen den Tätigkeiten, die in einer erfahrbaren Welt stattfinden, und den Tätigkeiten, die in einer modellierten Welt anzusiedeln sind, zu unterscheiden (siehe Abb. 2). Das Beobachten, das Beschreiben, das Messen und ebenso das Ordnen beziehen sich auf (naturwissenschaftliche) Phänomene. Diese Tätigkeiten finden in der erfahrbaren Welt statt, die uns zugänglich ist und als Erfahrungswelt bezeichnet wird.

Dabei ist zu erwähnen, dass bewusst das Phänomen und nicht das Experiment im Mittelpunkt der Erfahrungswelt steht. Denn das Experiment verkörpert in seiner Komplexität die höchste Stufe des naturwissenschaftlichen Arbeitens. Stehen im naturwissenschaftlichen Sachunterricht die subjektiven Eindrücke und Erfahrungen im Zentrum, so führt das Streben nach Intersubjektivität, nach Isolierbarkeit und nach Quantitäten dann schrittweise vom betrachteten Phänomen weg und hin zum reduzierten Experiment. Bei einem solchen Vorgehen spielen wiederum die naturwissenschaftlichen Arbeitsweisen wie das Beobachten, das Beschreiben und das Messen

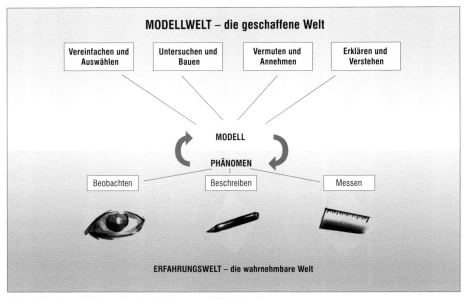

Abb. 2: Das Unterscheiden zwischen Erfahrungs- und Modellwelt

eine dominierende Rolle. Das Beobachten erfolgt jedoch nicht beliebig, sondern zielgerichtet, mit der Absicht, durch die Beobachtung etwas bisher nicht Bekanntes zu entdecken. Man kann daher davon sprechen, dass die Untersuchungen in einem bestimmten „theoretischen Rahmen" stattfinden. Dies deuten die Pfeile vom Phänomen zum Modell und umgekehrt an. Die das Modell betreffende Welt ist die geschaffene Welt, die dazu dient, Phänomene zu erklären, relevante Zusammenhänge zu verstehen oder auch Dinge zu vereinfachen bzw. zu veranschaulichen. In dieser Modellwelt sind Tätigkeiten wie das Vereinfachen und Auswählen, das Untersuchen und Bauen, das Vermuten und Annehmen und das Erklären und Verstehen von zentraler Bedeutung.

Das Lehren naturwissenschaftlicher Arbeitsweisen

Vom Beobachten zum Messen – Untersuchungen in der Erfahrungswelt

Im ersten Unterrichtsbaustein wird das zielgerichtete Beobachten eingeführt. Die Kinder untersuchen in kleinen Handversuchen verschiedene Phänomene, beobachten und ordnen diese den Sinnesorganen zu. Versuche dazu sind in der Langversion der Modulbeschreibung (Mikelskis-Seifert 2004) dargestellt. Zum Schluss wird festgehalten, dass man unter Beobachten das Wahrnehmen mit allen Sinnesorganen versteht (siehe Abb. 3).

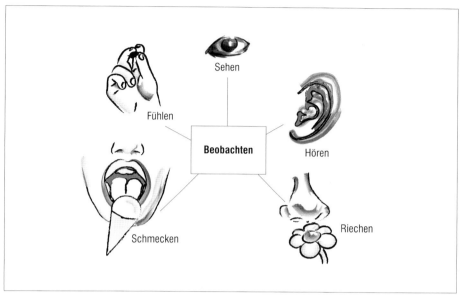

Abb. 3: Das Beobachten mit allen Sinnesorganen

Es ist neben dem genauen Beobachten naturwissenschaftlicher Phänomene auch wichtig und notwendig, die Beobachtungsergebnisse zu beschreiben und sich mit anderen darüber auszutauschen. In einem zweiten Schritt wird in diesem Unterrichtsbaustein der inhaltliche Fokus auf das zielgerichtete Beobachten gelegt. Das heißt, wenn Phänomene aus der Natur beobachtet werden, kann man dies unter verschiedenen Fragestellungen tun. Das hat zur Folge, dass man zu anderen Beschreibungen ein und desselben Phänomens kommen kann, weil beim zielgerichteten Beobachten das Vorgehen auf gewisse Aspekte eingeschränkt wird. Den Kindern kann man es anhand einer Duftkerze verdeutlichen. Vor der Betrachtung der Duftkerze sollen sich die Kinder Kriterien überlegen, unter denen sie beobachten wollen. Mögliche Kriterien sind:

▸ **Riechen** – Welchen Duft der Kerze nimmt man wahr?
▸ **Fühlen** – Was lässt sich über die Wärmeausbreitung der Kerze aussagen?
▸ **Sehen** – Welche Farben hat die Kerzenflamme?

Kinder halten ihre Beobachtungen fest. Bei der Diskussion der verschiedenen Beobachtungsergebnisse wird ferner das Beobachten klar vom Erklären – das die Angabe von Gründen beinhaltet – abgegrenzt.

Ordnen und Vergleichen

Im Anschluss an das Beobachten und Beschreiben werden im zweiten Unterrichtsbaustein das Ordnen und Messen als Arbeitsweisen eingeführt und in vielfältigen Situationen vertieft. Die Kinder sind sicherlich schon einmal in einer Bibliothek gewesen. Vielleicht besitzen auch deren Eltern viele Bücher, die sie in einem Regal aufbewahren. Nach welchem System können Bücher geordnet werden? Ohne eine sinnvolle Ordnung ist es schwierig, ein Buch zu finden. In der Regel, so auch in den Bibliotheken, sind es die Sachgebiete bzw. Themen, die eine Ordnung der Bücher in bestimmte Gruppen vorgeben. Es gibt aber auch Menschen, die ihre Bücher nach Farben ordnen, andere nach der Größe. In den Naturwissenschaften ist es ebenfalls von Bedeutung, Objekte oder Vorgänge nach bestimmten Eigenschaften zu ordnen. Beispiele für Größen, die in den Naturwissenschaften zum Ordnen verwendet werden können, sind in Tabelle 1 zusammengestellt:

Größe in den Naturwissenschaften	Einheit	Beispiele für Messgeräte
Zeit	Sekunde (s)	Uhr
Länge	Meter (m)	Lineal, Bandmaß
Volumen	Kubikmeter (m³)	Messzylinder
Masse	Kilogramm (kg)	Waage
Temperatur	Grad Celsius (°C)	Thermometer

Tab. 1: Mögliche Größen, nach denen Objekte geordnet werden können

Nach dem Ordnen wird den Schülerinnen und Schülern die Notwendigkeit für Messungen aufgezeigt. Die folgende Situation verdeutlicht, wie man das Messen im Unterricht motivieren kann:

Apfelernte

Olaf hat im Garten Äpfel geerntet. Er nimmt fünf verschieden große Äpfel, die er seinen Freunden geben will. Da er keine Waage zur Hand hat, ordnet er diese durch Abschätzen danach, wie schwer sie sind (Masse). Dabei stellt er fest, dass drei Äpfel ähnlich groß sind. Seine besten Freunde Felix und Alex sollen die schwersten Äpfel bekommen. Diese Entscheidung fällt Olaf leicht. Nun möchte Olaf die nahezu gleich großen Äpfel auch in eine Reihenfolge bringen. Olaf stellt fest, dass das Ordnen der ähnlich großen Äpfel schwieriger ist. Zum Überprüfen kann das Abwiegen mit einer Waage weiterhelfen.

Durch den Einsatz von Messgeräten können Informationen gewonnen werden, die über die Wahrnehmung unserer Sinnesorgane hinausgehen. Genaue Angaben über Größen erhält man nur durch das Messen. Nach verschiedenen Messungen, z. B. dem

Bestimmen von Temperaturen, Zeiten oder Strecken, kann das Messen als ein Vergleichen charakterisiert werden. Unter Messen versteht man das Erfassen von Eigenschaften eines Vorganges oder eines Gegenstandes unter Verwendung spezieller Geräte und Instrumente (Messgeräte).

Vom Vereinfachen über das Erklären zum Verstehen – Untersuchungen in der Modellwelt

Nachdem das Beobachten, Beschreiben, Ordnen und Messen in der Erfahrungswelt in den ersten beiden Unterrichtsbausteinen geübt wurde, werden die Kinder mit dem dritten Unterrichtsbaustein in die Modellwelt eingeführt. Ausgangspunkt ist ein Demonstrationsexperiment zum „Flaschengeist" (Flasche im warmen Wasser mit 2 €-Münze als Deckel). Die Schülerinnen und Schüler beobachten und beschreiben die Bewegung der Münze auf dem Flaschenhals und stellen erste Erklärungsansätze hierzu auf. Um die Ursache naturwissenschaftlich aufzuklären, warum sich die Münze auf dem Flaschenhals bewegt, führen die Kinder weitere Experimente zur Volumenänderung von Gasen durch. Pro Station untersucht eine Schülergruppe, wie sich das Volumen der Luft beim Erwärmen ändert (Versuche ausführlich in der Langfassung). Die Schülergruppen tragen ihre Ergebnisse vor und äußern Vermutungen, warum es zu den Volumenänderungen kommt. An dieser Stelle bietet es sich an, dass die Lehrkraft den Modellaspekt folgendermaßen einführt:

Neben dem Untersuchen von Phänomenen in der Erfahrungswelt gehört es ebenfalls zu den wichtigen Aufgaben der Naturwissenschaften, diese Phänomene zu erklären und zu verstehen. Dabei bedienen sich Wissenschaftlerinnen und Wissenschaftler einer sehr fruchtbaren Methode. Es wird ein Modell konstruiert bzw. angewendet. Mit Hilfe eines solchen Modells soll dann das Phänomen erklärt werden. Was sind Modelle?

Der Frage nach dem Spezifischen von Modellen wird in weiteren Stunden nachgegangen. Zum Beispiel werden die Kinder aufgefordert, ein einfaches Brückenmodell aus den Materialien zu bauen, die auf dem Tisch liegen. Anhand der gebauten Brückenmodelle werden Gemeinsamkeiten (übereinstimmende Merkmale) und Unterschiede (nicht übereinstimmende Merkmale) zwischen Original und Modell festgehalten. Anschließend werden zu vernachlässigende und zu berücksichtigende Merkmale bei der Modellbildung herausgearbeitet. Das Ergebnis dieser Phase ist eine erste Definition von gegenständlichen Modellen, die von der Lehrkraft vorgegeben werden sollte.

Im wissenschaftlichen Bereich spielen die gegenständlichen Modelle eine große Rolle. Bei Modellen ist es wichtig, dass sie für einen bestimmten Zweck konstruiert werden. Dabei gilt:

- ▸ Ein Modell ist eine Vereinfachung des Originals.
- ▸ Modell und Original besitzen übereinstimmende Merkmale: Das Modell kann jedoch Merkmale besitzen, die das Original nicht hat. Ebenso können dem Modell Merkmale fehlen, die das Original hat.
- ▸ Ein Modell wird konstruiert, um einen bestimmten Zweck zu erfüllen. Man kann damit ein Original veranschaulichen und erklären.

Nach der Begriffsbestimmung von „Modell" sollten die Kinder ihr Wissen über gegenständliche Modelle anwenden. Hierzu können sie in einer Tabelle Gemeinsamkeiten und Unterschiede zwischen verschiedenen Modellen (Globus, Puppenstube, Modelleisenbahn) und den jeweiligen Originalen zuordnen. Das neu erlernte Modellwissen könnte dann beim Bau von Funktionsmodellen, die in den folgenden zwei Schulstunden behandelt werden, angewendet werden. Zu Beginn werden die Schüler aufgefordert, in Gruppen Funktionsmodelle von einer Rakete, einem menschlichen Ohr, einem menschlichen Auge, einem Vulkan und einem Wasserheber zu bauen. Dazu erhalten sie Bauanleitungen (Mikelskis-Seifert 2004) und folgenden Arbeitsauftrag:

 Bau eines Funktionsmodells

Eure Gruppe baut ein Modell. Dieses Modell werdet ihr eurer Klasse in der nächsten Stunde vorstellen. Für die Vorbereitung der Präsentation sollt ihr folgende Punkte berücksichtigen:
▸ Für welches reale Objekt habt ihr ein Modell gebaut? Informiert eure Klasse über dieses reale Objekt.
▸ Beschreibt eure Arbeitsschritte beim Bau des Modells.
▸ Stellt euer Modell vor. Vergleicht dabei euer Modell mit dem realen Objekt.
▸ Welche Eigenschaften des realen Objekts werden durch das Modell dargestellt?
▸ Was stimmt nicht mit dem realen Objekt überein?

Bei der Präsentation stellen die einzelnen Schülergruppen ihre Funktionsmodelle vor und diskutieren mit den anderen Gruppen. Zusammen wird erarbeitet, dass in den Naturwissenschaften auch das Auswählen und das Vereinfachen zu den wichtigen Arbeitsweisen gehören. Nach der Thematisierung der gegenständlichen Modelle mit dem Ziel, erste Grundlagen für ein Denken in Modellen zu legen, werden in den Unterrichtsbausteinen vier bis sechs die Denkmodelle ausführlich betrachtet. Denkmodelle spielen eine bedeutende Rolle beim Erforschen von Unbekanntem. Zur Einführung in die Problematik der Denkmodelle wird die Black-Box-Methode verwendet. Die Black-Box-Methode zeichnet sich dadurch aus, dass eine undurchsichtige (schwarze) Box mit einer unbekannten inneren Struktur erforscht wird. Beim systematischen Untersuchen dieser Box erhält man Informationen, mit denen ein Modell über den inneren Aufbau der Box erstellt werden kann. Demzufolge wird beim Untersuchen der Black-Boxen in ähnlicher Weise vorgegangen wie beim Erforschen von Unbekanntem in den Naturwissenschaften. Mit Hilfe der Black-Boxen lernen die Schülerinnen und Schüler das Vermuten und Annehmen als Arbeitsweisen kennen. Vermutungen und Annahmen führen zu den Denkmodellen, die eine andere Natur als gegenständliche Modelle haben.

Damit ist eine Basis geschaffen, die Grundschulkindern nun erlaubt, Betrachtungen sowohl in der Erfahrungs- als auch in der Modellwelt durchzuführen. Ein erstes

Ziel hierbei sollte es sein, die Volumenänderung von Gasen, die im dritten Unterrichtsbaustein beim Flaschengeist-Versuch besprochen wurde, im Teilchenmodell zu erklären. Die Kinder lernen das Teilchenmodell als ein Denkmodell kennen und anwenden, wenn sie beispielsweise chemische Lösungsvorgänge erklären. Dazu führen sie einfache Experimente durch, konstruieren ein erstes Teilchenmodell und wenden es an.

Abschließende Bemerkungen

Den naturwissenschaftlichen Arbeitsweisen wird nicht erst seit Kurzem Aufmerksamkeit geschenkt: Die American Association for the Advancement of Science hat bereits vor über 40 Jahren in dem Programm „Science – A Process Approach" insgesamt 13 grundlegende methodische Verfahren identifiziert, die mit Beginn des Unterrichts systematisch und hierarchisch aufeinander aufbauen (AAAS 1993, Demuth/Kahlert 2007). Ganz ähnlich hat auch Leo Klopfer (1971) verschiedene Tätigkeiten voneinander unterschieden: Beobachten und Messen, Erkennen einer Aufgabe und Suchen eines Lösungsweges, Interpretieren von Daten und Formulieren von Verallgemeinerungen, Aufstellen, Überprüfen und Revidieren eines theoretischen Modells, handwerkliche Fertigkeiten (siehe auch Duit 2003). Allerdings ist es unabdingbar, die methodenorientierten Konzepte mit den konzeptorientierten Ansätzen in Verbindung zu bringen. Denn die Schülerinnen und Schüler brauchen sowohl methodische Fertigkeiten als auch Kenntnisse der naturwissenschaftlichen Grundkonzepte.

Literatur

American Association for the Advancement of Science (AAAS)(1993): Benchmarks for science literacy. New York.

Demuth, R./Kahlert, J. (2007): Modul G 10: Übergänge gestalten. Naturwissenschaften. SINUS-Transfer Grundschule. www.sinus-an-grundschulen.de/fileadmin/uploads/Material_aus_STG/NaWi-Module/N10.pdf (4.3.2011).

Duit, R. (Hrsg.) (2003): Naturwissenschaftliches Arbeiten. Naturwissenschaften im Unterricht Physik, 14, Heft 74.

Klopfer, L. (1971): Evaluation of Learning in Science. In: Bloom, B. S. u. a. (Hrsg.): Handbook of Formative and Summative Evaluation of Student Learning. New York.

Mikelskis-Seifert, S. (2004): Modul G 2b: Erforschen, Entdecken und Erklären im naturwissenschaftlichen Unterricht der Grundschule. Naturwissenschaften. SINUS-Transfer Grundschule. www.sinus-an-grundschulen.de/fileadmin/uploads/Material_aus_STG/NaWi-Module/N2b.pdf (4.3.2011).

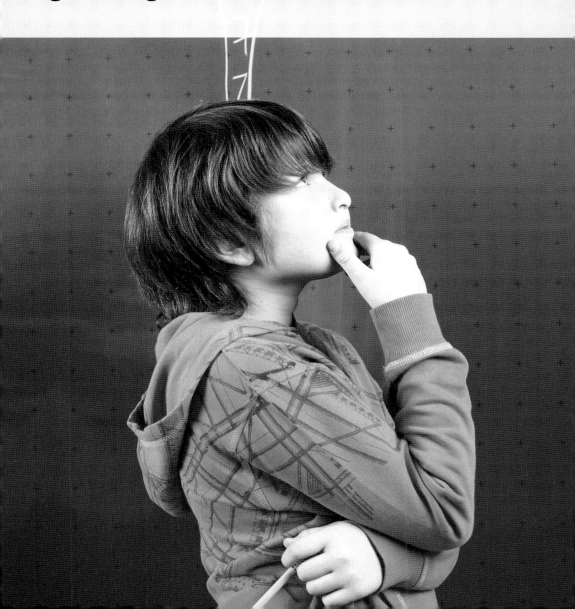

Basismodul G 3:
Schülervorstellungen aufgreifen –
grundlegende Ideen entwickeln

Kinder bemühen sich, die sie umgebende Welt zu verstehen. Sie entwickeln Begriffe und Vorstellungen, sie stellen Beziehungen zwischen ihrem Verständnis und Ereignissen her und sie versuchen, bestimmte Erscheinungen für sich stimmig zu erklären. Dabei verwenden sie Bezeichnungen und Konzepte, die sie auch im außerschulischen Umfeld kennengelernt haben. Allerdings können Kinder ihre Annahmen keiner kritischen empirischen Prüfung unterziehen. Sie entwickeln deshalb häufig subjektive Vorstellungen und Begriffssysteme, die sich von den etablierten, wissenschaftlichen Theorien unterscheiden und deren Überwindung schwierig ist. Solche Vorstellungen werden gelegentlich als alternative oder abweichende Vorstellungen, teilweise auch als Fehlkonzepte bezeichnet. Allerdings beruhen viele der kindlichen Vorstellungen auf Beobachtungen und vernünftigen Überlegungen und sind deshalb nicht grundlegend falsch oder vollständig fehlerhaft. Aus didaktischer Sicht besteht die Aufgabe deshalb darin, die zutreffenden und tragfähigen Überlegungen in solchen abweichenden Vorstellungen zu erkennen und im weiteren Unterricht zu nutzen.

Das Modul G 3 bietet einen Zugang, wie grundlegende Ideen (Konzepte und Prozesse) der Mathematik und der Naturwissenschaften im Grundschulunterricht aufgebaut werden können. Die angestrebte konzeptuelle Entwicklung wird nur dann zu tragfähigen und flexibel nutzbaren Vorstellungen führen, wenn die Vorerfahrungen oder die Prä- und Fehlkonzepte der Kinder erkannt, aufgegriffen, didaktisch genutzt und zu wissenschaftlich belastbaren Vorstellungen im mathematischen und naturwissenschaftlichen Unterricht aufgebaut werden. Erfolgreich kann ein solcher Ansatz zur Konzeptentwicklung in diesen Domänen nur dann sein, wenn er auf einige wenige zentrale Ideen konzentriert wird.

Wilhelm Schipper zeigt in seinem Beitrag „Schülervorstellungen im Mathematikunterricht aufgreifen – grundlegende Ideen entwickeln", wie durch eine inhalts- und prozessbezogene Öffnung des Mathematikunterrichts die erforderlichen Kompetenzen der Bildungsstandards erworben werden können und wie man den Lern- und Denkwegen der Kinder auf die Spur kommen kann.

Der naturwissenschaftliche Beitrag „Schülervorstellungen im Sachunterricht aufgreifen – grundlegende Ideen entwickeln" von Reinhard Demuth und Karen Rieck setzt sich mit naturwissenschaftlichen Basiskonzepten auseinander. Dabei werden Schülervorstellungen und daraus resultierende Verständnisschwierigkeiten anhand der grundlegenden Ideen Erhaltung, Energie und Wechselwirkungen verdeutlicht.

Wilhelm Schipper

Schülervorstellungen im Mathematikunterricht aufgreifen – grundlegende Ideen entwickeln

Schülervorstellungen im Spannungsfeld zwischen Offenheit und Zielorientierung

Cora ist neu in der Klasse. Ihrer Lehrerin fällt auf, dass sie folgende Probleme hat: Aus der Zahl 94 wird die 49 (Zahlendreher), diese stellt Cora in der vierten Reihe auf dem neunten Feld dar (Zeilenfehler), geht dann um 25 statt 52 (Zahlendreher) Schritte zurück (Abzählen in Einer-Schritten, kein Nutzen der Zehner-Struktur) und identifiziert das Lösungsfeld als „zweite Reihe, viertes Feld, also 24" (Zeilenfehler).

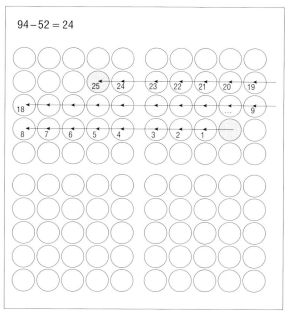

Abb. 1: Hunderter-Feld

Es kann als sicher angenommen werden, dass Cora diese häufigen Zahlendreher und Zeilenfehler nicht zum ersten Mal zeigt. Sie wird diese Fehlerstrategien über einen längeren Zeitraum entwickelt und stabilisiert haben. Folgende Fragen drängen sich auf: Hat die Lehrerin das bisher nicht bemerkt? Hat sie immer nur geprüft, ob die Lösungen rechnerisch richtig sind und im Falle von Rechenfehlern den Kindern gesagt, sie dürften ihr Material nutzen? Reicht es ihr, wenn die Kinder richtige Lösungen abliefern, wie auch immer sie diese erreicht haben? Ist das „offene" Angebot der Materialnutzung der Deckmantel dafür, nicht den schwierigen Versuch unternehmen zu müssen, den Lern- und Denkwegen der Kinder, wie sie sich z. B. in Materialhandlungen zeigen können, auf die Spur zu kommen? Welche Vorstellung von der Funktion von Materialien beim Mathematiklernen hat die Lehrerin zu diesem Angebot der Materialnutzung veranlasst? Ist im Unterricht thematisiert worden, wie solche Aufgaben mit oder ohne Materialunterstützung gelöst werden können? Sind Rechenkonferenzen durchgeführt worden, die den Kindern Gelegenheit gegeben haben, einander ihre Rechenwege vorzustellen und über Vor- und Nachteile verschiedener Vorgehensweisen nachzudenken?

Alina und Leonard

Eine Vorgabe bei der Entwicklung der „Bildungsstandards im Fach Mathematik – Jahrgangsstufe 4" war es, die Standards mit Beispielaufgaben zu illustrieren. Folgende Aufgaben aus den Entwurfsfassungen hat die Lehrkraft in ihrer vierten Klasse erprobt:

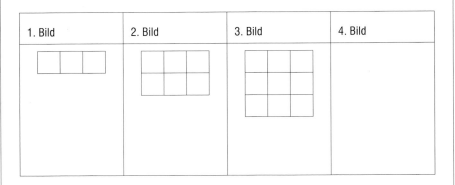

(**A**) **Muster fortsetzen**

a) Dieses Muster beginnt mit einem Streifen aus drei Kästchen. Zeichne das vierte Bild.

1. Bild	2. Bild	3. Bild	4. Bild

b) Anke zeichnet das Muster von Aufgabe a vom ersten bis zum 14. Bild. Wie viele Kästchen hat sie dafür insgesamt gezeichnet?

Wie kreativ und zugleich individuell unterschiedlich Kinder herausfordernde mathematische Probleme bearbeiten können, wenn ihnen keine Vorschriften über Lösungswege aufgezwungen werden, zeigen die Beispiele von Alina und Leonard. Die Aufgabe, die Summe der ersten 14 Vielfachen von 3 zu berechnen, gehört sicher nicht zu den Standards des Mathematikunterrichts der vierten Klasse, wenn unter Standards

„Normalanforderungen" an den (imaginären) „Durchschnittsschüler" verstanden werden. Berücksichtigt werden muss aber, dass „Normalanforderungen" und „Durchschnittsschüler" Konstrukte sind, die in einem diametralen Gegensatz zur real existierenden Leistungsheterogenität in unseren Grundschulen stehen. Da es einen solchen „Durchschnittsschüler" nicht gibt, können auch nicht alle Kinder zum gleichen Zeitpunkt das Gleiche auf gleichem Wege lernen. Eine mögliche Lösung des Differenzierungsproblems besteht in einer produktiven Nutzung der Heterogenität. Das bedeutet nicht, dass die Lehrerin unterschiedlichen Kindern unterschiedliche Anforderungen zuweist; Differenzierung allein durch Zuweisung kann letztlich nicht gelingen, weil wir nie exakt wissen können, welche Aufgabe wir jedem einzelnen Kind für die „Zone der nächsten Entwicklung" und somit für das Weiterlernen anbieten müssen. Zu einer produktiven Nutzung der Leistungsheterogenität gehört vielmehr, dass allen Kindern immer wieder auch herausfordernde Aufgaben gegeben werden, die sie allein oder in Gruppen mit den ihnen je individuell zur Verfügung stehenden Mitteln zu lösen versuchen. Auf diese Weise entstehen im Klassenverband Lösungen auf unterschiedlichem Niveau fortschreitender Mathematisierung. Diese wiederum können und sollen in Rechenkonferenzen thematisiert werden, sodass die Kinder voneinander lernen können.

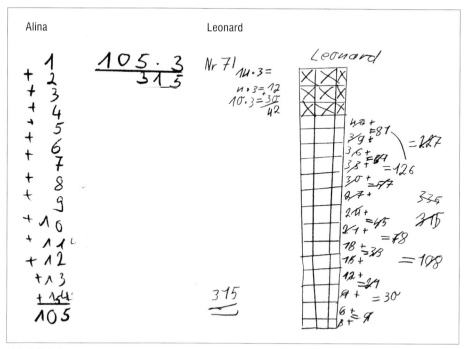

Abb. 2: Schülerarbeiten von Alina und Leonard. Die Lösungswege werden ausführlich erläutert in der Modulbeschreibung (Schipper 2004)

Leonards Lösung ist ein typisches Beispiel für eine „Eigenproduktion" (Selter 1993): Er hat seine individuelle, informelle Lösungsstrategie gefunden. Die Lösung ist – aus einer abgehobenen mathematischen Perspektive – nicht elegant, aber sie ist ausbaufähig. Sie kann in einer Rechenkonferenz thematisiert und mit anderen Lösungen verglichen werden, die für Leonard zu einem Anknüpfungspunkt für ein Weiterlernen im Sinne der fortschreitenden Mathematisierung werden können (weitere Beispiele dieser Art findet man in Rottmann/Schipper 2002; Schipper 2003).

Das Akzeptieren, besser noch: das Herausfordern individueller Lösungswege der Kinder sollte selbstverständlicher Bestandteil des Mathematikunterrichts sein. Das bedeutet aber nicht, dass die Kinder alleingelassen werden dürfen. Die Lehrerin oder der Lehrer hat vielmehr die Aufgabe, die Vorgehensweisen der Kinder zu beobachten, sie möglichst zu verstehen und auf Fortsetzbarkeit hin zu bewerten. Enthält das individuelle Verfahren des Kindes Elemente, an die im Sinne eines Weiterlernens erfolgreich angeknüpft werden kann? Oder führen die Wege des Kindes in eine Sackgasse (z.B. weil – wie bei Cora – das Arbeitsmittel bloß als reine Zählhilfe verwendet, die Struktur des Materials nicht genutzt wird) mit der Folge, dass das Kind auf Dauer erhebliche Probleme beim Verständnis von Mathematik haben wird? Ein guter Unterricht verbindet also die Offenheit gegenüber den kindlichen Denk- und Lösungswegen mit einer klaren Zielperspektive für weitere Lernwege: Welche Bausteine mathematischer Kompetenz des einzelnen Kindes sind als Anknüpfungspunkte für ein erfolgreiches Weiterlernen geeignet? Wo muss unterstützend bzw. korrigierend interveniert werden?

Formen der Öffnung

Öffnung des Unterrichts ist ohne Zweifel ein Qualitätsmerkmal der Arbeit in der Grundschule. Diese Form der Unterrichtsgestaltung gestattet den Kindern z.B. ein individuelleres Lerntempo, Prioritätenentscheidungen in einem vorgegebenen Rahmen, eigene Schwerpunktsetzungen, Austausch mit Mitschülerinnen und Mitschülern. Die organisatorische Öffnung des Unterrichts erlaubt den Schülerinnen und Schülern darüber zu entscheiden, wann, wie, mit wem und wie schnell sie eine Arbeit erledigen. Dadurch wird ein kommunikativer Gedankenaustausch über Mathematik ermöglicht.

Wichtiger ist aber ein inhaltsbezogener offener Mathematikunterricht, der die Anzahl der Routineübungen reduziert und zunehmend durch herausfordernde Aufgaben ersetzt. Bei der Auswahl der Aufgaben sollte die Lehrkraft Gelegenheiten für ein „Mathematiklernen in Sinnzusammenhängen" (Schütte 1994) eröffnen und beziehungshaltige und fortsetzbare Probleme mit mathematischer Substanz in den Mittelpunkt des Unterrichts stellen. Fragen der folgenden Art (Bobrowski/Schipper 2001) können Lehrerinnen und Lehrern bei der Auswahl geeigneter Aufgaben helfen:

▸ Welche Mathematik steckt in den Aufgaben?
▸ Welche Anwendungsbereiche helfen, diese Aufgaben zu erschließen?
▸ Sind die Aufgaben geeignet, bisher erworbene Kenntnisse und Fertigkeiten zu strukturieren und mit anderen Wissens- und Fertigkeitselementen zu verzahnen?

▸ Wie sieht eine Fortsetzung der Aufgaben mit dem Ziel einer Erweiterung der bisher gewonnenen Kenntnisse aus?

Die prozessbezogene Öffnung des Mathematikunterrichts fußt auf dem Gedanken, dass Mathematiklernen ein Prozess der eigenen, aktiven und zugleich sozial vermittelten Konstruktion von Wissen ist. In erster Linie bestimmen daher die Prozesse der kindlichen Auseinandersetzung mit mathematischen Fragestellungen, wie erfolgreich Mathematiklernen stattfindet. Die Fragen der Lehrkraft an die Schüler nach dem „Wie und warum hast du die Aufgabe so und nicht anders gelöst?" steht dabei im Mittelpunkt der mathematischen Auseinandersetzung.

Alle drei Facetten des geöffneten Unterrichts zusammen entscheiden darüber, ob Schülerinnen und Schüler Raum, Zeit und Inhalte zum Aufbau mathematischer Vorstellungen, mentaler Modelle und Lernstrategien erhalten.

Elemente eines guten Mathematikunterrichts: Schülervorstellungen aufgreifen und grundlegende Ideen entwickeln

In nahezu jeder Lösung jedes Kindes lassen sich positive Ansätze für ein Weiterlernen finden. Es ist Aufgabe der Lehrerin bzw. des Lehrers, diese Anknüpfungspunkte zu identifizieren und dem Kind Wege für das Weiterlernen aufzuzeigen. Das verlangt eine andere Sicht auf Fehler, auf Lernprozesse und auf Leistung.

Eine andere Sicht auf Fehler

Noch immer werden im Unterrichtsalltag die Schülerlösungen viel zu oft ausschließlich für Leistungsbeurteilungen genutzt, aus denen nicht selten auf Persönlichkeitsmerkmale geschlossen wird. Coras häufig falsche Rechenergebnisse könnten zu der Annahme verleiten, sie sei für Mathematik unbegabt. Fehlende Begabung ist für deutsche Lehrerinnen und Lehrer die als zentral angenommene Ursache für schlechte Leistungen. Dieses Erklärungsmodell kann als Zeichen der Hilflosigkeit angesehen werden. Ein Grund dafür ist sicher der, dass viele Lehrkräfte über unzureichende Diagnosekompetenzen bezüglich der mathematischen Leistungen der Lernenden verfügen. Solche diagnostischen Kompetenzen sind aber notwendig, wenn man die tatsächlichen Probleme des Kindes identifizieren und auf der Grundlage dieser Kenntnis ein Förderprogramm für das Kind entwickeln will.

Coras Beispiel soll zeigen, wie wichtig im Mathematikunterricht eine neue Kultur des Umgangs mit Fehlern ist. Denn es ist falsch,
▸ Fehler als störend anzusehen,
▸ sie zu tabuisieren,
▸ sie nur als Indikatoren für Misserfolge zu deuten,
▸ sie sofort zu korrigieren bzw. an der Tafel sofort zu löschen, um sie „auszumerzen",
▸ sie nur quantitativ für die Leistungsbewertung zu nutzen.

Stattdessen sollten die Potenziale für Lernfortschritte genutzt werden, die in den (allermeisten) Fehlern stecken. Denn richtig ist, dass Fehler

‣ häufig „notwendige" Begleiterscheinungen von Lernprozessen sind,
‣ fast immer auf vernünftigen Überlegungen basieren,
‣ oft als ein Zeichen einer individuellen, kreativen Vorgehensweise gedeutet werden können,
‣ als unterschiedliche Annäherungen an Erkenntnis und Einsicht anzusehen sind,
‣ sehr häufig sinnvolle Lösungsansätze enthalten, an die im Unterricht (z. B. in Rechen- bzw. Strategiekonferenzen) angeknüpft werden kann und
‣ vorzüglich qualitativ zur Diagnose von Lernschwierigkeiten genutzt werden können.

Eine veränderte Grundhaltung gegenüber Fehlern brauchen aber nicht nur Lehrerinnen und Lehrer; auch die Kinder (und ihre Eltern!) brauchen eine gelassenere Einstellung ihnen gegenüber.

Eine andere Sicht auf Lernprozesse

Tische aufstellen

Die ersten Bilder zeigen, wie viele Stühle man aufstellen kann, wenn Sechser-Tische an der langen Seite zusammengestellt werden.

‣ Übertrage die Ergebnisse in die Tabelle.

Tische	1	2	3	4	5	
Stühle	6	8	10			

‣ Kannst du die Tabelle fortsetzen, ohne neue Bilder zu malen?
‣ Wie viele Stühle kann man aufstellen, wenn man 10 Tische aneinanderstellt?
‣ Wie viele Tische brauchen wir für 44 Stühle?
‣ Kannst du dein Ergebnis begründen?   (Aus: Radatz u.a. 1999, S. 49)

Lehrkräfte zögern oft, solch herausfordernde Aufgaben im Unterricht einzusetzen, weil diese nicht so recht in den stark lehrgangsorientierten Mathematikunterricht zu passen scheinen. Tatsächlich kann man sich zu Recht fragen, wie diese Aufgabe in den inhaltlichen Kanon des Mathematikunterrichts der dritten Klasse passt. Der Zahlenraum stimmt nicht mit dem aktuell behandelten überein, es handelt sich „bloß" um Kopfrechnen und nicht etwa um die schriftliche Addition bzw. Subtraktion, die rechnerischen Anforderungen entsprechen dem Niveau der zweiten Klasse usw.

Mit einer derartigen inhaltsbezogenen Perspektive kann man die Behandlung dieser Aufgabe tatsächlich kaum begründen. Anders stellt sich die Situation aus einer prozessbezogenen Perspektive dar. Die Aufgabe stellt ein mathematisches Problem dar, das von Kindern in dritten Klassen – am besten in Partner- oder Gruppenarbeit – gelöst werden kann, das Lösungen auf unterschiedlichem Niveau erlaubt (konkret handelnd, zeichnerische bzw. rein rechnerische Lösungen mit allen Zwischenstufen), das zu Vermutungen anregt, Kinder Hypothesen entwickeln lässt und die Kommunikation unter ihnen fördert, kurz: ein Problem, das die Kinder herausfordert, Mathematik aktiv und in Kooperation miteinander zu betreiben.

Diese Ausführungen dürfen nicht in dem Sinne missverstanden werden, dass die inhaltsbezogene Perspektive nun etwa durch die prozessbezogene abgelöst werden solle. Wir brauchen im Mathematikunterricht der Grundschule beide Sichtweisen und damit auch beide Schwerpunktsetzungen. Es gibt Inhalte, die aufeinander aufbauen und deshalb auch recht systematisch und lehrgangsmäßig behandelt werden müssen.

Wenn Lehrende und Lernende erst einmal gelernt haben, mit herausfordernden Aufgaben und Rechenkonferenzen umzugehen, dann besteht die große Chance, das Prinzip der fortschreitenden Mathematisierung nicht nur im Kontext besonderer Aufgaben zu nutzen, sondern zu einem allgemeinen Prinzip des gesamten Mathematikunterrichts werden zu lassen. Das bedeutet, dass Lernende bei der Bearbeitung von Kontextaufgaben oder anderen für sie sinnvollen Aufgaben unterstützt werden, zunächst ihr (Vor-)Wissen einzusetzen (das „Individuelle": Wie mache ich es?), dann ermutigt werden, über ihre eigenen Vorgehensweisen zu reflektieren und diese mit anderen zu vergleichen (das „Soziale": Wie macht ihr es?) und danach angehalten werden, zunehmend elegantere, effizientere und weniger fehleranfällige Rechenmethoden zu erwerben (das „Reguläre": Wie macht man es? Oder: Wie kann man es machen – und wie noch?) (Selter 1993).

Eine andere Sicht auf Leistung

Im Mathematikunterricht dominiert noch viel zu häufig das Lösen isolierter Aufgaben mit zuvor eingeübten Lösungsprozeduren. Durch die anschließende Besprechung bzw. Korrektur dieser Aufgaben wird – wenn auch unbeabsichtigt – bei den Kindern der Eindruck erweckt, im Mathematikunterricht komme es vor allem auf die Produkte, nämlich die richtigen Lösungen an. Das wesentliche Ziel des Mathematikunterrichts, nämlich das Lösen mathematischer Probleme und die Thematisierung der damit verbundenen Lösungsprozesse rückt auf diese Weise in den Hintergrund und droht im

Bewusstsein der Kinder keinen Platz zu finden. Sicher sollten wir uns davor hüten, eine extreme Produktorientierung nun durch eine extreme Prozessorientierung zu ersetzen. Selbstverständlich ist es auch in Zukunft wichtig, dass Mathematikaufgaben richtig gelöst werden. Die Dominanz dieser Produktorientierung muss aber durch eine stärkere Beachtung der kindlichen Lösungsprozesse reduziert werden. Das bedeutet z. B., dass in der Besprechung der Aufgaben nicht nur die Ergebnisse verglichen werden, sondern auch die Rechenwege. Die Forderung, den Lösungsprozessen größere Aufmerksamkeit zu schenken, muss sich auch in der Leistungsbewertung niederschlagen, indem sich ein eher produktorientiertes statt ergebnisorientiertes Leistungsverständnis einstellt. In die Bewertung mit einfließen sollten der Vollzug der Kommunikation, die Beteiligung des Kindes an der Herausarbeitung einer Lösung (Kooperation), die Entwicklung einer Erkenntnis (mathematische Gesetzmäßigkeiten entdecken) oder auch einer Kritik (argumentieren), das Beschreiben und Begründen eines Lösungsweges, das Problembewusstsein, die Fähigkeit zum Finden von Lösungswegen, das Erkennen und Überwinden von Fehlern, die Selbstständigkeit beim Bearbeiten von Aufgaben, kurz: die Problemlösefähigkeit und die Ausdauer bei der Lösung von Aufgaben.

Literatur

Bobrowski, S./Schipper, W. (2001): Leitfragen zur Offenheit und Zielorientierung. In: Grundschule 33 (3). S. 16–17.

Radatz, H./Schipper, W./Dröge, R./Ebeling, A. (1999): Handbuch für den Mathematikunterricht – 3. Schuljahr. Hannover.

Rottmann, T./Schipper, W. (2002): Das Hunderter-Feld – Hilfe oder Hindernis beim Rechnen im Zahlenraum bis 100? In: Journal für Mathematik-Didaktik, 23 (1). S. 51–74.

Schipper, W. (2003): Lernen mit Material im arithmetischen Anfangsunterricht. In: Baum, M./Wielpütz, H.: Mathematik in der Grundschule – Ein Arbeitsbuch. Seelze. S. 221–237.

Schipper, W. (2004): Modul G 3: Schülervorstellungen aufgreifen – grundlegende Ideen entwickeln. SINUS-Transfer Grundschule. www.sinus-an-grundschulen.de/fileadmin/uploads/Material_aus_STG/Mathe-Module/M3.pdf (8.11.2010).

Schütte, S. (1994): Mathematiklernen in Sinnzusammenhängen. Stuttgart.

Selter, Ch. (1993): Eigenproduktionen im Arithmetikunterricht der Primarstufe. Wiesbaden.

Reinhard Demuth und Karen Rieck

Schülervorstellungen im Sachunterricht aufgreifen – grundlegende Ideen entwickeln

Anliegen des Moduls

Im naturwissenschaftlichen Sachunterricht befassen sich Kinder zum ersten Mal systematisch mit Naturwissenschaft. Wenn das, was sie gelernt haben, wirksam sein soll, muss es anschlussfähig sein an die Inhalte der Klassen nach der Grundschulzeit. Kinder haben ein Anrecht darauf, nicht „umsonst" zu lernen. Mit diesem Anspruch rücken folgende Aspekte in den Blickpunkt:

▸ Der naturwissenschaftliche Sachunterricht sollte von den Vorstellungen der Schülerinnen und Schüler ausgehen und diese bei der Gestaltung des Unterrichts berücksichtigen. Von den Schülervorstellungen ausgehend, sollte der Unterricht dann zu Vorstellungen hinführen, die im Sinne der Naturwissenschaften belastbar sind.

▸ Der naturwissenschaftliche Sachunterricht sollte zu übergeordneten Gesetzmäßigkeiten hinführen, die hinter den Dingen, den beobachtbaren Phänomenen stehen. Diese grundlegenden Ideen führen zu einem vertieften Verständnis unserer Welt. Sie sind ein wichtiger roter Faden im Unterricht.

Die Bedeutung von Schülervorstellungen im Sachunterricht

Studien haben gezeigt, dass vorunterrichtliche Vorstellungen bzw. Alltagsvorstellungen, mit denen Kinder in den naturwissenschaftlichen Unterricht kommen, das Erlernen von naturwissenschaftlichen Begriffen und Prinzipien bestimmen. Oft sind die Alltagsvorstellungen nicht vereinbar mit den zu lernenden wissenschaftlichen Vorstellungen, nicht selten stehen sie sogar in völligem Widerspruch dazu. Da Wissenserwerb als aktive Konstruktion auf der Basis der vorhandenen Vorstellungen angesehen wird, kann solch ein Widerspruch zu Lernschwierigkeiten führen. Erst wenn man etwas über Schülervorstellungen weiß, kann man Lernschwierigkeiten besser verstehen. Deshalb ist es hilfreich, zu Beginn eines neuen Unterrichtsthemas die Vorstellungen der Kinder zu kennen bzw. zu erfassen.

Auch wenn Alltagsvorstellungen das Lernen der wissenschaftlichen Sichtweise erschweren können, so sind sie doch der Ausgangspunkt für das Lernen der naturwissenschaftlichen Sicht. In der Regel lassen sich die vorunterrichtlichen Vorstellungen nicht auslöschen und durch die wissenschaftlichen Vorstellungen ersetzen, denn erstere haben sich schließlich in vielen Alltagssituationen bestens bewährt. Vielmehr sollte im Unterricht ein Wechsel der Alltagsvorstellung hin zu einem wissenschaftlich korrekten Konzept erfolgen. Dabei sollte die wissenschaftliche Sichtweise als Denkangebot verstanden werden, das sich aus Sicht der Kinder im Alltag bei der Erklärung von Phänomenen zunächst bewähren muss. Aus der Forschung und der Schulpraxis ist bekannt, dass solche Veränderungen der Sichtweise viel Zeit benötigen. Vorstellungsänderungen können im Unterricht in Gang gesetzt werden, indem Kinder mit Erfahrungen konfrontiert werden, die zu den bisherigen Vorstellungen nicht passen. Ein Beispiel:

Der Schatten eines Gegenstandes wird von Kindern häufig als etwas gesehen, das eigenständig existiert, unabhängig davon, ob eine Lichtquelle vorhanden ist oder nicht. Die Vorstellung der Kinder ist, dass die Lichtquelle dafür verantwortlich ist, dass der Schatten besser sichtbar ist. Im Gegensatz dazu ist aber aus naturwissenschaftlicher Sicht die Lichtquelle erst die Ursache dafür, dass überhaupt ein Schatten entsteht. Die wichtige Bedeutung, die Licht bei der Entstehung von Schatten hat, wird von den Kindern nicht gesehen (Wodzinski 2006). Um diese Vorstellung hin zu einer wissenschaftlich belastbaren Vorstellung zu verändern, können Kinder in einfachen Versuchen Licht und Schattenphänomene näher untersuchen.

Grundlegende Ideen im naturwissenschaftlichen Sachunterricht

Als grundlegende Ideen im naturwissenschaftlichen Sachunterricht werden Inhalte angesehen, die einfache Phänomene beschreiben und sich im Verlauf der Schulzeit erweitern lassen, um später auch komplexere Fragestellungen erklären zu können. Damit werden sie zu Einsichten und Gesetzmäßigkeiten, die nicht nur in der Grundschule, sondern auch später in den weiterführenden Schulen tragfähig und aussagekräftig sind. Als Voraussetzung muss gelten, dass ihre Anzahl überschaubar gering bleiben sollte und Kinder ein Verständnis für sie entwickeln. Mit Blick auf die drei naturwissenschaftlichen Fächer Biologie, Chemie und Physik, können drei grundlegende Ideen, sogenannte Basiskonzepte, formuliert werden:

▸ „Auf der Welt geht nichts verloren" (Konzept der Erhaltung)
▸ „Mit Energie kann man etwas tun" (Konzept der Energie)
▸ „Dinge beeinflussen sich gegenseitig" (Konzept der Wechselwirkung)

Darüber hinaus können noch weitere Konzepte formuliert werden, allerdings ist es das Ziel dieser Modulbeschreibung, anhand der drei Grundeinsichten die wesentlichen Prinzipien der Naturwissenschaften zu thematisieren. Auf diese drei „Basiseinsichten" kann man die Vielfalt der beobachteten Phänomene zurückführen. Die oben formulierten drei Basiskonzepte müssen in späteren Phasen der Schule nicht wieder verworfen werden, sondern sind weiter gültig und können ausgebaut und weiterentwickelt werden. Führt man die beobachteten Phänomene auf diese Basiskonzepte zurück, erreicht man zweierlei: Kindern wird ein erster Blick auf übergreifende Zusammenhänge ermöglicht – der Unterricht wird „sinnvoll" – und Kinder sowie Lehrkräfte bauen eine Wissensbasis auf, an die später in der Sekundarstufe angeknüpft werden kann – das Wissen der Kinder wird anschlussfähig.

Im Folgenden wird kurz die fachwissenschaftliche Basis der drei Konzepte vorgestellt, eine ausführlichere Darstellung findet sich in der Langfassung der Modulbeschreibung G 3 (Demuth/Rieck 2005).

„Auf der Welt geht nichts verloren" (Konzept der Erhaltung)

Es gibt zwei uneingeschränkt gültige Naturgesetze, die auf unserem Planeten gelten: das Naturgesetz von der Erhaltung der Masse und das von der Erhaltung der Energie. Beide Gesetze gelten nur für abgeschlossene Systeme. Betrachtet man den Planeten Erde, so ist er natürlich nicht abgeschlossen. Das ganze Leben auf der Erde ist auf die Energiezufuhr von außen durch die Sonnenstrahlung angewiesen. Energie wird auch von der Erde wieder in den Weltraum abgestrahlt, sodass sich ein Gleichgewichtszustand einstellt. Verglichen mit dem Austausch von Energie zwischen Erde und Weltraum ist der Austausch von Materie verschwindend gering. Vereinfacht kann man sagen, dass alle Materie, die auf der Erde vorhanden ist, auch auf ihr verbleibt. Das Verstehen des Konzepts zur Erhaltung der Masse ist für Kinder schwierig.

Aus der Forschung zum Lernen naturwissenschaftlicher und mathematischer Sachverhalte ist bekannt, dass Kinder zunächst die zahlenmäßige Erhaltung einer Größe, dann die Erhaltung der Menge, erst später die der Masse und noch später die des Volumens verstehen. Gleichzeitig ist bekannt, dass die Ergebnisse über den Zeitpunkt des Verstehens dieser Konzepte erheblich variieren – je nachdem, mit welchen Beispielen gearbeitet wurde. Anders ausgedrückt: Trotz der erheblichen Verständnisprobleme, die dieses Stoffgebiet mit sich bringt, ist offensichtlich auch Potenzial für eine Optimierung des Lernens in diesem Bereich vorhanden. Die folgenden zwei Abschnitte zeigen eine Möglichkeit auf, wie das Konzept der Erhaltung strukturiert werden kann und wie konkrete Unterrichtsinhalte diesen Kategorien der Erhaltung zugeordnet werden können.

Stoffe können verändert werden, sie verschwinden aber nicht

Kohle besteht im Wesentlichen aus Kohlenstoffatomen, die in mehr oder weniger regelmäßiger Anordnung miteinander verbunden sind. Beim Verbrennen von Kohle an der Luft tritt eine Umlagerung der Atome ein: Die Kohlenstoffatome aus der Kohle verlassen nach und nach ihren gemeinsamen Atomverband und verbinden sich mit zwei Sauerstoffatomen aus der Luft zu der sehr stabilen Verbindung Kohlenstoffdioxid – einem farb- und geruchlosen Gas. Eine häufig anzutreffende Schülervorstellung ist, dass der Stoff bei der Verbrennung „verschwunden" ist. Die Atomtheorie macht uns klar, dass die Kohlenstoffatome keineswegs „verschwunden" sind, im Gegenteil: Sie sind noch alle da, nur in einer anderen, für uns nicht direkt sichtbaren Form, nämlich im Gas Kohlenstoffdioxid.

Ein weiteres Beispiel in diesem Zusammenhang sind die Aggregatzustände des Wassers. Auch hier sind Kinder oft der Meinung, dass das Verdunsten bzw. Kondensieren von Wasser dasselbe ist wie „plötzliches Verschwinden" bzw. „plötzliches Wiederdasein" von Wasser. Diese Vorstellungen können aufgelöst werden, wenn deutlich wird, dass das Wasser bzw. der Kohlenstoff lediglich das Aussehen verändert hat und in Form von unsichtbaren kleinen Molekülen vorhanden ist.

Alle Stoffe bestehen aus kleinsten Teilchen

Wir wissen heute sicher, dass alle Materie aus Atomen aufgebaut ist. Diese Atome kann man nicht zerstören – es sein denn, man spaltet sie in Kernreaktoren oder sie zerfallen als (seltene) radioaktive Atome von selbst. In unserer Umwelt bleiben die Atome daher fast alle unverändert. Allerdings können sich einzelne Atome unterschiedlich zusammenlagern, „verbinden", wie die Chemiker dies nennen. Auf der Atomhypothese beruhen alle stofflichen Veränderungen. Im menschlichen Körper beispielsweise verändern sich laufend zahlreiche Verbindungen – einige werden aufgespalten, um Energie für die Lebensfunktionen zur Verfügung zu stellen, andere werden neu gebildet – doch die Summe der Atome bleibt gleich. Das Gleiche passiert, wenn ein Stoff verbrannt wird: Der ursprüngliche Stoff ist nicht mehr vorhanden, allerdings sind daraus neue Stoffe entstanden, in denen alle Atome der Stoffe, die zuvor miteinander reagiert haben, enthalten sind. Alle Atome, die auf der Welt vorhanden sind, bleiben in ihrer Anzahl komplett erhalten – sie können aber in sehr verschiedenen Verbindungen auftreten, die einer ständigen Veränderung, einem Aufbau und Abbau unterliegen. Mehrere empirische Untersuchungen haben auch gezeigt, dass Kindern im Sachunterricht des vierten Schuljahres durchaus die Einsicht nahegebracht werden kann, dass Stoffe aus kleinsten Bausteinen aufgebaut sind. Diese Vorstellung lässt sich beispielsweise durch Lösungs- und Kristallisationsvorgänge anbahnen. Zucker kann in Wasser gelöst werden, wodurch er so weit „zerkleinert" wird, dass er unsichtbar ist. Dass der Zucker noch vorhanden ist, kann durch eine Geschmacksprobe, Wiegen und späteres Auskristallisieren des gelösten Zuckers nachgewiesen werden.

„Nur mit Energie kann man etwas tun" (Konzept der Energie)

Jedes Fahrzeug braucht einen Treibstoff, um fahren zu können: Autos Benzin, Elektrolokomotiven Strom, Schiffe Schweröl oder Wind. Auch der Mensch braucht den „Treibstoff" Nahrungsmittel, um atmen, sprechen und sich fortbewegen zu können. Allen diesen Treibstoffen ist gemeinsam, dass sie die Energie zur Verfügung stellen, ohne die ein Auto oder ein Schiff nicht bewegt oder auch die Körperfunktionen des Menschen nicht aufrecht erhalten werden können. Man kann sagen, dass ein Stoff nur dann etwas bewirken oder verrichten kann, wenn in ihm Energie enthalten ist.

Oft denken Schülerinnen und Schüler, dass Energie eine Art von Substanz oder ein besonderer Stoff ist. Dadurch dass die Energie keine direkt wahrnehmbare Eigenschaft ist, wie beispielsweise die Farbe oder die Größe eines Gegenstandes, wird der Zugang zu diesem Konzept erschwert. Um das abstrakte Thema „Energie" angemessen im Sachunterricht behandeln zu können, sollte man bewusst nur eine erste Stufe anstreben. Hierfür sind drei Sachverhalte, die im Konzept selbst von Bedeutung sind, unmittelbar zugänglich:

▸ die Bindung der Energie an einen Träger,
▸ das Nutzen der Energie in Stoffen und
▸ der Wirkungsgrad bei Energieumwandlungen.

Erfahrbar wird Energie erst, wenn sie aus einem Träger freigesetzt und umgewandelt wird, wenn wir z. B. mit elektrischer Energie etwas erwärmen. Aus diesem Grund wird im Folgenden das Konzept der Energie durch die beiden Kategorien „Energie ist an einen Träger gebunden und kann aus diesem Träger freigesetzt werden" und „Energie kann von einer Form in eine andere umgewandelt werden" konkretisiert.

Energie ist an einen Träger gebunden und kann aus diesem Träger freigesetzt werden

Energie ist in verschiedenen Formen in verschiedenen Stoffen gespeichert: als Lageenergie im Wasser eines hochgelegenen Stausees, als Bewegungsenergie in einem rollenden Ball, als thermische Energie in heißen Quellen, als Strahlungsenergie in der Sonne oder in einer Glühlampe, als chemische Energie in Kohle oder Benzin oder als elektrische Energie in einem Kondensator. Die Maßeinheit der Energie ist das Joule (J).

Eine Vorstellung, um welche Energiebeträge es sich hier handelt, erhält man, wenn man ein Beispiel aus dem Alltag zum Vergleich heranzieht. Um ein Gramm Wasser um ein Grad Celsius zu erwärmen, benötigt man etwa vier Joule: Mit einem Gramm Benzin kann man daher etwa 43 Liter Wasser um ein Grad erwärmen, mit der in der gleichen Menge Schokolade enthaltenen Energie dagegen sind nur etwa acht Liter Wasser um ein Grad zu erwärmen. Diese Beispiele zeigen, dass Energie in ganz unterschiedlichen Trägern gespeichert ist, aus denen sie freigesetzt werden kann.

Energie kann von einer Form in eine andere umgewandelt werden

Energie kann in ihrer „gespeicherten Form" nur in den seltensten Fällen unmittelbar genutzt werden: Die Lageenergie des Wassers im Stausee muss durch Turbinen in elektrische Energie überführt werden, bevor wir sie als Strom nutzen können. Mit der „chemischen Energie" verhält es sich genauso: Wachs oder Öl muss zunächst „verbrannt" werden, um die chemische Energie in Form von Licht oder Wärme nutzen zu können. Die gespeicherte chemische Energie in der Kerze wird sowohl in Lichtenergie (zum Beleuchten) als auch in thermische Energie (zum Erwärmen) umgewandelt, wenn das Wachs entzündet wird. Beide Energiearten waren in dieser Form aber offensichtlich nicht in der Kerze vorhanden – sie gibt, ohne entzündet zu sein, weder Licht noch Wärme ab.

Bei Energieumwandlungen tritt in der Regel das große Problem auf, dass die gespeicherte Energie nicht vollständig in die gewünschte Energieform umgewandelt werden kann. Diese Frage wird unmittelbar deutlich, wenn man eine brennende Kerze betrachtet: Wir wissen, dass immer Licht und Wärme beim Verbrennen einer Kerze entstehen, gleichgültig ob die Kerze zum Heizen oder zum Beleuchten verwendet wird. Auch der Wirkungsgrad bei Energieumwandlungen kann ohne weiteres Thema des Sachunterrichts sein. Auch wenn die Prozentangaben noch nicht im mathematischen Sinne verstanden werden, ist in der vierten Klassenstufe allen Kindern geläufig, dass 80 % mehr sind als 50 %, und entsprechend die Realisierung eines möglichst hohen Wirkungsgrades aus dem Blickwinkel des sparsamen Umgangs mit Energie und damit des Umweltschutzes immer sinnvoll und richtig ist.

„Dinge beeinflussen sich gegenseitig" (Konzept der Wechselwirkung)

Das Konzept der Wechselwirkung ermöglicht eine Einsicht in das Prinzip des gegenseitigen Aufeinandereinwirkens von Lebewesen oder Gegenständen der belebten und unbelebten Natur. Allgemein spricht man von Wechselwirkung, wenn ein Lebewesen oder Gegenstand ein anderes/einen anderen beeinflusst und dann – im Wechsel – wiederum von diesem beeinflusst wird.

Das Ziel bei der Umsetzung dieses Konzepts im Unterricht ist es, den Grundgedanken der Wechselwirkung als Deutungshilfe für verschiedene Vorgänge und Phänomene hervorzuheben. Dabei gilt es zunächst, das näher zu untersuchende Phänomen bzw. einen bestimmten Vorgang genau zu beobachten. Nachdem Fragen wie: „Was war vorher?", „Was ist nachher?" und „Was ist passiert?" geklärt wurden, wird beurteilt, wer oder was am Phänomen/Vorgang beteiligt ist. Die Schülerinnen und Schüler erkennen, dass mindestens zwei, manchmal aber auch mehrere miteinander in Beziehung stehende Partner (Lebewesen oder Gegenstände) damit zu tun haben. Das Konzept der Wechselwirkung wird mit Hilfe der folgenden Kategorien strukturiert und konkretisiert.

Eine Veränderung setzt immer eine Wechselwirkung voraus

Das Aufeinandereinwirken zweier oder mehrerer Partner verändert immer den Zustand, in dem sich der Gegenstand bzw. das Lebewesen vorher befunden hat. Das bedeutet, dass nach einer Wechselwirkung sich beispielsweise die Bewegungsrichtung, die Bewegungsgeschwindigkeit, das Aussehen oder die Temperatur eines Gegenstandes verändert hat. Die Schülerinnen und Schüler sollen zunächst die an der Wechselwirkung beteiligten Partner bestimmen, anschließend die Veränderungen beschreiben und die Ursachen, die zur beobachteten Wirkung geführt haben, identifizieren. Im Unterricht kann beispielsweise der Zusammenhang zwischen dem Abkühlen eines Körpers und dem gleichzeitigen Erwärmen eines anderen, mit dem der erste Körper in Kontakt ist, untersucht werden (Wärmflasche und Bett).

Die Art und Weise der Wechselwirkung kann unterschiedlich sein

Zwei oder mehrere Partner können ganz unterschiedlich aufeinander einwirken. Wechselwirkungen können über große oder kleine Entfernungen hinweg stattfinden, groß oder klein in ihren Auswirkungen sein, schnell oder langsam vor sich gehen, direkt oder indirekt erfolgen. Von einer direkten Wechselwirkung kann man beispielsweise sprechen, wenn zwei Kinder sich beim Armdrücken an ihren Händen halten. Beim Tauziehen berühren sich die Kinder nicht direkt. Die Wechselwirkung wird hier über das Seil vermittelt. Eine ganz und gar berührungslose Wechselwirkung findet beim Anziehen oder Abstoßen zweier Magnete statt. Verschiedene Wechselwirkungsphänomene können so im Unterricht näher untersucht und aufgrund ihrer unterschiedlichen Art und Weise der Wechselwirkung geordnet werden.

Konkretisierung der Basiskonzepte für den naturwissenschaftlichen Unterricht

Die beschriebenen Basiskonzepte sollen einen der roten Fäden markieren, an dem sich der Unterricht orientiert. Es geht nicht darum, völlig neue Unterrichtsinhalte auszuwählen, andere und neue Methoden anzuwenden, im Gegenteil: Es geht darum, die Lust der Kinder am selbstständigen „Erforschen" zu verbinden mit einem planvollen Heranführen der Kinder an den Wissensbestand und die Arbeitsweisen der Naturwissenschaften.

Um dieses zu erreichen, bieten sich zwei Verfahren an:

▶ **Wandbild mit den Basiskonzepten:**
Im Klassenraum kann eine Wandzeitung mit den drei Basiskonzepten und deren Kategorien als Überschriften aufgehängt werden. Nach der Bearbeitung von naturwissenschaftlichen Inhalten beraten die Kinder gemeinsam, unter welches Basiskonzept und welche Kategorie ein bestimmter Sachverhalt eingeordnet werden kann. Sie beschriften ein Kärtchen und heften es an die Wandzeitung. Die Wandzeitung bleibt während des Schuljahres hängen und wird so kontinuierlich mit neu behandelten Phänomenen ergänzt. Ziel ist es, viele Beispiele aus unterschiedlichen Themengebieten einzuordnen, denen allen dasselbe Prinzip zu Grunde liegt.

▶ **Lerntagebuch der Lehrkraft mit den entwickelten Kompetenzen der Kinder:**
Lehrkräfte können ein „Lerntagebuch" führen, in welchem sie festhalten, welche Kenntnisse die Kinder bezüglich der Basiskonzepte entwickelt haben. Beispielsweise könnte zu Versuchen mit einer Kerze (Thema Feuer) der Eintrag zum Basiskonzept „Dinge beeinflussen sich gegenseitig" wie folgt lauten: Kinder wissen, dass zum Brennen einer Kerze ein Zündfeuer und Sauerstoff aus der Luft nötig sind. Oder: Kinder wissen, dass Feuer heftiger brennt, wenn mehr Sauerstoff vorhanden ist. Wenn wenig Sauerstoff zur Verfügung steht, geht das Feuer aus.

Abschließende Bemerkungen

Mit Hilfe der dargestellten grundlegenden Ideen kann der naturwissenschaftliche Sachunterricht so strukturiert werden, dass Kinder nicht nur zu interessanten Fragestellungen, sondern auch zu ersten, tragfähigen Einsichten hingeführt werden. Die Kinder haben etwas gelernt, auf das sie auch im nachfolgenden naturwissenschaftlichen Unterricht immer wieder zurückgreifen können (Demuth/Kahlert 2007). Für die Umsetzung dieser Ideen wird lediglich eine Zusammenstellung von Fragen benötigt, die die Themen des Lehrplans „aufschließen", erprobte Versuche mit Alltagsmaterialien, geeignete Arbeitsaufträge und Aufgaben für Kinder bieten.

Literatur

American Association for the Advancement of Science (AAAS) (1993): Benchmarks for science literacy. New York. www.project2061.org/publications/bsl/ default.htm (4.3.2011).

Demuth, R./Rieck, K. (2005): Modul G 3: Schülervorstellungen aufgreifen – grundlegende Ideen entwickeln. Naturwissenschaften. SINUS-Transfer Grundschule. www.sinus-an-grundschulen. de/fileadmin/uploads/Material_aus_STG/NaWi-Module/N3.pdf (4.3.2011).

Demuth R./Kahlert, J. (2007): Modul G 10: Übergänge gestalten. Naturwissenschaften. SINUS-Transfer Grundschule. www.sinus-an-grundschulen.de/fileadmin/uploads/Material_aus_STG/ NaWi-Module/N10.pdf (4.3.2011).

Gesellschaft für die Didaktik des Sachunterrichts (GDSU) (2002): Perspektivrahmen Sachunterricht. Bad Heilbrunn.

Kultusministerkonferenz (KMK) (2004): Beschlüsse der Kultusministerkonferenz. Bildungsstandards im Fach Physik für den Mittleren Schulabschluss (Jahrgangsstufe 10). www.kmk.org/ fileadmin/veroeffentlichungen_beschluesse/2004/ 2004_12_16-Bildungsstandards-Physik-Mittleren-SA.pdf (4.3.2011).

Wodzinski, R. (2006): Modul G 4: Lernschwierigkeiten erkennen – Verständnisvolles Lernen fördern. Naturwissenschaften. SINUS-Transfer Grundschule. www.sinus-an-grundschulen.de/fileadmin/uploads/Material_aus_STG/NaWi-Module/N10.pdf (4.3.2011).

Modul G 4:
Lernschwierigkeiten erkennen –
verständnisvolles Lernen fördern

Die Ursachen für kognitive, affektive und motivationale Probleme beim Lernen sind vielfältig. Sie können in der Person, aktuellen Ereignissen, der Situation im Elternhaus, sozialen oder kulturellen Hintergrundfaktoren, aber auch in Unterrichtskonstellationen liegen. Wenn Lernschwierigkeiten auftreten, besteht die Gefahr, dass die betroffenen Schülerinnen und Schüler den Anschluss an das weitere Lernen verlieren. Es bleiben Erfolgserlebnisse aus, mit der Folge, dass möglicherweise das Vertrauen in die eigenen Fähigkeiten sinkt, die Ängstlichkeit zunimmt oder die Neigung zu Störverhalten wächst. Auf der Grundlage diagnostischer Erkenntnisse, die klären, worin die Lernprobleme bestehen und worauf sie zurückzuführen sind, sollte die Förderung der betreffenden Kinder im Unterricht oder in der Schule erfolgen. Um Diagnosen treffen zu können, müssen Situationen oder Gelegenheiten geschaffen werden, in denen die Probleme sichtbar werden. Eine entscheidende Rolle für die „Schadensbegrenzung" erhält die Früherkennung von Risikofaktoren, da so kumulativen Defiziten entgegengesteuert werden kann.

Im Zentrum des Mathematikmoduls „Rechenschwierigkeiten erkennen – verständnisvolles Lernen fördern" von Wilhelm Schipper steht das Bestreben, die schulische Kompetenz der Lehrkräfte im Umgang mit Rechenstörungen zu stärken. Dazu werden Anregungen für Prävention von und Intervention bei Rechenstörungen gegeben, die vor Ort in der Schule umgesetzt und weiterentwickelt werden können. Dabei wird auf Unterschiede zwischen Ursachen und Risikofaktoren für Rechenstörungen aufmerksam gemacht sowie Vor- und Nachteile verschiedener diagnostischer Verfahren beschrieben. Abschließend wird vertiefend auf das häufigste Symptom für Rechenstörungen, das „verfestigte zählende Rechnen", eingegangen.

In der naturwissenschaftlichen Modulbeschreibung „Welche Farbe hat ein Schatten?" von Rita Wodzinski wird der Frage nachgegangen, wie anspruchsvolles und verständnisvolles Lernen im naturwissenschaftlichen Sachunterricht gefördert und Lernschwierigkeiten angemessen begegnet werden kann. Dazu werden die Begriffe verständnisvolles Lernen, Lernschwierigkeiten und Lernen im naturwissenschaftlichen Kontext näher beleuchtet. Eine Quelle für Schwierigkeiten beim Lernen von naturwissenschaftlichen Inhalten sind die Vorstellungen, mit denen Schülerinnen und Schüler in den Unterricht kommen. Aus diesem Grund wird auf die mit den Schülervorstellungen verbundenen Lernschwierigkeiten besonders ausführlich eingegangen.

Wilhelm Schipper

Rechenschwierigkeiten erkennen – verständnisvolles Lernen fördern

Rechenstörungen als schulische Herausforderung

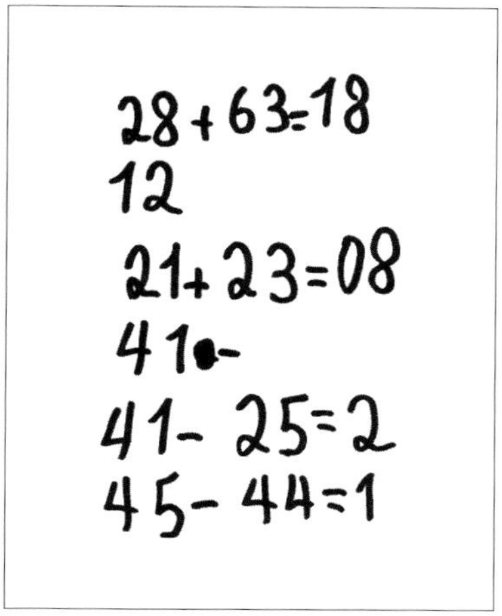

Abb. 1: Julia rechnet

Julia (3. Schuljahr) schreibt die mündlich diktierte Aufgabe 28 + 36 als 28 + 63 auf und rechnet (a) 8 + 3 = 10, (b) 2 + 6 = 8 und (c) 10 + 8 = 18. Die zweite Aufgabe löst sie auf die gleiche Weise, zweifelt jedoch an der Richtigkeit ihrer Lösung 8, hält 80 für plausibler, notiert ihre Lösung 80 jedoch als 08.

Die Aufgabe 41 – 25 = 2 löst sie ebenfalls auf vergleichbare Weise: (a) 5 – 1 = 4, (b) 4 – 2 = 2 und (c) 4 – 2 = 2. Mit diesem Verfahren gelangt sie bei der Aufgabe 45 – 44 zu einer rechnerisch richtigen Lösung: (a) 5 – 4 = 1, (b) 4 – 4 = 0 und (c) 1 – 0 = 1.

Schule hat u. a. die Aufgabe, Kindern beim Lernen von Mathematik zu helfen, auch – und wohl gerade dann in besonderer Weise – wenn den Kindern das Mathematiklernen schwer fällt. Dennoch werden in Deutschland immer mehr Kinder wegen „Dyskalkulie" in außerschulischen Einrichtungen „therapiert". Die Alternative besteht darin, die schulische Kompetenz im Umgang mit Rechenstörungen zu stärken. In dieser Modulbeschreibung werden Anregungen für Prävention von und Intervention bei Rechenstörungen gegeben, die „vor Ort" umgesetzt und weiterentwickelt werden können (Schipper 2005).

Rechenstörungen: Begrifflichkeit, angebliche Ursachen und diagnostische Möglichkeiten

Zur Begrifflichkeit

Es gibt bisher keine einheitliche, über die Grenzen verschiedener Wissenschaftsdisziplinen hinaus anerkannte Definition der Begriffe Rechenschwäche, Rechenstörung, Dyskalkulie und Arithmasthenie. Vielfach werden diese Begriffe synonym verwendet. Jedoch sind durchaus Tendenzen erkennbar, dass verschiedene Disziplinen unterschiedliche Begriffe bevorzugt verwenden. „Dyskalkulie" und (seltener) „Arithmasthenie" werden vor allem im Kontext kommerzieller „Therapieangebote", neuropsychologisch und medizinisch orientierter Ausführungen sowie in den Medien benutzt und suggerieren das Vorhandensein einer Erkrankung. „Rechenschwäche" und „Rechenstörung" sind eher im Kontext Schule und Mathematikdidaktik gebräuchlich. Mit ihnen soll ausgedrückt werden, dass es hier um besondere Schwierigkeiten im schulischen Inhaltsbereich Rechnen geht; die „Zuständigkeit" für dieses Problemfeld liegt damit bei der Schule, bei der Lehrerausbildung und bei der Mathematikdidaktik.

Eine Rechenstörung ist keine Krankheit. Erst wenn es der Schule nicht gelingt, Kindern bei der Überwindung ihrer besonderen Schwierigkeiten zu helfen, kann sich aus den rechnerischen Problemen des Kindes wegen der dauerhaften Misserfolgserlebnisse eine psychische Erkrankung entwickeln. Diesem Teufelskreis vorzubeugen, ist die Aufgabe der Schule.

Symptome

Die folgenden Symptome können bei der Mehrzahl der als mathematisch besonders leistungsschwach eingeschätzten Kinder häufig beobachtet werden:

▸ **Verfestigtes zählendes Rechnen:** Nahezu jedes Kind, das in Mathematik besondere Schwierigkeiten hat, ist ein zählender Rechner. Das bedeutet nicht, dass diese Kinder über keinerlei andere Rechenstrategien (latent) verfügen. Sie nutzen sie aber meistens nicht, sondern weichen auf das vermeintlich sichere Zählen aus, wenn ihnen die Aufgabe subjektiv schwer erscheint. Damit ist häufig die Unfähigkeit der Kinder verbunden, bei Zahlen und Zahlrepräsentanten (Arbeitsmitteln wie z. B. Hunderter-Tafel) Strukturen zu erkennen und zu nutzen. Dies kann auch dazu führen, dass Kinder keine Stellenwertvorstellung entwickeln. Die Problematik wird im weiteren Verlauf ausführlicher behandelt.

▸ **Probleme bei der Links-/Rechts-Unterscheidung:** Viele rechenschwache Kinder zeigen Unsicherheiten bei der Raumlagewahrnehmung, bei der Links-/Rechts-Unterscheidung an sich selbst und – erst recht – am Gegenüber. Da Arbeitsmittel und Veranschaulichungen (z. B. Zahlenstrahl, Hunderter-Tafel) in der Arithmetik immer mit Richtung operieren, ist es verständlich, dass diese Kinder Schwierigkeiten haben, Grundvorstellungen für Operationen wie Addition bzw. Subtraktion oder ein sicheres Verständnis für Stellenwerte zu entwickeln. Häufige Begleitphänomene sind inverse Ziffernschreibweise, Zahlendreher und Rechenrichtungsfehler

(Vertauschen von Addition und Subtraktion). Diagnose- und Fördermöglichkeiten ergeben sich einerseits aus Aufgaben zur Unterscheidung der Lateralität am eigenen Körper und am Gegenüber, andererseits aus der Beobachtung der Zahlschreibweise und Förderung des Stellenwertverständnisses.

▶ **Intermodalitätsprobleme:** Damit ist die Schwierigkeit bzw. die Unfähigkeit gemeint, zwischen den verschiedenen Modi von Wissen (enaktiv – d.h. handelnd; ikonisch – auf der bildlichen Ebene; symbolisch – also mit Sprache und Symbolen) flexibel zu wechseln. Eine Folge ist z.B., dass konkrete Handlungen Kindern mit Rechenstörungen nicht automatisch bei der Lösung von Aufgaben helfen, erst recht nicht bei der Entwicklung tragfähiger Rechenstrategien (Rottmann/Schipper 2002).

Als Förder- und Diagnosemöglichkeiten bieten sich die Übersetzung von Rechengeschichten bzw. Sachaufgaben („Vier Kinder spielen im Sandkasten, fünf kommen dazu.") und die Modellierung kontextfreier Aufgaben (4 + 5) durch geeignete Handlungen mit Material an. Der Fokus sollte dabei auf folgende Aspekte gelegt werden:

• Versprachlichung von Handlungen,
• Herausarbeiten der Beziehungen zwischen Kontext, Handlung, Bild, Symbol,
• das Lernen mit allen Sinnen,
• die Unterstützung des Aufbaus mentaler Bilder.

▶ **Einseitige Zahl- und Operationsvorstellungen:** Für manche Kinder ist Mathematik bloß ein Regelspiel, bei dem es darauf ankommt, die richtigen Regeln für die Verknüpfung der geheimnisvollen Zeichen und Symbole zu finden und anzuwenden. Eine falsche Lösung ist in diesem Verständnis von Mathematik ein Zeichen dafür, dass eine falsche Regel benutzt wurde. Da dieses Problem eng mit dem Modalitätsproblem zusammenhängt, müssen Fördermaßnahmen für diese Kinder auch auf der konkret handelnden Ebene, auf der Ebene der Interpretation von Bildaufgaben und der Lösung von Rechengeschichten ansetzen. Die Grundvorstellungen für Rechenoperationen müssen im Wechselspiel zwischen enaktiver, ikonischer und symbolischer Darstellung des gleichen Sachverhalts gefestigt werden. Wichtig sind auch intensive Übungen zur Zahlauffassung (Wie viele Plättchen sind dies?) und zur Zahldarstellung (Lege 6 Plättchen).

Eine Warnung vor Überinterpretationen sei abschließend noch erlaubt. Nicht jedes Symptom ist ein sicherer Hinweis auf Rechenstörungen. Erst das Zusammenkommen mehrerer Symptome und deren gehäuftes Auftreten über einen längeren Zeitraum rechtfertigt die Annahme einer Rechenstörung.

Angebliche Ursachen und tatsächliche Risikofaktoren

Für besondere Schwierigkeiten beim Rechnen findet man in der Literatur zahlreiche Ursachen, z.B. visuelle Teilleistungsstörungen. Bei seriöser Betrachtungsweise muss aber festgestellt werden, dass die Ursachen für Rechenstörungen unbekannt sind. Damit wird nicht behauptet, dass Beeinträchtigungen etwa in der visuellen Wahrneh-

mung (u. a. Figur-Grund-Unterscheidung) sich nicht negativ auf das Mathematiklernen auswirken können. Tatsächlich stellt eine solche Beeinträchtigung einen großen
Risikofaktor dar, weil Mathematiklernen über weite Strecken gerade über den visuellen Lernkanal stattfindet. Aus dem Risikofaktor „visuelle Teilleistungsstörung" wird
für das individuelle Kind aber erst dann eine Ursache für Rechenstörungen, wenn die
schulische Kompensation dieser Beeinträchtigung über den Tast- und Gehörsinn nicht
gelingt.

Wenn wir nicht von „Ursachen" im kausalen Sinne sondern von „Ursachenfeldern"
im Sinne von Risikofaktoren sprechen, solchen Faktoren also, die das Aufkommen von
besonderen Schwierigkeiten beim Erlernen des Rechnens begünstigen können, sie
aber nicht zwangsläufig ausbilden, dann müssen immer mehrere Ursachenfelder berücksichtigt werden, nämlich das Individuum, das schulische sowie das familiäre und
soziale Umfeld. Wir können davon ausgehen, dass bei der Ausbildung einer Rechenstörung in nahezu jedem einzelnen Fall alle drei Ursachenfelder mitwirken.

Kinder nichtdeutscher Muttersprache sind grundsätzlich nicht gefährdeter als solche mit deutscher Muttersprache. Zu beachten ist dabei jedoch, dass die Fähigkeit, an
einem in deutscher Sprache durchgeführten Mathematikunterricht teilzunehmen, ein
Mindestmaß an Beherrschung dieser Sprache voraussetzt. Zu Interferenzen kann es
z. B. kommen, wenn die Kinder Rechenaufgaben in die eigene Muttersprache übersetzen-
zen, dort lösen und das Ergebnis wieder in die deutsche Sprache übersetzen, weil in
vielen nichtdeutschen Sprachen (z. B. in der türkischen Sprache) die zwei- und mehrstelligen Zahlwörter (wie im Englischen) beginnend mit dem größten Stellenwert gesprochen werden. Dadurch kann es zu gehäuften Zahlendrehern kommen.

Ursachen im Sinne von Risikofaktoren können auch im Curriculum liegen, im Lehr-
buch und nicht zuletzt auch in einem unangemessenen Mathematikunterricht, der
möglicherweise Folge unzureichender Lehrerausbildung ist. Daher muss sich die Aufmerksamkeit von Lehrkräften vor allem auf das schulische Umfeld und insbesondere den eigenen Unterricht als Risikobereich konzentrieren, denn hier können sie am
ehesten Veränderungen vornehmen. So zeichnen sich z. B. einige Kinder mit Rechenstörungen dadurch aus, dass sie nicht in angemessener Weise mit den Materialien
umgehen können, die ihnen beim Rechnenlernen helfen sollen. Dies liegt möglicherweise daran, dass manche Lehrerinnen und Lehrer nicht in genügender Weise ihre
Aufmerksamkeit auf die Materialhandlungen der Kinder konzentrieren. Mit einem
Satz wie: „Wer die Aufgaben noch nicht so lösen kann, darf das Material benutzen.",
ist es eben nicht getan. Im Gegenteil: Auf diese Weise können Handlungen an Materialien als Tätigkeiten leistungsschwacher Kinder diskriminiert werden.

Diagnostische Möglichkeiten

Neben Etikettierungstests, die ausschließlich dazu dienen, im Rahmen von Entscheidungen über die Gewährung von Eingliederungshilfe nach § 35a des SGB VIII fest-
zustellen, ob bei einem Kind eine Dyskalkulie vorliegt oder nicht, gibt es prozess-
orientierte Diagnoseverfahren, die darauf abzielen, die Denk- und Lösungswege der

Kinder zu verstehen. Bezogen auf die Hauptsymptome für Rechenstörungen werden Aufgaben gestellt und – möglichst mit der Methode des lauten Denkens – die Lösungsprozesse beobachtet. Bei Materialhandlungen ist meistens eine direkte Beobachtung möglich. Mit solchen Verfahren soll kein Dyskalkulie-Stempel vergeben werden. Ziel ist vielmehr die Erstellung eines Förderplans basierend auf der Kenntnis unzureichender Lösungsprozesse bzw. fehlender basaler Kenntnisse.

Solche prozessorientierten Verfahren können und sollen auch in der Schule praktiziert werden. Denn wenn Lehrkräfte Kindern tatsächlich beim Mathematiklernen helfen wollen, dann ist es in erster Linie wichtig, dass sie die Kinder und ihre Mathematik verstehen. Anknüpfend an deren Verständnis können sie ihnen dann auch weiter helfen. Wielpütz (1998) hat das einmal in einem Aufsatztitel so zusammengefasst: „Erst verstehen, dann verstanden werden". Diese Aussage kehrt das traditionelle Rollenverständnis von Lehrkräften und Lernenden um. Das Verstehen ist nicht mehr vorrangig oder gar ausschließlich Aufgabe der Schüler. Vielmehr muss zunächst die Lehrkraft die Kinder und „deren" Mathematik verstehen; dann hat sie auch eine Chance, dass ihre Hilfestellungen von den Schülern verstanden werden.

Das Hauptsymptom für Rechenstörungen: Verfestigtes zählendes Rechnen

Erstes Rechnen ist immer ein zählendes Rechnen: In dieser Form löst die ganz überwiegende Mehrheit der Kinder schon vor Schulbeginn einfache Rechengeschichten wie: „Stelle dir vor, du hast drei Bonbons und bekommst von mir noch vier dazu. Wie viele Bonbons hast du dann?". Eine typische Lösung besteht darin, dass das Kind zunächst drei Plättchen abzählend legt, dann vier weitere und schließlich den Wert der Summe durch Abzählen von vorn bestimmt. Mit einem solchen Vorgehen zeigen Vorschulkinder und Schulanfänger, dass sie die Situation mit Materialhandlungen simulieren können. Zählendes Rechnen in dieser Weise ist zu Schulbeginn ganz „normal". Wenn dagegen ein Kind im zweiten Schuljahr zur Lösung der Aufgabe 36 + 47 beginnen würde, zunächst 36, dann 47 Plättchen einzeln abzählend zu legen, um auch diese Aufgabe mit dem Verfahren des Alles-Zählens am Material zu lösen, würde wohl keine Grundschullehrkraft dieses Vorgehen als „normal" ansehen. Tatsächlich ist verfestigtes zählendes Rechnen das zentrale Merkmal für Leistungsschwäche in Mathematik (Gray 1991). Wo aber liegt die Grenze? Wann kann zählendes Rechnen noch als „normal" angesehen werden, wann ist zählendes Rechnen ein Alarmsignal?

In der Regel werden zählende Rechner erst in der ersten Hälfte des zweiten Schuljahres beim Addieren und Subtrahieren im erweiterten Zahlenraum bis 100 auffällig. Denn nun sind die gleichen Kinder, die beim Rechnen im ersten Schuljahr als „etwas langsam" galten, plötzlich deutlich langsamer als ihre Mitschüler.

Viele zählende Rechner lehnen angebotene Materialien ab und versuchen offensichtliches Abzählen zu verbergen. Mit minimalen, kaum wahrnehmbaren Finger- oder Kopfbewegungen gelingt es ihnen, Zählmaterialien (die Fenster im Klassenraum, die Blumentöpfe auf den Fensterbänken, die Stifte in der Federtasche) zu benutzen.

Aufgaben mit Zehnerüberschreitung (z. B. 8 + 7; 12 – 5) sind besonders aufschlussreich in dem Sinne, dass sie gerade für zählende Rechner kritische Prüfaufgaben sind. Wer solche Aufgaben schnell und sicher mit einer guten Strategie (z. B. bis zum vollen Zehner, dann weiter oder Verdoppelung/Halbierung und dann minus oder plus 1) rechnet, ist wahrscheinlich kein zählender Rechner. Eine kurze Denkanalyse würde aufschlussreich sein. Bei schriftlich vorliegenden Aufgabenlösungen deuten gehäufte ± 1-Fehler beim Rechnen im Zahlenraum bis 20 und ±10-Fehler beim Rechnen bis 100 auf zählendes Rechnen hin.

Begleiterscheinungen des zählenden Rechnens
▸ Zählende Rechner kennen die Zerlegungen der Zahlen bis 10 in der Regel nicht auswendig, sie zeigen insgesamt ein nur geringes aktives Repertoire an auswendig gewussten Aufgaben im Zahlenraum bis 20.
▸ Operative bzw. heuristische Strategien des Rechnens (u. a. Verdoppeln, Halbieren, Analogien oder Hilfsaufgaben nutzen, gegen- bzw. gleichsinniges Verändern) sind auch bei zählenden Rechnern manchmal (latent) vorhanden, werden aber selten genutzt.
▸ Das Zahlenrechnen wird häufig durch ein Ziffernrechnen ersetzt. Viele zählende Rechner entwickeln beim Rechnen – nicht selten mit „Unterstützung" durch ihre Eltern – Techniken, das Rechnen mit zwei- und mehrstelligen Zahlen auf ein Rechnen mit Ziffern zu reduzieren (siehe das Beispiel Julia).
▸ Bei zählenden Rechnern ist die Einsicht in Strukturen bzw. die Fähigkeit, diese zu nutzen, häufig nur gering ausgeprägt.
▸ Leistungsschwache Kinder versuchen, fehlendes Verständnis durch regelhaftes Bearbeiten von Aufgaben zu ersetzen („Mathematik als Regelspiel").

Zwei Grundsätze bestimmen die Förderarbeit in der Bielefelder Beratungsstelle für Kinder mit Rechenstörungen:
1. Grundsatz: An Vorkenntnisse anknüpfen:
Für die zählenden Rechner bedeutet der Grundsatz „Die Kinder dort abholen, wo sie stehen", dass ihnen ihre zählende Vorgehensweise nicht schlicht verboten, sondern bewusst an ihr zählendes Rechnen angeknüpft wird. Jedoch müssen den Kindern geeignete Angebote (siehe Langfassung der Modulbeschreibung) gemacht werden, die es ihnen ermöglichen, ihr zählendes Rechnen durch operative Strategien zu ersetzen.
2. Grundsatz: Den Aufbau mentaler Vorstellungen unterstützen:
Kinder mit Rechenstörungen profitieren offensichtlich nicht in gleicher Weise von Handlungen an Materialien, wie die leichter lernenden Kinder. Das liegt einerseits an den Materialhandlungen selbst, die häufig unstrukturiert, manchmal abenteuerlich erscheinende Eigenproduktionen sind, sehr regelhaft, aber falsch, sodass die Materialhandlung nicht einmal zur richtigen Lösung der Aufgabe führt, geschweige denn dem Kind helfen kann, aus den Handlungen eine Kopfrechenstrategie zu entwickeln. Das liegt andererseits aber auch daran, dass diesen Kindern der Prozess der Verinner-

lichung von Handlungen zu (mentalen) Vorstellungen ohne zusätzliche Hilfe nicht gelingt. Für manche von ihnen hat die Welt der materialgebundenen Lösung von Aufgaben nichts zu tun mit der Welt der materialunabhängig zu lösenden Rechenaufgaben (Intermodalitätsproblem). Die Übersetzung von Handlungen in Bilder bzw. in Sprache und Symbole (z. B. in Gleichungen) gelingt ihnen nicht.

Zentrales Ziel der Förderarbeit ist es, die Kinder zu erfolgreichen Strategien des Kopfrechnens bei Additions- und Subtraktionsaufgaben zu führen. Zu diesem Zweck konzentriert sich die Förderung auf drei Schwerpunkte, von denen die beiden ersten als flankierende, aber unverzichtbare Maßnahmen für den dritten Förderschwerpunkt zu verstehen sind:

▸ **Schnelles Sehen:** Wesentliche Intention ist es, die Kinder schon bei der Zahlauffassung (und nicht erst beim Rechnen) von zählenden Verfahren wegzuführen. Deshalb werden den Kindern Zahldarstellungen für nur so kurze Zeit präsentiert, dass ein Abzählen der einzelnen Elemente nicht möglich ist. Bei unstrukturiert dargebotenen Mengen ist eine solche simultane Zahlauffassung nur bis zu etwa fünf Elementen möglich. Größere Anzahlen können quasi-simultan aufgefasst werden, wenn die Zahldarstellung in strukturierter Form („Kraft der 5, Kraft der 10") z. B. am Rechenrahmen erfolgt.

▸ **Verinnerlichung der Zahlzerlegungen:** Es soll erreicht werden, dass die Kinder die Zerlegungen aller Zahlen bis 10 auswendig wissen. Die Übung knüpft im Sinne des ersten Fördergrundsatzes an die bei den Kindern entwickelte Fähigkeit im Umgang mit ihren Fingern an. Es wird versucht, die Ablösung von der „Fingerhilfe" durch die Ausbildung mentaler Vorstellungsbilder zu erreichen (siehe Modulbeschreibung).

▸ **Entwicklung von Rechenstrategien:** Die Kinder lernen zunächst, am Rechenrahmen Handlungen zu vollziehen, die dem schrittweisen Rechnen „im Kopf" entsprechen: Erst 6 einstellen, dann noch 4 bis zur 10, dann die restlichen 3; 6 + 7 = 13. Der Prozess der Verinnerlichung wird dadurch unterstützt, dass die Kinder danach die Handlungen nicht mehr durchführen, sondern nur noch diktieren, zunächst am sichtbaren, danach am unsichtbaren Rechenrahmen.

Dem arithmetischen Anfangsunterricht kommt eine wahrhaft grundlegende Bedeutung für das gesamte mathematische Weiterlernen zu. Versäumnisse bei der (schnellen) Zahlauffassung und -darstellung, beim Einüben der Zahlzerlegungen und – vor allem – bei der Entwicklung operativer Strategien des Rechnens können für einige Kinder zur Folge haben, dass sie auf Dauer den Anschluss an das mathematische Niveau ihrer Mitschülerinnen und Mitschüler verlieren. Ein präventiver Mathematikunterricht, der dies berücksichtigt, kann die Gefahr der Entwicklung einer Rechenstörung reduzieren.

Literatur

Gray, E. M. (1991): An Analysis of Diverging Approaches to Simple Arithmetic. In: Educational Studies in Mathematics. (22) 1991. Niederlande. S. 551–574.

Rottmann, Th./Schipper, W. (2002): Das Hunderter-Feld – Hilfe oder Hindernis beim Rechnen im Zahlenraum bis 100? In: Journal für Mathematik-Didaktik, 23, Heft 1. Stuttgart. S. 51–74.

Schipper, W. (2002): Das Dyskalkulie-Syndrom. In: Die Grundschulzeitschrift, Heft 158. Seelze. S. 48–51.

Schipper, W. (2005): Modul G 4: Lernschwierigkeiten erkennen – verständnisvolles Lernen fördern. SINUS-Transfer Grundschule. www.sinus-an-grundschulen.de/fileadmin/uploads/Material_aus_STG/Mathe-Module/M4.pdf (8.11.2010).

Wielpütz, H. (1998): Erst verstehen, dann verstanden werden. In: Die Grundschule, 30, Heft 3, Braunschweig. S. 9–11.

Rita Wodzinski

Welche Farbe hat ein Schatten?

Ein Beispiel aus dem Unterricht

Eine Schülerin einer dritten Klasse beschäftigte sich im Rahmen einer Stationenarbeit mit Schatten. An ihrer Station lagen verschiedene Gegenstände bereit: eine Glasscheibe, ein Buch, eine Tasse. Die Studentinnen, die diese Sequenz vorbereitet hatten, hatten erwartet, dass die Schülerinnen und Schüler selbstständig einen Zusammenhang herstellen zwischen dem dunklen Schatten an der Wand und der Lichtundurchlässigkeit der Gegenstände. Sie hatten erwartet, dass die Kinder erkennen, dass ein Schatten immer dort entsteht, wo kein Licht hinfällt.

Dem von mir beobachteten Mädchen stellte sich jedoch eine andere Frage. Sie sah in allen Fällen einen Schatten an der Wand. Der durchsichtige Schatten der Scheibe passte zur durchsichtigen Glasscheibe. Die Schatten der anderen Gegenstände waren jedoch gleich dunkel, obwohl die Gegenstände unterschiedlich farbig waren. Warum der Schatten der Tasse schwarz war und nicht farbig wie die Tasse selbst, ließ sie lange nachdenken. Es wurde im Gespräch deutlich, dass sie den Schatten als etwas ansah, das aus dem Gegenstand herauskommt. Unter dieser Perspektive war für sie nicht verständlich, warum sich die Schatten derart verhielten. Nach einer Weile lenkte ich ihre Aufmerksamkeit auf die Helligkeit der Umgebung. Von einem Moment auf den anderen wechselte ihr Gesichtsausdruck. Mit diesem Hinweis konnte sie plötzlich das Phänomen anders sehen und verstehen.

Was bedeutet „verständnisvolles Lernen"?

Im Sachunterricht sollen Kinder Naturwissenschaften verstehen lernen. Das Eingangsbeispiel macht deutlich, dass damit mehr gemeint ist, als sich Wissen über naturwissenschaftliche Phänomene anzueignen (selbst wenn das Verstehen in dem Beispiel gerade erst einsetzte). Verstandenes unterscheidet sich von nur oberflächlich angesammeltem Wissen dadurch, dass das Gelernte vielfältig mit Erfahrungen verknüpft ist und eine subjektive und überdauernde Bedeutung erlangt hat. Verstandenes hat zudem die Funktion eines kognitiven Werkzeugs: Verstandenes kann auf neue Kontexte angewendet werden, kann verwendet werden, um Vorhersagen zu treffen, Beziehungen zwischen verschiedenen Phänomenen herzustellen oder Erscheinungen zu erklären. Es erweist sich als nützlich, neue und zukünftige Erfahrungen zu strukturieren und weiteres Verständnis aufzubauen.

Ein auf Verstehen ausgerichtetes Lernen bedeutet deshalb einerseits, Lernprozesse an bereits bestehende Erfahrungen und Kenntnisse anzuknüpfen und andererseits Lernergebnisse zu nutzen, um sich Unbekanntes durch Verknüpfung mit Bekanntem zu erschließen. Wagenschein hat dafür die einfache Formel geprägt: „Verstehen heißt verbinden" (Harlen 1998; Pech/Kaiser 2004, S. 11).

Was ist unter Lernschwierigkeiten zu verstehen?

Im pädagogischen Verständnis beziehen sich Lernschwierigkeiten meist auf Schülerinnen und Schüler am unteren Ende des Leistungsspektrums. Im Gegensatz dazu sollen hier vor allem Faktoren berücksichtigt werden, die allgemein das Lernen von Naturwissenschaften in der Grundschule erschweren. Diese Faktoren können beispielsweise Ansatzpunkte für die Förderung naturwissenschaftlichen Verständnisses für alle Kinder bieten.

Lernschwierigkeiten in den Naturwissenschaften können sich aufgrund der Abstraktheit oder Komplexität des Lerngegenstandes ergeben. Ohne Frage stellt z. B. das Verständnis des Energiebegriffs aufgrund seiner Abstraktheit hohe Anforderungen an Grundschulkinder (Modul G 3). Viele sachbedingte Lernschwierigkeiten ergeben sich jedoch dadurch, dass sich das naturwissenschaftliche Denken vom Alltagsdenken zum Teil erheblich unterscheidet. Dieser Bereich von Lernschwierigkeiten ist seit den 90er-Jahren in der Naturwissenschaftsdidaktik unter dem Stichwort der Schülervorstellungsforschung intensiv diskutiert und beforscht worden (Duit 1997; Einsiedler 1997; Müller u. a. 2004).

Wie funktioniert Lernen überhaupt?

Moderne konstruktivistische Lerntheorien heben hervor, dass Lernen ein aktiver Prozess ist. Einfach gesagt bedeutet das: Wissen kann nicht von einem Menschen auf den anderen übertragen werden, sondern muss von den Lernenden selbst aktiv und individuell neu konstruiert werden. Ein weiterer wichtiger Aspekt konstruktivistischer Auffassungen vom Lernen ist die Bedeutung des Vorwissens und der Vorerfahrungen. Lernen fängt nie bei Null an, sondern baut auf dem Schatz an Erfahrungen und Vorstellungen auf, den die Schülerinnen und Schüler aus dem Alltag oder aus vorangegangenem Unterricht mitbringen.

Das Ergebnis von Lernprozessen ist nicht das Anhäufen von Wissen, sondern die Veränderung von Vorstellungen, Einstellungen und Werten. Damit einher geht eine Veränderung der Sicht auf die Welt (Einsiedler 1997).

Was Kinder z. B. bei der Durchführung von Experimenten beobachten, welche Assoziationen wachgerufen werden und zu welchen Schlussfolgerungen Kinder kommen, hängt ganz wesentlich von ihren individuellen Vorerfahrungen ab. Da die Sichtweise von Kindern zudem eine andere ist als die von Erwachsenen, bedeutet das auch, dass Lernangebote, Experimente und Erklärungen im Unterricht von den Kindern oft ganz anders wahrgenommen werden, als dies von der Lehrerin oder dem Lehrer beabsichtigt war. Dies zeigt das Eingangsbeispiel eindrucksvoll.

Lernen von Naturwissenschaften bedeutet, Dinge unter einer anderen Perspektive neu sehen zu lernen. Ein Beispiel soll das verdeutlichen:

Beim einfachen elektrischen Stromkreis mit Lämpchen und Batterie stellen sich viele Kinder spontan vor, dass aus einem oder aus beiden Polen der Batterie eine Art

Substanz zum Lämpchen hin fließt, die dort verbraucht wird. Aus physikalischer Sicht strömt im Unterschied dazu Elektrizität im Kreis, und zwar in exakt gleicher Stärke überall im Stromkreis. In der Physik ist man es gewohnt, die konstante Stromstärke in Stromkreisen zu „sehen". Die Vorstellung der Schülerinnen und Schüler ist nicht verwunderlich: Auch im Alltag spricht man vom Strom, den elektrische Geräte benötigen oder den die Geräte „ziehen". Die Vorstellung, dass etwas unverändert im Kreis herumgeht, wird durch Alltagsvorstellungen nicht gestützt.

Ergebnisse der Schülervorstellungsforschung in den Naturwissenschaften

Dinge ganz anders zu sehen, als die Alltagserfahrung dies nahe legt, ist keineswegs einfach. Es sind nicht einzelne Wissenselemente, die einfach hinzukommen, sondern ein ganzes Netz von Überzeugungen kann dabei in Frage gestellt werden und das Uminterpretieren von bisherigen Erfahrungen erforderlich machen. Aus Untersuchungen ist bekannt, dass solche Veränderungen nicht durch kurzfristige Interventionen zu erreichen sind, sondern viel Zeit benötigen. Selbst echte Aha-Effekte sind keine Garantie dafür, dass die damit verbundene Vorstellungsveränderung von Dauer ist. Die ursprünglichen Vorstellungen und Überzeugungen werden verständlicherweise nicht einfach ad acta gelegt, sondern dominieren auch später noch das Denken der Kinder. Schließlich haben sie sich über lange Zeit bewährt und werden durch das Alltagsdenken auch weiterhin gestützt.

Nicht selten kommt es daher vor, dass die verschiedenen Sichtweisen miteinander vermischt werden. So übernehmen Kinder z.B. beim Stromkreis die Vorstellung, dass eine Substanz im Kreis fließt. Sie gehen jedoch davon aus, dass hinter dem Lämpchen weniger Substanz fließt als davor. Solche Mischvorstellungen sind als der Versuch zu verstehen, der neuen Vorstellung auf der Grundlage bereits vorhandener Vorstellungen (in diesem Fall vom Stromverbrauch) einen Sinn zu geben.

Um Missverständnisse zu vermeiden, sei an dieser Stelle darauf hingewiesen, dass es im naturwissenschaftlichen Sachunterricht nicht darum geht, Kindern physikalische Vorstellungen überzustülpen. Vorstellungen sollten im Unterricht eher als Denkangebote verstanden werden, die sich auch aus der Sicht der Kinder bewähren müssen. Vorstellungsänderungen können z.B. in Gang gesetzt werden, indem Kinder mit Erfahrungen konfrontiert werden, die zu den bisherigen Vorstellungen nicht passen. Kinder suchen dann von sich aus nach neuen Modellen und Erklärungen.

Physikalische Vorstellungen ergeben sich jedoch keineswegs immer zwingend aus Experimenten. In diesen Fällen ist es Aufgabe der Lehrerin oder des Lehrers, zumindest dafür zu sorgen, dass Kindern diese Vorstellung plausibel erscheint. Kein Grundschulexperiment „beweist", dass der Strom im Kreis fließt, da der Strom selbst nicht sichtbar ist. Wiesner (1995) hat deshalb Experimente entworfen, die die oben genannte Vorstellung, aus beiden Polen der Batterie ströme etwas zum Lämpchen, in Frage stellt und im Vergleich dazu die Vorstellung, dass der Strom eine bestimmte Richtung hat, zumindest plausibel macht. Schließt man z.B. statt eines Glühlämpchens einen kleinen Motor an die Batterie an, ändert sich mit dem Vertauschen der Kabel die Drehrichtung des Motors. Dies unterstützt die Vorstellung von der Richtung des Stromflusses im Stromkreis (Wiesner 1995).

Voraussetzung zur Förderung: Der Blick auf die Lernprozesse

Schülerinnen und Schüler im naturwissenschaftlichen Sachunterricht angemessen fördern zu können, setzt vor allem die Bereitschaft und Fähigkeit voraus, sich in ihre Vorstellungen und Denkweisen hineinzuversetzen. Um ein Gespür für die Denkweisen von Kindern und die typischen Schwierigkeiten mit bestimmten Inhalten aufzubauen, sind Berichte von Untersuchungen über Schülervorstellungen hilfreich. Diese liefern aber nur einen groben Hintergrund für die individuellen Vorstellungen der Kinder. Ergänzend dazu ist im Unterricht bewusst dafür zu sorgen, dass man möglichst viele Informationen über die Vorstellungen möglichst aller Kinder erhält.

Besonders zu Beginn des Unterrichts ist es notwendig, sich einen Überblick über die Vorerfahrungen, das Vorwissen und die Interessen der Kinder zu verschaffen, um die unterschiedlichen Ausgangspunkte zu erfassen. Die große Bedeutung, die der Erfassung des Vorwissens und der Vorerfahrungen zukommt, heben auch Pech und Kaiser (2004) hervor. Ihrer Ansicht nach „zählt die Erhebung der Lernvoraussetzungen zu den wesentlichen Aufgaben von Unterricht. Vielleicht lässt sich das konsequente Erheben von Lernvoraussetzungen gar zu den zentralen Qualitätskriterien von Schule zählen." (Pech/Kaiser 2004, S. 25)

Verständnisvolles Lernen für alle Kinder

Motivation

Bei der Frage, wie Unterricht gestaltet werden sollte, um Lernprozesse in den Naturwissenschaften zu unterstützen, ist neben kognitiven Aspekten auch die Förderung der Motivation und des Interesses an Naturwissenschaften zu berücksichtigen. Motivation und Interesse bilden einen wichtigen Ausgangspunkt für die Bereitschaft und Tiefe der Auseinandersetzung mit dem Lerngegenstand. Empirische Studien zeigen, dass Motivation vor allem dann entsteht, wenn handlungsorientiertes Lernen ermöglicht wird und Schülerinnen und Schüler Möglichkeiten zur Mit- und Selbstbestimmung ihres Handelns haben (Hartinger 2005). Zur Motivation trägt zusätzlich bei, wenn die ausgewählten Themen einen engen Bezug zur Lebenswelt der Kinder aufweisen (Bannach 2004, S. 175).

Um zu vermeiden, dass Kinder mit wenigen Vorerfahrungen im Unterricht abgehängt werden, sollten Gelegenheiten geschaffen werden, in denen der Erfahrungsvorsprung zumindest teilweise aufgeholt werden kann. Dabei reichen freiwillige offene Angebote wie Ausstellungstische manchmal nicht aus. Gerade weniger motivierte Schülerinnen und Schüler sollten durch gezielte Aufgaben ermutigt werden, sich mit den Materialien auseinanderzusetzen.

Unterrichtsgestaltung

Um den unterschiedlichen Lernausgangslagen der Kinder gerecht zu werden, sind zudem differenzierte Angebote erforderlich, die ausgehend von den individuellen Vorerfahrungen individuelle Lernwege zulassen. Auf der anderen Seite erfordert anspruchsvoller naturwissenschaftlicher Unterricht aber auch strukturierende Elemente, in denen Erfahrungen und Lernergebnisse gemeinsam ausgewertet und reflektiert werden (Möller 2005).

Förderung von Kindern mit speziellem Förderbedarf

Anders als in Deutschland widmet man sich in England und Amerika bereits seit einiger Zeit der Frage, wie Kindern mit besonderem Förderbedarf im naturwissenschaftlichen Unterricht begegnet werden kann. In dem Begleitmaterial zum englischen „National Curriculum" und einem amerikanischen Lehrerhandbuch (Jarrett 1999) finden sich folgende Hinweise.

Tipps für Unterricht bei Schülerinnen und Schülern mit Lernschwierigkeiten

▶ Einen Überblick über die Unterrichtsstunde geben,
▶ ein klares Ziel für jede Unterrichtsstunde und jede Aktivität benennen,
▶ fehlende Vorerfahrungen durch Umgang mit Material ermöglichen,
▶ Vorwissen auffrischen,
▶ das Unterrichtsthema in eine Serie kleinerer überschaubarer Aktivitäten zerlegen,
▶ den Anspruch reduzieren,
▶ Informationen explizit und direkt geben,
▶ überlange Anweisungen vermeiden,
▶ Zwischenkontrollen ermöglichen,
▶ alle Kinder in Diskussionen einbeziehen, insbesondere bei der Rückschau,
▶ kreative und unorthodoxe Beispiele, Vermutungen, Vorgehensweisen loben,
▶ Interaktionen bei Experimenten unterstützen,
▶ enthusiastisch unterrichten,
▶ zusätzliche Wiederholungen einbauen,
▶ lehrerzentrierte Phasen (Tafelarbeit, Diktat) reduzieren,
▶ Routinen einüben und nutzen,
▶ Strategien zum Memorieren von Begriffen einsetzen,
▶ Textarbeit reduzieren,
▶ Bilder zur grafischen Unterstützung einsetzen,
▶ Erwachsene einbeziehen, die beim Lesen und Schreiben helfen.

Abschließende Bemerkungen

Um Schülerinnen und Schüler in ihren Lernprozessen zu unterstützen, ist es notwendig, sich zu den verschiedenen Phasen des Lernprozesses ein Bild von den Vorstellungen der Kinder zu machen. Dabei kommt der Erfassung der Konzepte zu Beginn des Lernprozesses eine besondere Bedeutung zu. Ausgehend von den unterschiedlichen Lernvoraussetzungen lassen sich gegebenenfalls differenzierte Lernangebote machen, die den Schülerinnen und Schülern helfen, ihre Konzepte ihrem Lernstand entsprechend weiterzuentwickeln, und ihnen so individuelle Lernfortschritte ermöglichen. Untersuchungen weisen aber auch darauf hin, dass strukturierende Elemente vor allem für lernschwache Schülerinnen und Schüler von großer Bedeutung sind. Offenbar kommt es auf das richtige Maß an Individualisierung und Selbstständigkeit auf der einen Seite und behutsame Lenkung und Strukturierung durch die Lehrkraft auf der anderen Seite an. Der Blick auf die Lernprozesse ist dabei jedoch in beiden Fällen ein entscheidender Schlüssel für erfolgreiches Unterrichten.

Literatur

Bannach, M. (2004): Fördern im Sachunterricht. In: Kaiser, A./Pech, D. (Hrsg.): Lernvoraussetzungen und Lernen im Sachunterricht. Basiswissen Sachunterricht. Band 4. Hohengehren. S. 173–180.

Duit, R. (1997): Alltagsvorstellungen und Konzeptwechsel im naturwissenschaftlichen Unterricht – Forschungsstand und Perspektiven für den Sachunterricht in der Primarstufe. In: Köhnlein, W. u. a. (Hrsg.): Kinder auf dem Wege zum Verstehen der Welt. Bad Heilbrunn. S. 233–246.

Einsiedler, W. (1997): Probleme und Ergebnisse der empirischen Sachunterrichtsforschung. In: Marquardt-Mau, B. u. a. (Hrsg.): Forschung zum Sachunterricht. Bad Heilbrunn. S. 18–42.

Harlen, W. (1998): Teaching For Understanding in Pre-Secondary Science. In: Fraser, B. J./Tobin, K. G. (Hrsg.): International Handbook of Science Education. Dordrecht u. a. S. 183–197.

Hartinger, A. (2005): Verschiedene Formen der Öffnung von Unterricht und ihre Auswirkungen auf das Selbstbestimmungsempfinden von Grundschulkindern. Zeitschrift für Pädagogik. H. 3. S. 397–414.

Jarrett, D. (1999): The inclusive classroom. Mathematics and science instruction for students with learning disabilities. Portland, Oregon. In: http://educationnorthwest.org/webfm_send/753 (15.05.2010).

Möller, K. (Hrsg.) (2005): Klasse(n)kisten für den Sachunterricht. Lehrerhandreichung zum Thema Schwimmen und Sinken. Essen.

Müller, R./Wodzinski, R./Hopf, M. (Hrsg.) (2004): Schülervorstellungen in der Physik. Köln.

Pech, D./Kaiser, A. (2004): Lernen lernen? Grundlagen für den Sachunterricht. In: Kaiser, A./Pech, D. (Hrsg.): Lernvoraussetzungen und Lernen im Sachunterricht. Basiswissen Sachunterricht. Band 4. Hohengehren. S. 3–28.

Wiesner, H. (1995): Untersuchungen zu Lernschwierigkeiten von Grundschülern in der Elektrizitätslehre. In: Sachunterricht und Mathematik in der Primarstufe H. 2. S. 50–58.

Modul G 5:
Talente entdecken und unterstützen

Lehrkräfte finden in ihren Grundschulklassen ein sehr breites Spektrum an mathematischen und naturwissenschaftlichen Fähigkeiten vor. Einige Schülerinnen und Schüler fallen durch ausgezeichnete Leistungen auf. Sie finden selbst bei anspruchsvollen Aufgaben eigene Lösungswege, entwickeln bei Sachaufgaben souverän mathematische Modelle, planen originelle und kontrollierte Experimente oder finden durchdachte, kreative Erklärungen für bestimmte Phänomene. Viele dieser Schülerinnen und Schüler zeichnen sich auch durch ein besonderes Interesse für naturwissenschaftliche und technische Fragen oder mathematische Probleme aus. Jene, die mit guten Ideen zum Unterricht beitragen oder sehr gute Leistungen bei Leistungsfeststellungen erzielen, bleiben nicht verborgen. Für Lehrkräfte sind Kinder aus diesen Spitzengruppen erfreulich, denn sie tragen zum Unterricht bei, bringen ihn voran, erledigen ihre Aufgaben zügig und beanspruchen weniger Unterstützung als andere. Leistungsstarke Schülerinnen und Schüler erscheinen oft als problemlose Kinder und erhalten im Gegensatz zu leistungsschwächeren Kindern weniger Unterstützung. Nicht immer können diese Kinder jedoch ihr Potenzial zeigen. Einige Kinder ziehen sich aus dem Unterrichtsgeschehen zurück. Deshalb sind für leistungsstarke Kinder Aufmerksamkeit und Lernunterstützung genauso von Bedeutung wie für alle anderen. Eine Hilfestellung könnte für sie aber gerade in weiterführenden kognitiven Herausforderungen in Form von problemhaltigen Aufgaben im Bereich des mathematischen und naturwissenschaftlichen Unterrichts liegen. Hier können sie ihre Talente nicht nur zeigen, sondern auch ausbauen.

Wie Kinder mit guten oder gar besonderen mathematischen und naturwissenschaftlichen Fähigkeiten erkannt und in ihrer Entwicklung angeregt und unterstützt werden können, ist Gegenstand dieses Moduls.

Friedhelm Käpnick, Marianne Nolte und Gerd Walther benennen in ihrer Modulbeschreibung „Mathematische Talente entdecken und unterstützen" für das Fach Mathematik fachspezifische und persönlichkeitsfördernde Merkmale, mit deren Hilfe Talente aufgespürt werden können. Sie beschreiben ferner, wie talentierte Kinder unterstützt und in ihrer Entwicklung gefördert werden können.

Ernst Kircher weist bei seinen Ausführungen in der naturwissenschaftlichen Modulbeschreibung „Naturwissenschaftliche Talente entdecken und fördern" darauf hin, dass spezielle mit den Naturwissenschaften zusammenhängende Verhaltensmerkmale Hinweise auf besondere Begabungen liefern können. Diese werden beschrieben und Kriterien für einen begabungsentwickelnden Unterricht benannt.

Friedhelm Käpnick, Marianne Nolte und Gerd Walther

Mathematische Talente entdecken und unterstützen

Der Würfel-Rechen-Trick

 A **Würfel-Zauber**

> Ein Kind wird gebeten, drei Spielwürfel zu einem Turm übereinander zu stellen. Dabei entschei-
> det es selbst, welche Augenzahl jeweils vorn oder hinten, links oder rechts, unten oder oben
> bei einem Würfel sind. Der „Zauberer" behauptet, dass er nur einen Blick auf den Würfelturm
> zu werfen braucht, um sofort die Gesamtsumme aller sichtbaren Augenzahlen nennen zu kön-
> nen. Wer durchschaut den Trick? Wie wird hier „gezaubert"?

Beim Einsatz dieser Aufgabe in verschiedenen Gruppen von Zweit-, Dritt- und Viert-
klässlern (dabei auch in „normalen" Schulklassen) konnten Käpnick und Fuchs immer
wieder folgende verschiedene Vorgehensweisen bei Kindern beobachten:

Intuitives Erahnen einer Problemlösung bzw. intuitives Herantasten an eine Lösung
Luca (2. Klasse) probierte nur wenig mit Würfeln. Er tippte aber immer wieder auf die
obere Augenzahl des obersten Würfels und sagte unsicher: „Damit muss es zusammenhängen."

Hartnäckiges Probieren
Franz und Tim (2. Klasse) bauten immer wieder mit Würfeln. Sie versuchten dabei,
alle verschiedenen Würfelkonstellationen zu realisieren. Als sie ein Blatt mit Aufgaben vollgeschrieben hatten, erkannten sie allmählich, dass es nur bestimmte Ergebnisse gibt. Sie hatten zweifellos intensiv gerechnet und brauchten offenbar diese Phase,
um dann strukturelle Einsichten, die Summe gegenüberliegender Augenzahlen ist bei
Spielwürfeln stets 7, zu erhalten.

Abwechselndes Probieren und Überlegen
Jenny und Robert (2. Klasse) bauten zuerst wahllos verschiedene Würfeltürme und
schrieben die zugehörigen Additionen der sichtbaren Augenzahlen auf. Dann sa-
hen sie, dass die Summe gegenüberliegender Augenzahlen bei Spielwürfeln stets 7
ist – mehr aber noch nicht. Also probierten sie erst einmal weiter (...), bis dann Robert
plötzlich sagte: „Wenn ich mir den Würfelturm ansehe, dann habe ich vorn und hinten
$3 \cdot 7 = 21$, die beiden Seiten noch dazu sind dann $6 \cdot 7 = 42$. Das ist immer so. Ich muss
also nur die Zahl oben zur 42 dazurechnen. Das ist alles."

Systematisches Vorgehen

Sarah (4. Klasse) ging als einziges Kind ihrer Klasse systematisch vor. Dazu baute sie die Würfeltürme so, dass sie an den Seiten die jeweiligen Augenzahlen immer konstant ließ und nur die obere Augenzahl variierte. Systematisch schrieb sie dann alle sich ergebenden Rechenaufgaben auf. So entdeckte Sarah, ähnlich wie Lina und Juliane, dass die Gesamtsumme ausschließlich von der oberen Zahl abhängt (Käpnick/Nolte/ Walther 2005).

Begründen, Herleiten, Erklären der Problemlösung auf der Basis erkannter Strukturen und Beziehungszusammenhänge

Die Mathetalente Thomas und Paul (4. Klasse) erkannten relativ schnell die besonderen Zahlenbeziehungen bei Spielwürfeln und sie lieferten dann auch eine exakte Begründung: „Da bei gegenüberliegenden Seiten immer sieben raus kommt, ist die Seitenanzahl der Punkte an jedem Turm 42. Man muss nun nur noch die obere Zahl dazurechnen. Die Lösungszahlen sind also immer kleiner oder gleich 48."

Worin zeigt sich eine besondere mathematische Begabung?

In der Begabungsforschung hat sich in den letzten Jahren neben der ganzheitlichen Sicht auf die Entwicklung einer Begabung auch mehrheitlich die Auffassung durchgesetzt, dass Begabungen bereichsspezifisch sind. Die Bereichsspezifik einer mathematischen Begabung ist eng verbunden mit dem „Bild" von der Mathematik als Wissenschaft, das wiederum durch eine Vielfalt verschiedener Aktivitäten geprägt ist, wie etwa durch

▸ das Finden und Bestimmen von Problemen,
▸ das Bearbeiten von Einzelproblemen und von Problemfeldern,
▸ das systematische Darstellen von Lösungen,
▸ das Strukturieren von Erkenntnissen bis hin zu Theoriebildungen oder
▸ das Entwickeln vielfältiger Anwendungsfelder.

Welche Bedeutung mathematische Kompetenzen, wie Fähigkeiten im Erkennen und Lösen von Problemen, im Herstellen von Zusammenhängen, Argumentations- oder Kommunikationsfähigkeiten, Kreativität oder ein besonderes Zahlgefühl hierbei haben, hängt vor allem von den jeweiligen konkreten Tätigkeiten ab. Eine wesentliche Rolle spielen jedoch stets produktive und forschende Tätigkeiten, die demgemäß auch für eine mathematische Begabung prägend sind. Ein rezeptives Aneignen von Wissen ist dagegen von untergeordneter Bedeutung. Dementsprechend sehen wir ein Kind nicht schon als mathematisch begabt an, wenn es sich „nur" rascher als andere Einmaleinsreihen aneignet oder die schriftlichen Rechenverfahren sehr gut beherrscht (was aber durchaus auch der Fall sein kann), sondern wenn es in verschiedenen Tätigkeitsfeldern, insbesondere beim Problemlösen, zu besonderen Leistungen fähig ist. Kennzeichnend für ein mathematisch begabtes Kind ist weiterhin, dass es besondere

Fähigkeiten im Umgang mit Zahlen, Formen, Größen oder Mustern über einen längeren Zeitraum zeigt. Die Eigenschaft der Langfristigkeit ist übrigens auch bei der Einstufung von schwachen oder durchschnittlichen Begabungen ein wesentliches Kriterium.

Was kennzeichnet produktives, forschendes mathematisches Tätigsein von Grundschulkindern?

Im kognitionspsychologischen Sinne können bei der Bearbeitung eines Problems, d. h. einer Aufgabe, zu deren Lösung dem Aufgabenbearbeiter kein abrufbares Lösungsverfahren zur Verfügung steht, idealtypisch grob folgende Prozessschritte unterschieden werden:
▶ die Aufnahme der Information,
▶ die Verarbeitung der Information/das Lösen einer Problemaufgabe,
▶ die Wiedergabe der gewonnenen Information/die Darstellung des Ergebnisses.

Anforderungen an diese Prozessschritte erläutern wir nachfolgend anhand einer wohlbekannten Beispielaufgabe (Radatz/Rickmeyer 1996).

Die Aufnahme der Information und das Verstehen der Fragestellung
Zum Vertrautmachen mit dem Aufgabeninhalt könnte als Einstiegsaufgabe „Wie viele verschiedene Quadrate lassen sich in ein 2 · 2-Quadrat einzeichnen?" vorgegeben werden.

Abb. 1: Beispiel einer Lösungsdarstellung

Die Beispiellösung verdeutlicht, dass die Aufgabe von den Kindern sowohl das Erkennen der 1 · 1-Quadrate als auch das 2 · 2-Quadrat als Lösung erfordert. Die Kinder können zugleich eine Systematik entdecken: Zuerst werden, von links oben beginnend, alle 1 · 1-Quadrate, dann wird das 2 · 2-Quadrat eingezeichnet.

Die Verarbeitung der Information/Das Lösen einer Problemaufgabe
Als komplexere Problemaufgabe bietet sich die Frage an, wie viele verschiedene Quadrate man in einem 3 · 3-, in einem 4 · 4-Quadrat usw. zeichnen kann. Hierzu könnte man Zeilen mit 3 · 3-Quadraten und eine Tabelle vorgeben, in die Kinder ihre Ergebnisse eintragen, wie z. B.:

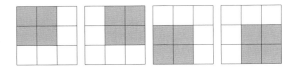

Abb. 2: Beispiel einer Lösungsdarstellung

Das Lösen der Aufgabe impliziert, dass die Kinder ihre beim Bearbeiten der Einstiegs-aufgabe gewonnenen Erkenntnisse effektiv nutzen können.

Die Wiedergabe der gewonnenen Information/Die Darstellung des Ergebnisses

In eine Tabelle können die Kinder die entsprechende Anzahl der Quadrate eintragen:

Wie viele sind in einem ...	Einer-quadrate	Zweier-quadrate	Dreier-quadrate	Vierer-quadrate	...	Hunderter-quadrate	Summe
1 x 1–Quadrat	1	0	0	0	0	0	1
2 x 2 –Quadrat	4	1	0	0	0	0	5
3 x 3–Quadrat	9	4	1	0	0	0	14
...							
100 x 100 –Quadrat	10 000	99 · 99	98 · 98	97 · 97	...	1	?

Tab. 1: Ergebnistabelle

Wie mathematisch begabte Kinder die Problemaufgabe bearbeiten, wie tief sie in die Thematik eindringen und welche Erkenntnisse sie für besonders wichtig erachten, ist individuell verschieden (Käpnick u. a. 2005). Gemeinsam ist den Lösungsprozessen aber, dass die Kinder das verfügbare Material organisieren, dass sie Strukturen erken-nen und diese übertragen, dass sie Repräsentationswechsel vornehmen, Verallgemei-nerungen angeben und gegebenenfalls selbst interessante Anschlussprobleme finden und bearbeiten.

Was kennzeichnet mathematisch begabte Grundschulkinder?

Im Rahmen einer mehrjährigen Forschungsarbeit entwickelte Käpnick ein spezielles Merkmalsystem für Grundschulkinder mit einer besonderen mathematischen Bega-bung. Dabei fasst er mathematische Begabung im Grundschulalter als ein bereichs-spezifisches Potenzial für eine mit großer Wahrscheinlichkeit im Jugend- und Erwach-senenalter entfaltete, weit überdurchschnittliche mathematische Leistungsfähigkeit auf. Das jeweilige Niveau der mathematikspezifischen Kriterien kennzeichnete er mit-hilfe entsprechender Indikatoraufgaben, vermied es dabei aber bewusst, eine quantitative „scharfe" Grenze zwischen mathematisch nicht begabt und begabt zu ziehen. Diesen Übergang sieht er, in Übereinstimmung mit anderen Mathematikdidaktikern, als fließend an. Entsprechend einer ganzheitlichen Sicht auf das Konstrukt „Begabung" umfasst sein Merkmalssystem nicht nur mathematikspezifische Kriterien, sondern auch begabungsstützende Persönlichkeitseigenschaften, die allerdings auch bereichsspezifisch geprägt sind.

Mathematikspezifische Merkmale	Begabungsstützende allgemeine Persönlichkeitseigenschaften
• Fähigkeit zum Speichern mathematischer Sachverhalte im Arbeitsgedächtnis unter Nutzung erkannter Strukturen • mathematische Fantasie • Fähigkeit im Strukturieren mathematischer Sachverhalte und im selbstständigen Transfer erkannter Strukturen • Fähigkeit im selbstständigen Wechseln der Repräsentationsebenen und im Umkehren von Gedankengängen beim Bearbeiten mathematischer Aufgaben • mathematische Sensibilität	• hohe geistige Aktivität • intellektuelle Neugier • Anstrengungsbereitschaft • Freude am Problemlösen • Konzentrationsfähigkeit • Beharrlichkeit • Selbstständigkeit • Kooperationsfähigkeit

Tab. 2: Merkmale für besondere Begabung (aus: Käpnick u. a. 2005, S. 13)

Anzumerken ist, dass das Merkmalssystem nur eine grobe Kennzeichnung allgemeiner Begabungskriterien sein kann, denn mathematisch begabte Kinder weisen oft sehr unterschiedliche Ausprägungen auf. In einer Weiterentwicklung des Merkmalssystems haben Käpnick und Fuchs dem hochkomplexen Charakter und der dynamischen Entwicklung mathematischer Begabungen dadurch noch besser entsprochen, dass sie „Typ prägende" intrapersonale Katalysatoren (allgemeine physische, psychische, kognitive und die Persönlichkeit prägende Grundkompetenzen eines Kindes) und interpersonale Katalysatoren (erzieherische Einflüsse oder solche der Umwelt, wie auch besondere Ereignisse und Zufälle), geburtlich bestimmte Potenziale und in der Vorschulzeit geprägte kognitive Entwicklungen in das Modell ergänzten und bezüglich der Begabungsmerkmale zwischen Kompetenz als Begabungspotenzial und Performanz als diagnostisch nachgewiesenen Leistungsfähigkeiten unterscheiden (Käpnick/ Fuchs 2009, S. 8–10).

Welche Möglichkeiten, welche Probleme und Grenzen gibt es bezüglich der Diagnostik der mathematischen Begabung eines Grundschulkindes?

Um mathematisch begabte Schüler entsprechend ihren individuellen Besonderheiten fördern zu können, bedarf es stets einer vorherigen gründlichen Diagnostik ihres jeweiligen Begabungspotenzials. Aus den bisherigen Darlegungen ist aber bereits erkennbar geworden, dass eine solche Diagnostik eine sehr komplexe Aufgabe ist. Sie wird in der einschlägigen Literatur als ein feinfühliger, umfassender und langfristiger Prozess charakterisiert, der auf fundierten theoretischen Erkenntnissen zu den jeweiligen Begabungsinhalten basiert.

Entsprechend den unterschiedlichen Intelligenz- und Begabungsauffassungen existiert heute eine Vielzahl verschiedenartiger Diagnosemethoden. Die Palette „gängiger" Methoden zur Identifizierung mathematisch begabter Schülerinnen und Schüler umfasst Intelligenztests, andere standardisierte und nichtstandardisierte Tests, ebenso Beobachtungen, Checklisten, standardisierte und nichtstandardisierte Interviews oder Analysen videodokumentierter Problemlöseprozesse. Ein weitgehender Konsens besteht darin, dass die Komplexität mathematischer Begabung nicht mit einem einzigen Diagnoseinstrument erfasst werden kann und dass bei „Momentaufnahmen", wie einer einmaligen Testung oder einer einzigen Beobachtung eines Problemlöseprozesses, die große Gefahr zufälliger Ergebnisse besteht. Für die Diagnose mathematischer Begabungen im Grundschulalter ergeben sich zusätzliche Probleme aus der noch stark an Veranschaulichungen gebundenen Denktätigkeit von Grundschulkindern, aus ihrer begrenzten Sprachkompetenz, ihren noch weitgehend instabilen Interessenausprägungen sowie aus dem langen Vorhersagezeitraum bis zur Entfaltung einer Begabung im Jugend- und Erwachsenenalter. Außerdem erschweren die oben angesprochenen, bereits im Grundschulalter entwickelten unterschiedlichen Begabungsausprägungen die Diagnostik. Um den Unzulänglichkeiten eines einzelnen Diagnoseverfahrens nicht ausgeliefert zu sein und um der Komplexität der jeweiligen Begabungsmerkmale einigermaßen genügen zu können, wenden Begabungsforscher heute meist eine Synthese verschiedener standardisierter und nichtstandardisierter Diagnoseverfahren an. Eine wichtige Rolle wird dabei auch den Lehrkräften beigemessen, die aufgrund ihrer mathematischen, mathematikdidaktischen und pädagogischen Professionalität und des täglichen Kontaktes zu den Schülern über meist mehrere Schuljahre hinweg eine fundierte Beurteilung allgemeiner Charaktereigenschaften sowie der Leistungsentwicklung im Mathematikunterricht „liefern" können. Vorausgesetzt ist damit ein eigenes Vertrautsein mit mathematischen Problemlöseprozessen.

In einigen wissenschaftlich begleiteten Förderprojekten werden verschiedene Verfahren zur Talentsuche eingesetzt. In Hamburg wird unter Leitung von Marianne Nolte eine Talentsuche, die einen Probeunterricht mit Testungen kombiniert, durchgeführt (Nolte 2004). In einem von Friedhelm Käpnick geleiteten Projekt in Münster hat sich folgendes Stufenmodell zur Diagnostik mathematisch begabter Kinder gut bewährt:

1. **Stufe: Grobauswahl**

   Potenziell begabte Kinder werden durch die jeweiligen Lehrkräfte ausgesucht. Hierbei nutzen sie als Orientierungshilfe ein entsprechendes Merkmalsystem.

2. **Stufe: Einsatz spezieller Indikatoraufgaben**

   Erprobte Indikatoraufgaben mit sprachlichen Instruktionen und Vorschlägen für die Analyse findet man z.B. in Käpnick 2001, S. 166–182 oder in Nolte 2004.

3. **Stufe: Prozessbegleitende Diagnostik**

   Hier sollte es vor allem darum gehen, ein umfassendes Bild über den jeweiligen Begabungstyp und über die Entwicklung der mathematischen Begabung wie auch der gesamten kindlichen Persönlichkeitsentwicklung zu erhalten. Dafür bieten sich Beobachtungen der Kinder beim Problemlösen, Analysen von Schüleraufzeichnungen, Schüler- und Lehrerinterviews, Gespräche mit den Eltern und der Einsatz verschiedener Tests an.

Anzumerken ist ferner, dass nach dem gegenwärtigen Erkenntnisstand das Erkennen einer mathematischen Begabung bei Erst- und Zweitklässlern aufgrund entwicklungspsychologischer Besonderheiten, der oft noch fehlenden kognitiven, sprachlichen und mathematischen Grundkompetenzen, des sehr spontanen Denkens und Handelns, des schnellen und häufigen Wechsels von Interessen, des sehr großen Vorhersagezeitraumes bis zur Entfaltung des eigenen mathematischen Leistungspotenzials im Jugendalter u.a.m., aber auch aufgrund einer evtl. sehr intensiven Einflussnahme von Eltern im Vorschulalter oder individueller Probleme eines Kindes am Schulanfang generell noch äußerst problematisch ist.

Welche Möglichkeiten der Förderung mathematisch begabter Grundschulkinder gibt es im Mathematikunterricht und außerhalb?

Aufgrund der ganzheitlichen Sicht auf die Begabtenförderung wird in der einschlägigen Literatur empfohlen, zunächst die Potenzen eines gemeinsamen Lernens von „Matheassen" mit gleichaltrigen Schülern im regulären Mathematikunterricht auszuschöpfen. Das erfordert wiederum, die Möglichkeiten differenzierenden Lernens auszunutzen. Hierfür wird neben der Binnendifferenzierung und der äußeren Differenzierung vor allem die natürliche Differenzierung empfohlen. Der Grundgedanke dieser Differenzierungsform besteht darin, dass jedes Kind beim Lösen einer Aufgabe selbst über die Tiefe des Eindringens in das jeweilige Lernthema, über die Wahl eines Lösungsweges, die Nutzung von Lernmitteln, die soziale Lernform und über die Art der Lösungsdarstellung bestimmt. Hierzu bedarf es „substanzieller" Aufgaben, d.h. Aufgaben mit einer reichhaltigen mathematischen „Substanz", die Kinder je nach Lernvoraussetzungen auf unterschiedlichen Niveaus und unterschiedlich komplex erfolgreich bearbeiten können und die Möglichkeiten für ein Finden und Lösen von Anschlussproblemen enthalten (Bauersfeld/Kießwetter 2006; Käpnick 2001; Nolte 2004; Pamperien 2008). Ebenso wird es empfohlen und vielfach in der Praxis angewendet, den „Matheassen" kleine Vorträge zu einem speziellen Thema anzubieten, ihnen ein konkretes „Mathe-Projekt" zu übertragen oder ihnen das Vorstellen einer Knobelaufgabe im Rahmen einer „Hobbymesse" zu ermöglichen.

Da mathematisch begabte Kinder im täglichen Mathematikunterricht offenbar nur in einem begrenzten Umfang individuell gefördert bzw. gefordert werden können, bietet sich zusätzlich die Nutzung außerunterrichtlicher Förderkonzepte an. Die große Resonanz von Kindern und Eltern bestätigt, dass solche Fördermaßnahmen ihre Berechtigung haben. Diesbezüglich sind vor allem Enrichment-Projekte in Form etwa von Zusatzförderstunden, Arbeitsgemeinschaften, Pull-out-Programmen, Feriencamps zu nennen, die darauf gerichtet sind,

▸ den Spaß der „Matheasse" am Umgang mit Zahlen, Formen usw. zu erhalten,
▸ ihre Freude am problemlösenden Denken zu fördern,
▸ den üblichen Stoff des Schulmathematikunterrichts zu bereichern und zu vertiefen, ohne wesentliche Inhalte des späteren Mathematikunterrichts vorwegzunehmen,
▸ die Persönlichkeitsentwicklung der Schüler zu stärken (z. B. Entwicklung des Selbstbewusstseins, der Anstrengungsbereitschaft, sozialer Kompetenzen, …).

Solch positive Effekte können z. T. auch Schülerwettbewerbe (z. B. Mathematikolympiade für Grundschüler) oder Internetprojekte (z. B. Känguru-Wettbewerb) bewirken. Alternativ zu Enrichment-Projekten werden in der pädagogischen und psychologischen Literatur Akzelerations-Programme (Überspringen einer Klassenstufe, spezielle „Mathematikförderklassen" bzw. „D-Zug-Klassen", …) empfohlen, die in der Schulpraxis ebenfalls häufig genutzt werden. Bei Akzelerationsmaßnahmen sollte aber stets die gesamte Entwicklung eines Kindes analysiert werden. So kann sich z. B. ein Überspringen einer Klassenstufe als sehr problematisch erweisen, wenn sich der Heranwachsende schon in einer „Schieflage" zwischen einer weit vorangeschrittenen kognitiven Entwicklung und einer defizitären körperlichen oder sozialen Reifung befindet. In derartigen Fällen könnte ein Überspringen einer Klassenstufe vielmehr zu einer weiteren Zuspitzung der Persönlichkeitsprobleme des betroffenen Schülers führen.

Befunde aus TIMSS 2007 zu mathematisch besonders leistungsfähigen Kindern

Besonders leistungsfähige Grundschulkinder in Mathematik begegnen Lehrkräften im Unterricht stets als Individuen mit den ihnen eigenen Besonderheiten. Thomas und Paul aus der Eingangsaufgabe sind hierfür Beispiele. Im Folgenden werden mathematisch leistungsstarke Kinder am Ende der Grundschule aus einer globalen Perspektive betrachtet. Grundlage hierfür sind einige Befunde aus der internationalen TIMSS-2007-Untersuchung (Walther u. a. 2008) zu mathematischen und naturwissenschaftlichen Kompetenzen von Grundschulkindern in Deutschland im internationalen Vergleich. Allerdings muss dabei beachtet werden, dass bei der TIMSS-Studie ähnlich wie schon bei der IGLU-Studie (Bos u. a. 2003) das Schülermerkmal „besonders leistungsfähig" anders definiert wird als oben in diesem Text. Hier werden „formal" die leistungsstärksten oberen fünf Prozent bzw. ein kleinerer Prozentsatz der Lernenden als Gruppe der mathematisch besonders Leistungsfähigen deklariert. Neben dieser formalen kann man auch eine kriteriale Beschreibung von mathematischer Leistungsfähigkeit mit Hilfe von Kompetenzstufen durchführen, denen die Kinder zugeordnet werden. Kompetenzstufen drücken aus, was Schüler auf der jeweiligen Stufe inhaltlich-mathematisch können. Bei dieser Betrachtungsweise liegt es nahe, die Kinder der obersten Kompetenzstufe (V) bzw. die zur „Spitze" in dieser Kompetenzstufe gehörenden Kinder als die Gruppe der mathematisch besonders Leistungsfähigen zu definieren. Kurz gesagt wenden Kinder auf Kompetenzstufe V ihre mathematischen Fertigkeiten und Fähigkeiten verständig beim Lösen verhältnismäßig komplexer Probleme an und erläutern ihr Vorgehen.

Einen Eindruck von der relativen Leistungsstärke unserer Spitzengruppe liefert der folgende Vergleich. Die leistungsstärksten oberen fünf Prozent der Kinder in Deutschland erreichen, ebenso wie die entsprechenden Kinder in den beteiligten EU-Staaten, gleich viele Leistungspunkte und liegen deutlich – etwa 1/3 Standardabweichungen – über dem internationalen Mittelwert. Das Ergebnis ist zunächst erfreulich, der Vergleich etwa mit Japan zeigt wiederum, dass hier noch Leistungspotenzial von Kindern erschlossen werden könnte. In Japan sind knapp 25 Prozent der Kinder so leistungsstark wie unsere oberen fünf Prozent. Diese formale Leistungsbetrachtung entspricht im Wesentlichen auch der kriterialen Aussage: In Japan erreichen etwa viermal so viele Kinder die höchste Kompetenzstufe (V) wie in Deutschland. Bezüglich der hochinteressanten Zusammenhänge zwischen sozialer Herkunft bzw. Migrationshintergrund und der mathematischen Leistungsfähigkeit von Schülerinnen und Schülern wird auf Bonsen u. a. (2008) verwiesen.

Literatur

Bauersfeld, H./Kießwetter, K. (Hrsg.) (2006): Wie fördert man mathematisch besonders befähigte Kinder? Offenburg.

Bonsen, M./Frey, K. A./Bos, W. (2008): Soziale Herkunft. In: Bos, W. u. a.: TIMSS 2007. Münster. S. 141–156.

Bonsen, M./Kummer, N./Bos, W. (2008): Schülerinnen und Schüler mit Migrationshintergrund. In: Bos, W. u. a.: TIMSS 2007. Münster. S. 157–175.

Käpnick, F. (2001): Mathe für kleine Asse. Handbuch für die Förderung mathematisch interessierter und begabter Dritt- und Viertklässler. Berlin.

Käpnick, F./Fuchs, M. (Hrsg.) (2009): Mathe für kleine Asse (Empfehlungen zur Förderung mathematisch interessierter und begabter Dritt- und Viertklässler). Bd. 2. Berlin.

Käpnick, F./Nolte, M./Walther, G. (2005): Modul G 5: Talente entdecken und unterstützen. SINUS-Transfer Grundschule. www.sinus-an-grundschulen.de/fileadmin/uploads/Material_aus_STG/Mathe-Module/M5.pdf (8.11.2010).

Nolte, M. (2004): Der Mathe-Treff für Mathe-Fans: Fragen zur Talentsuche im Rahmen eines Forschungs- und Förderprojektes zu besonderen mathematischen Begabungen im Grundschulalter. Hildesheim, Berlin.

Pamperien, K. (2008): Herausfordernde und fördernde Aufgaben für alle? Teil 2. Erfahrungen mit Aufgaben zur Förderung besonders begabter Kinder in einer Regelklasse. In: Fuchs, M./ Käpnick, F. (Hrsg.): Mathematisch begabte Kinder. Eine Herausforderung für Schule und Wissenschaft. Berlin. S. 162–172.

Radatz, H./Rickmeyer, K. (1996): Aufgaben zur Differenzierung. Hannover.

Walther, G./Selter, Ch./Bonsen, M./Bos, W. (2008): Mathematische Kompetenzen im internationalen Vergleich: Testkonzeption und Ergebnisse. In: Bos, W. u. a.: TIMSS 2007. Münster. S. 49–85.

Ernst Kircher

Naturwissenschaftliche Talente entdecken und fördern

Talente entdecken – Talente fördern

Ein naturwissenschaftliches Talent kann eine „abstrakt-intellektuelle Begabung" und/ oder eine „praktisch-instrumentelle Begabung" aufweisen, gepaart mit Kreativität, Anstrengungs- und Leistungsbereitschaft. Für das Entdecken naturwissenschaftlicher Talente in der Grundschule gibt es kein fertiges Analyseinstrument. Eine Lehrkraft kann sich zwar bei der Beobachtung ihrer Schülerinnen und Schüler an allgemeinen Charakteristika wie den Ergebnissen eines IQ-Tests sowie der geistigen Beweglichkeit der Kinder orientieren. Dieses darf aber nie das einzige Argument für „naturwissenschaftliche Begabung" sein.

Spezielle mit den Naturwissenschaften zusammenhängende Verhaltensmerkmale (Einstellungen, Eigenschaften, Fähigkeiten und Fertigkeiten) können zusätzliche Hinweise liefern, wer sich eventuell dauerhaft als ein naturwissenschaftliches Talent erweisen könnte. Solche Charakteristika und Verhaltensmerkmale werden im Folgenden aufgeführt. Weitere Abschnitte dieses Textes befassen sich mit der Förderung von Kindern sowohl im naturwissenschaftlichen Sachunterricht als auch außerhalb der Schule. In dem naturwissenschaftlichen Modul „Talente entdecken und fördern" aus SINUS-Transfer Grundschule (Kircher 2006) sind vertiefende Betrachtungen zum Thema „Wissenschaftsverständnis" und zu dessen methodischer Umsetzung in der Grundschule dargestellt. Noch detaillierter wird in Grygier u.a. (2007) auf diesen für die Grundschule neuen thematischen Bereich eingegangen.

Talente und Persönlichkeitsmerkmale

Allgemeine Persönlichkeitsmerkmale

Naturwissenschaftliche Talente kann man vor allem an allgemeinen kognitiven Kompetenzen von Schülerinnen und Schülern erkennen. Trotz mancher Kritik ist der Intelligenzquotient (erhoben durch einen „kulturfreien" Test, der auf Wörter bzw. Texte verzichtet) ein relevanter Anhaltspunkt, um kognitive Fähigkeiten zu prognostizieren, etwa im Hinblick auf den erfolgreichen Besuch einer weiterführenden Schule. Schulerfolg wird aber durch weitere Faktoren beeinflusst. Um Talente zu entdecken, sollte die Lehrkraft weitere allgemeine Persönlichkeitsmerkmale der Kinder im Blick behalten. Die von Käpnick (2001) vorgeschlagenen acht Merkmale können die Informationen eines geeigneten IQ-Tests ergänzen oder auch ersetzen. Die folgende Tabelle stellt die acht allgemeinen Persönlichkeitsmerkmale in Abhängigkeit einer abgestuften Punkteskala dar:

	sehr ausgeprägt = 5 Pkt.	ausgeprägt = 4 Pkt.	unentschieden = 3 Pkt.	wenig ausgeprägt = 2 Pkt.	sehr wenig ausgeprägt = 1 Pkt.
hohe geistige Aktivität					
intellektuelle Neugier					
Anstrengungsbereitschaft					
Freude am Problemlösen					
Konzentrationsfähigkeit					
Beharrlichkeit					
Selbstständigkeit					
Kooperationsfähigkeit					

Tab. 1: Persönlichkeitsmerkmale

Zur genauen Dokumentation der Beobachtungen im Unterricht können die Punkte gemäß der Tabelle vergeben werden. Anschließend werden die Punkte addiert und die Summe durch acht geteilt. Ist dieser Quotient größer als drei, kommt das Kind als naturwissenschaftliches Talent in Frage. Seitens der Lehrkräfte müssen besondere Fähigkeiten eines Kindes erkannt, interpretiert und anerkannt werden. Urban (1996) mahnt allerdings, dass bei einer zu starken Zentrierung auf die intellektuellen Fähigkeiten andere Persönlichkeitsbereiche vernachlässigt werden.

Merkmale besonders begabter Schulanfänger

In der Literatur lassen sich Hinweise auf charakteristische Gemeinsamkeiten besonders begabter Kinder finden, zumindest was die intellektuelle Leistung betrifft. Besonders begabte Kinder, die in ihrer frühen Kindheit und Vorschulzeit unter anregenden und fördernden Bedingungen aufgewachsen sind, lassen sich in Bezug auf vorwiegend kognitiv bestimmte Merkmale zu Beginn der Schulzeit wie folgt beschreiben. Sie zeigen u. a.

> ▸ *besonders ausgeprägtes Neugier- und selbstständiges Erkundungsverhalten;*
> ▸ *schnelles und effektives Auffassungsvermögen, auch bei komplexeren Aufgaben;*
> ▸ *frühe Abstraktions- und Übertragungsleistungen;*
> ▸ *besonders frühes Interesse an Buchstaben, Zahlen und anderen Zeichen; Vorliebe für nur gliedernde und ordnende Tätigkeiten;*
> ▸ *besondere Flüssigkeit im Denken; Finden neuer, origineller Ideen;*
> ▸ *frühe Anzeichen für reflexives und logisches Denken, Perspektivenübernahme, Metakognitionen;*

▸ *hohe Konzentrationsfähigkeit und außergewöhnliches Beharrungsvermögen bei selbstgestellten Aufgaben (meist im intellektuellen Bereich);*

▸ *ausdrucksvolles, flüssiges Sprechen mit häufig altersunüblichem, umfangreichem Wortschatz; Entwicklungsvorsprung im sprachstrukturellen und metasprachlichen Bereich;*

▸ *ausgeprägte „Eigenwilligkeit", starkes Bedürfnis nach Selbststeuerung und Selbstbestimmung von Tätigkeiten und Handlungsrichtungen sowie*

▸ *starken Gerechtigkeitssinn und hohe (kognitive) Sensibilität für soziale Beziehungen und moralische Fragen.*
(Urban 1996, S. 3 f.)

Was ist ein naturwissenschaftliches Talent?

Auf der Basis physikdidaktischer Erfahrungen an Schulen und Hochschulen sind im Folgenden Merkmale eines naturwissenschaftlichen Talents aufgeführt, die die obigen Aspekte bereichsspezifisch wiederholen und ergänzen. Wie bei den allgemeinen Merkmalen können diese Aspekte durch die Intensität der Ausprägung („sehr ausgeprägt", … „nicht ausgeprägt") charakterisiert werden und zu einer recht zuverlässigen Talentbeurteilung beitragen. Dabei versteht sich von selbst, dass diese Aspekte nicht alle „sehr ausgeprägt" sein müssen, damit ein Kind als naturwissenschaftliches Talent gelten kann.

Die für die Lehrkraft relevantesten Aspekte können aus folgender Auflistung „naturwissenschaftlicher Beobachtungsmerkmale" ausgewählt werden, um mögliche Talente daraufhin zu beobachten. Man kann die Diagnose „naturwissenschaftliches Talent" nicht durch Beobachtung eines einzigen, klar erkennbaren Charakteristikums stellen. Talente äußern sich immer im komplexen Zusammenspiel verschiedener Persönlichkeitszüge, Interessen und Geschicklichkeiten. Sinnvoll ist es dabei auch zu untersuchen, ob das Kind, das als naturwissenschaftliches Talent eingeschätzt wird, u. a. die folgenden Merkmale aufweist:

▸ *Interesse und Freude an naturwissenschaftlichen Themen;*

▸ *Fähigkeit zur genauen Beobachtung und Beschreibung von Phänomenen (Was ist Ursache, was ist Wirkung?);*

▸ *Bedürfnis nach Erklärungen (Modellvorstellungen) von naturwissenschaftlichen Phänomenen (Warum kann ein Ballon oder ein Heißluftballon fliegen?);*

▸ *Fantasie für experimentelle Anordnungen zur Überprüfung von Erklärungen;*

▸ *Fertigkeit beim Aufbau von Experimenten;*

▸ *Bereitschaft zur sorgfältigen Durchführung der Experimente;*

▸ *Fähigkeit zur Kritik von Erklärungen (Modellvorstellungen) auf der Grundlage von eigener Erfahrung oder durch Verweisen auf schriftliche Belege;*

▸ *Bedürfnis und Fähigkeit zur Beschaffung von naturwissenschaftlichen Informationen aus anderen Medien (Lexika, Internet, …);*

▸ *Fähigkeit zur Entdeckung und Behebung von Fehlern beim Experimentieren;*

▸ *Fähigkeit, sich aus experimentellen Tatsachen technische Anwendungen (Erfindungen) zu überlegen, zu beschreiben, zu skizzieren und möglichst zu realisieren;*

> *Fähigkeit, sich auch über experimentelle Tatsachen und technische Anwendungen im Hinblick über ihre gesellschaftlichen Auswirkungen Gedanken zu machen;*
> *Fähigkeit zum Auffinden von sinnvollen Vergleichen für ein Phänomen oder eine Modellvorstellung (Ein Hohlspiegel funktioniert wie ein Brennglas.);*
> *Fähigkeit zum Erfinden von Spielen im Zusammenhang mit einem Phänomen, z. B. Geschicklichkeitsspiele mit Magneten (Magnetangel) und elektrischen Stromkreisen.*

(Kircher 2006, S. 8)

Die Diagnose „naturwissenschaftliches Talent" ist das Ergebnis eines über längere Zeit dauernden Beobachtungsprozesses, an dem nicht nur die Klassenlehrerin, sondern auch weitere Kollegen und die Eltern beteiligt sind. Bei der Zulassung zu besonderen begabungsfördernden Aktivitäten ist es ratsam, großzügig zu verfahren.

Talente fördern durch Vermittlung von Wissenschaftsverständnis

Talente werden auch durch den Erwerb metakognitiver Kompetenzen gefördert. Untersuchungen durch Erziehungswissenschaftler (Wang u. a. 1993 zit. nach Meyer 2004, S. 35) haben folgende Rangfolge des Einflusses auf den Lernerfolg auf den ersten vier Plätzen festgestellt:

> *die kognitiven Kompetenzen der Schüler;*
> *die Klassenführung durch den Lehrer;*
> *die häusliche Umwelt und Unterstützung durch die Eltern;*
> *die metakognitiven Kompetenzen der Schüler.*

(Wang 1993, S. 35)

Wissenschaftsverständnis ist eine solche metakognitive Kompetenz und beeinflusst den Lernerfolg eines Kindes. Dagegen sind naive Vorstellungen von Kindern, deren Alltagsvorstellungen über das Zustandekommen und die Bedeutung von naturwissenschaftlichem Wissen oft ein Hindernis beim Erwerb von naturwissenschaftlichem Wissen. Wissenschaftsverständnis ist eine notwendige Leitidee des Sachunterrichts: Beginnend mit einfachen Beispielen im ersten Schuljahr (Warum messen wir mit dem Meterstab?) denken Schülerinnen und Schüler über das Wesen der Naturwissenschaften nach und lernen Ergebnisse und Methoden der Naturwissenschaften kennen und kritisch zu betrachten. Das führt zu folgenden didaktisch-methodischen Schritten des Sachunterrichts:

> Vertraut werden mit Sachverhalten und Phänomenen der natürlichen und technischen Umwelt
> „Hinter" die Phänomene sehen: Erklärung der Phänomene durch elementare naturwissenschaftliche Modellvorstellungen
> „Hinter" die Naturwissenschaften sehen: Vermittlung von Wissenschaftsverständnis in der Grundschule

Nicht alle Themen des Sachunterrichts sind für diese Schrittfolge geeignet. Wenn die Sachstruktur mit sehr schwierigen physikalischen Theorien verknüpft ist, kann schon der erste Schritt genügen, d. h. didaktisch-methodisch sinnvoll sein (Kircher 2006).

Aktivitäten für naturwissenschaftliche Talente – in der Schule und außerhalb

Naturwissenschaftliche Talente in der Schule

Folgende Punkte stellen Qualitätskriterien eines begabungsentwickelnden Offenen Unterrichts dar:

- *Freiräume zum vertiefenden, spielerischen, selbstständigen, entdeckenden Lernen;*
- *Umgangsformen: Toleranz, Lob, Ermutigung, Humor;*
- *Selbstständigkeit und aktive Rolle bei der Steuerung von Lernprozessen;*
- *Sprachkultur: Zusammenhang von Sprache und Sache, Sprachspiele, Gesprächskultur;*
- *Lehrerrolle: anregen, moderieren, initiieren, teilnehmen, beobachten, instruieren, stabilisieren, herausfordern, helfen, vermitteln, beraten, organisieren;*
- *Lernumgebung: variable und lernfunktionelle Raumaufgliederung, Karteien, Differenzierungsmaterial, Spiele, Bücher, Computer, Experimentierecke, Leseecke.*

(Wallrabenstein 1991, S. 170 f.)

Im Folgenden werden einige dieser Anregungen speziell für den naturwissenschaftlichen Sachunterricht interpretiert:

- *Die Klassenbibliothek beinhaltet gut ausgewählte naturwissenschaftliche Kinder- und Jugendbücher (z. B. „Was ist was?"). Die selbstständige Informationsbeschaffung und die Interpretation der Informationen ist schon in der Grundschule ein wichtiges Lernziel.*
- *Mit Bedacht sind die häufig angebotenen Bastel- und Experimentierbücher auszuwählen. Die Erfahrung zeigt, dass die vorgeschlagenen selbstgebauten Geräte (z. B. ein Elektromotor) nur unter fachkundiger Anleitung funktionieren, und dass die selbst durchgeführten Experimente die erwarteten Phänomene nicht zeigen. Außerdem sind immer Sicherheitsmaßnahmen einzuhalten, die begeisterte Kinder übergehen oder übersehen.*
- *Wünschenswert sind freiwillige naturwissenschaftliche Arbeitsgemeinschaften an Grundschulen, in denen Schülerinnen und Schüler in Lernwerkstätten ihren naturwissenschaftlichen Interessen nachgehen können, auch außerhalb der Schulzeit, gegebenenfalls auch unter Anleitung von geeigneten außerschulischen Lehrpersonen.* (Wallrabenstein 1991, S. 170 f.)

Besondere schulische Aktivitäten

Projekte

Naturwissenschaftliche Projekte werden im Sachunterricht durchgeführt, vor allem seit der Umweltschutz ein wichtiges Thema wurde. Projekte wie „Die Sonne schickt uns keine Rechnung", „Geht der Luft die Puste aus?", „Der Main soll sauber werden!" ermöglichen innere Differenzierung sowohl im experimentellen, sprachlich-analytischen und darstellerisch-kreativen Bereich. Die Aktivitäten können selbstverständlich über die Schule hinausreichen. Die für das Projekt eigens geführte Sammelmappe

(Portfolio) lässt sich auch als Indiz für das Entdecken eines naturwissenschaftlichen Talents heranziehen.

Der Forschertag

Grundschulen mehrerer Bundesländer führen Forschertage durch (auch an Samstagen), vor allem mit experimentellen Aktivitäten. Diese sind unterschiedlich vorstrukturiert, je nach Alter und Fähigkeiten der Kinder, wie dies auch bei naturwissenschaftlichen Lernzirkeln und Projekten üblich ist. Natürlich müssen Kinder die Forschertage im Sachunterricht und zu Hause individuell nacharbeiten und im „Forscherbuch" dokumentieren.

Besichtigung kommunaler Werke und der Vortrag von Fachleuten

Die Besichtigung von Elektrizitätswerken, Abwasserwerken oder Müllverbrennungsanlagen gehört schon lange zum Standardprogramm für Exkursionen im Sachunterricht. Schwierig ist für Grundschulklassen jedoch oft der Umgang mit der Fachsprache, die von den Experten vor Ort verwendet und selbst von begabten Kindern nicht immer verstanden wird. Für diese Verständigungsprobleme sollten schon im Vorfeld Lösungswege gesucht werden.

Besuch eines naturwissenschaftlichen Museums oder eines Schülerlabors

Der Besuch eines naturwissenschaftlichen Museums ermöglicht innere Differenzierung und fördert nicht nur Talente. Innere Differenzierung kann durch die Auswahl der Exponate erfolgen: Weniger begabte Kinder beschäftigen sich mit einfacheren Experimenten und Exponaten. Um diese Auswahl durchführen zu können, muss die Lehrkraft das Museum bzw. das Schülerlabor beim vorausgehenden, eigenen Besuch gründlich kennenlernen.

Außerschulische Aktivitäten

Außerschulische Aktivitäten sollten im Idealfall zwischen Schule und engagierten Eltern, Hochschulen oder Unternehmen thematisiert und koordiniert werden. Engagierte Eltern bemühen sich, außerschulische, freiwillige Arbeitsgemeinschaften zu organisieren. Zu den von Eltern initiierten Aktivitäten kommen freiwillige Förderangebote von Hochschulen und Unternehmen (Schülerlabore) hinzu. Für diese außerschulischen Aktivitäten im naturwissenschaftlichen Sachunterricht gelten die oben dargestellten Ratschläge für Besichtigungen und Expertenvorträge. Da auch die hochbegabten Kinder keine homogene Gruppe darstellen, ist auch bei diesen Lernaktivitäten innere Differenzierung sinnvoll. Außerschulische Lernaktivitäten können gerade in den Naturwissenschaften den Unterricht bereichern, da viele interessante Themen im Grundschullehrplan fehlen oder im Unterricht nicht behandelt werden. Diese konkurrierenden Aktivitäten können Probleme mit sich bringen: Die hochbegabten Kinder geben Langeweile vor und sind voreilig bei den Antworten.

Abschließende Bemerkungen

Um ein naturwissenschaftliches Talent zu entdecken und zu fördern, ist ein vielschichtiges Zusammenspiel verschiedener Persönlichkeitsmerkmale und Begabungen zu berücksichtigen. Es kommen zu den allgemeinen Persönlichkeitseigenschaften begabter Kinder noch weitere zu beobachtende Kriterien hinzu. Eine Lehrkraft muss nicht nur erkannte Begabungen eines Kindes fördern. Das Augenmerk sollte auch der Suche nach Schwächen zum Beispiel im Sozialverhalten eines Schülers oder einer Schülerin gelten, die unter Umständen mit einer schnellen Auffassungsgabe oder einer auffallenden Abstraktionsfähigkeit einhergehen. Geht es dabei um die Frage, ob ein vermutlich naturwissenschaftlich begabtes Kind besonders zu fördern ist, sollte nicht restriktiv über die Vergabe von Fördermöglichkeiten entschieden werden – im Zweifel für den Schüler.

Als eine spezielle Möglichkeit zur Förderung naturwissenschaftlicher Talente wird die Schulung des Wissenschaftsverständnisses bei Kindern betrachtet. Diese metakognitive Kompetenz kann bei allen Kindern das Verstehen der sogenannten „harten" Naturwissenschaften unterstützen. Zielt der Unterricht außerdem darauf ab, die verständnishindernden Alltagsvorstellungen der Kinder abzubauen, kann nachhaltiges, ausbaufähiges Wissen über naturwissenschaftliches Denken und Arbeiten entstehen, nicht nur bei den Hochbegabten.

Literatur

Grygier, P./Günther, J./Kircher, E. (2007): Über Naturwissenschaften lernen – Vermittlung von Wissenschaftsverständnis in der Grundschule. Hohengehren.

Käpnick, F. (2001): Mathe für kleine Asse. Handbuch für die Förderung mathematisch interessierter und begabter Dritt- und Viertklässler. Berlin.

Kircher, E. (2006): Modul G 5: Talente entdecken und fördern. Naturwissenschaften. SINUS-Transfer Grundschule. www.sinus-an-grundschulen.de/fileadmin/uploads/Material_aus_STG/NaWi-Module/N5.pdf (4.3.2011).

Meyer, H. (2004): Was ist guter Unterricht? Berlin.

Urban, K. K. (1996): Besondere Begabungen in der Schule. http://klaus.urban.phil.uni-hannover.de/downloads/ (4.3.2011).

Wallrabenstein, W. (1991): Offene Schule – Offener Unterricht. Ratgeber für Eltern und Lehrer. Hamburg.

Modul G 6:
Fachübergreifend und fächerverbindend unterrichten

Die Grundschule beginnt behutsam mit einer Differenzierung des Lehrstoffs nach Fächern. Der Sachunterricht ist ein Beispiel für die Integration einer Fülle von disziplinären Themen und Perspektiven in ein Schulfach. In den Ländern, die in der Grundschule das Klassenlehrerprinzip betonen, liegt es nahe, die Fachgrenzen zu überschreiten, wenn bestimmte Themen den Unterricht über einen längeren Zeitraum beherrschen. Unterricht, der den Lebensweltbezug ernst nimmt, wird auch von Phänomenen, Ereignissen oder Problemen ausgehen, die nicht nur ein Fach betreffen. Auf der anderen Seite sind es die Einzelfächer bzw. dahinter stehende Disziplinen, die Perspektiven eröffnen und die Perspektiven in ihrer Besonderheit explizieren. Es sind auch die Fächer, die den Anschluss herstellen zu tradiertem Wissen, zu professionellen oder wissenschaftlichen Teilkulturen oder zu Wissensgemeinschaften. Mit der Ausrichtung des Programms auf den mathematischen und naturwissenschaftlichen Unterricht bieten sich Verknüpfungen zwischen dem Mathematik- und dem Sachunterricht an. Allerdings ist sorgfältig abzuwägen, welche Verknüpfungen überhaupt sinnvoll, motivierend und kompetenzerweiternd sind.

In dieser Modulbeschreibung wird aufgezeigt, wie fachübergreifender und fächerverbindender Grundschulunterricht konzeptionell und unterrichtsrelevant umgesetzt werden kann.

Das Ziel, Mathematik in einem fächerübergreifenden Ansatz kennenzulernen, wird in der Modulbeschreibung „Verbindungen zwischen Sach- und Mathematikunterricht" von Heinrich Winter und Gerd Walther anhand eines Unterrichtsbeispiels aus der Tierwelt aufgezeigt, das interessante Möglichkeiten zur Veranschaulichung von Größenvorstellungen, zur Verknüpfung von Maßzahlaspekten bezüglich Gewichten, Längen, Rauminhalten, Oberflächeninhalten und zum Umgang mit Proportionalität bietet. Die naheliegenden Bezugsfächer sind Sachunterricht, Deutsch und Kunst.

Angela Jonen und Johannes Jung stellen in ihrer Modulbeschreibung „Verbindungen zwischen Sach- und Musikunterricht" Inhalte für den naturwissenschaftlichen Sachunterricht vor, die aus verschiedenen Perspektiven z. B. der naturwissenschaftlichen, geschichtlichen, mathematischen oder technischen Perspektive heraus untersucht werden. Die Berücksichtigung dieser verschiedenen Dimensionen eines Themas bilden die Grundlage für das fächerübergreifende Leitkonzept des Sachunterrichts. Darüber hinaus werden verschiedene praktikable Unterrichtsmethoden angesprochen.

Heinrich Winter und Gerd Walther

Verbindungen zwischen Sach- und Mathematikunterricht

Ein Beispiel aus dem Unterricht: Maus und Elefant

Der Elefant, grau wie ein Stein
hat Zähne ganz aus Elfenbein.
Wie ein Gebirg geht er herum.
Zehn Männer werfen ihn nicht um.

(Josef Guggenmos)

Das genuin biologische Thema Maus und Elefant (Musterbeispiele für klein und groß in der Tierwelt) ist ein bedeutsames Thema, das zum Standard von Allgemeinbildung gehört, falls dabei das zweifellos anspruchsvolle Ziel angestrebt wird, Schülerinnen und Schülern erste Einblicke in grundlegende biologische Sachverhalte zu ermöglichen, und nicht nur, wie bisher üblich, Größenvergleiche mit gegebenen Daten anzustellen, seien diese auch noch so sensationell. Von den vielen möglichen Fragestellungen wird im Wesentlichen nur eine herausgegriffen, die durch vier Angaben gekennzeichnet ist:

	Maus	Elefant
Körpergewicht	30 g	6000 kg
Gewicht der täglichen Nahrung	12 g	300 kg

Tab. 1: Körpergewicht und Gewicht der täglichen Nahrung

Wie ist es zu verstehen, dass die Maus verhältnismäßig mehr frisst als der Elefant?

An dieser aus der Fülle von Aufgabenbeispielen herausgenommenen Geschichte sollen – eher implizit – einige wichtige Züge eines fächerübergreifenden und fächerverbindenden Unterrichts aufgezeigt werden.

Begriffsklärung

Man spricht von einem fachübergreifenden (gelegentlich auch: fächerübergreifenden) Unterricht, wenn die mehrperspektivische Bearbeitung eines Themas in einem Fach erfolgt, indem die Grenzen des Faches, z. B. des Mathematikunterrichts, in der genannten Weise überschritten werden und die erweiterten Perspektiven aus anderen Fächern in den Mathematikunterricht eingebracht werden. Die durch das betreffende Fach bestimmte und damit auch eingegrenzte Perspektive bei der Bearbeitung des Themas wird dabei in dem Fach mit Erkenntnissen und Methoden aus anderen

Fächern verbunden. Man spricht vom fächerverbindenden Unterricht, wenn bei der Behandlung eines gemeinsam interessierenden Themas verschiedene Fächer „zusammengebracht" werden, wobei das Thema zeitnah kooperierend in den verschiedenen Fächern unter der jeweiligen Fachperspektive bearbeitet wird. Gemeinsamer Kern beider Unterrichtsformen sind Aspekte der Ganzheitlichkeit, Mehrperspektivität und Bereicherung in der Auseinandersetzung mit Themen, die beim Zugriff allein aus einem Fach heraus in der Regel zu kurz kommen.

Der Schwerpunkt in diesem Modul wird vor allem auf fachübergreifendem Arbeiten im Mathematikunterricht liegen, der bei der Auseinandersetzung mit einem Thema Leitfunktion übernimmt. Die naheliegenden Bezugsfächer sind der Sachunterricht sowie der Kunst- und Deutschunterricht. Letzterer deshalb, weil gerade bei der Arbeit mit Themen aus mehrperspektivischer Sicht der Umgang mit fachsprachlichen Texten und damit das Textverständnis eine große Rolle spielen. Hinzu kommen mündliches und schriftliches Darstellen von Ergebnissen, sprachliches Kommunizieren und Argumentieren. Für die Kinder ergibt sich im fachübergreifenden Mathematikunterricht durch den erweiterten Kontext, durch den „Reiz der Sache", eine Bereicherung. Der Sachunterricht wiederum wird durch die Möglichkeit bereichert, in substanzieller Weise Sachverhalte mit Mitteln der Mathematik aufzuklären und verständlich zu machen. Damit ließe sich dann in natürlicher Weise eine der drei zentralen Forderungen an mathematische Grundbildung (Winter 1995) einlösen, wonach der Mathematikunterricht die Grunderfahrung ermöglichen soll, Erscheinungen der Welt um uns, die uns alle angehen oder angehen sollten, aus Natur, Gesellschaft und Kultur, in einer spezifischen Weise wahrzunehmen und zu verstehen.

Warum frisst die Maus relativ mehr als der Elefant?

Zurück zum Unterrichtsbeispiel Maus und Elefant. Der Grund, warum die Wahl gerade auf ein „tierisches" Thema fiel, ist der, dass Grundschulkinder in aller Regel am Tierleben interessiert sind. Sie bilden sich zum Teil sogar zu „lokalen Experten" (Wittmann 1977) etwa über Pferde, Elefanten oder Dinosaurier heraus.

Die leichte Maus, der schwere Elefant

Vorab ist zu klären, dass die Angaben über die beiden Körpergewichte (Maus 30 g, Elefant 6000 kg) nur ungefähre Höchstwerte (von Hausmaus und afrikanischem Elefanten) sind. Es geht jetzt darum, den nackten Zahlen Leben einzuhauchen.

Zunächst könnten die Kinder aufgefordert werden, Gewichtsgeschichten zu erzählen und aufzuschreiben, also die beiden Quantitäten mit Qualitäten aufzuladen, etwa:

▶ Ich könnte viele Mäuse in einem Käfig tragen, aber ich könnte nicht einmal einen Stoßzahn eines Elefantenbullen hochheben.

▶ Wenn mir eine Maus über den nackten Fuß liefe, merkte ich das kaum, aber wehe mir, wenn mein Fuß unter den eines Elefanten geriete – auch wenn der Elefant mit seinen riesigen Fußsohlen den Druck nach unten mildern kann.

▸ Eine Maus kann über morastigen Boden hinweghuschen, ein Elefant würde eher einsinken, trotz seiner Fußsohlen.

Die unersetzbare Bedeutung von Entdeckungs- und Erfahrungstexten, die von Schülern verfasst wurden, wird heute mehr und mehr anerkannt. Viele überzeugende Anregungen findet man in den Schriften von Gallin und Ruf (1995).

Nun zur Numerik der Gewichtswerte. Der multiplikative Vergleich kann durch die Frage „Wie viele Mäuse wiegen zusammen so viel wie ein Elefant?" angeregt und schrittweise aufbauend gelöst werden.

A **Wie viele Mäuse wiegen zusammen so viel wie ein Elefant?**

Anzahl der Mäuse	1	2	10	20	2000	200 000
Gesamtgewicht der Mäuse	30 g	60 g	300 g	600 g	60 kg	6000 kg

Tab. 2: Bestimmung des Gesamtgewichts der Mäuse

Der Elefant ist so schwer wie 200 000 Mäuse.
Denkt euch eine riesige Waage aus: Auf der einen Seite befindet sich ein Elefant, auf der anderen Seite 200 000 Mäuse.

Es empfiehlt sich, den gewaltigen Gewichtsunterschied für die Schülerinnen und Schüler noch anschaulicher zu machen:

▸ Die Maus ist so schwer wie ein (stark) gehäufter Esslöffel Zucker, der Elefant ist so schwer wie 6000 Pakete von je einem Kilogramm Zucker.

▸ Die Maus ist so schwer wie vier Ein-Euro-Münzen, der Elefant ist so schwer wie 800 000 solcher Münzen.

▸ Ein kräftiger, zehn Jahre alter Junge wiegt 30 kg, also so viel wie 1000 Mäuse, und ein Elefant wiegt so viel wie 200 zehnjährige Jungen (der Mensch also zwischen Maus und Elefant) usw. Welche Art von Waage müsste man zum Wiegen der Maus und des Elefanten benutzen?

Die anschauliche Darstellung der beiden Gewichtswerte führt zu neuen Problemen. Benutzt man Millimeterpapier und legt fest, dass das kleinste Kästchen, ein Millimeterquadrat, das Gewicht einer Maus, also 30 g darstellen soll, so werden die Kinder nach einiger Rechenarbeit feststellen, dass für das Gewicht des Elefanten gut 5 Seiten Millimeterpapier der Größe DIN A4 erforderlich sind (eine Seite enthält 37 500 kleine Kästchen). Alle Überlegungen und Berechnungen können die Kinder in einem Poster oder in einem Lerntagebuch (Gallin/Ruf 1995) festhalten und präsentieren.

Gewicht und Rauminhalt – Welche Bedeutung hat die Unterschiedlichkeit der Gewichte?

Klar ist allen zunächst, dass der Elefant sehr viel größer ist als die Maus, er ist bedeutend höher, breiter (dicker) und länger als die Maus. Das wissen wir aus eigener direkter Wahrnehmung oder aus anderen Quellen; zunächst ohne Bezugnahme auf das Gewicht. Jetzt spätestens ist die Gelegenheit, dieses Vorwissen zu thematisieren. Eine spezielle Sprachübung dazu:

 Aufgaben

▸ Welche der folgenden Eigenschaften passen eher zur Maus, welche eher zum Elefanten? Schwerfällig, dünnbeinig, feingliedrig, massig, wuchtig, wendig, langlebig, tapsig, zierlich, kolossal, grobschlächtig, flink, langsam, behäbig, schlank, dickbeinig, behaart, kahl, kurzlebig, …
▸ Sortiere die gefundenen Eigenschaften nach Gemeinsamkeiten bzw. Unterschieden.

In einer weiteren Übung sollen geeignete Größenvergleiche gefunden werden, z. B.: Wie groß ist die Schachtel, in die eine Maus passt, und welche Ausmaße müsste der Raum haben, in dem der Elefant Platz fände?

 Gibt es den Raum in unserer Schule?

Die Maus flüchtet bei Gefahr in ihr Mauseloch: Hier entpuppt sich Kleinsein als Vorteil. Der Elefant hat außer dem Menschen keine Feinde, er benötigt kein Schlupfloch und hat auch keines: Hier erweist sich Großsein als Vorteil usw.

Aber: Was ist eigentlich groß? Die Beantwortung dieser Frage für „echte" Tiere wie Elefant und Maus ist schwierig. Wir vereinfachen und idealisieren deshalb und betrachten „künstliche Tiere" aus einfachen räumlich-geometrischen Elementen wie Quader und Würfel (als spezielle Quader) und gehen dabei konstruktiv und handgreiflich vor. Wir benutzen deckungsgleiche Würfel als Bausteine und bauen aus ihnen alle möglichen verschiedenen Quader. Wie viele verschiedene Quader gibt es z. B. aus 24 solcher Würfel? Das Lösen und Besprechen der sechs Lösungen führt u. a. fast zwangsläufig zur Dreidimensionalität des Raumes: Länge (von links nach rechts), Breite (von vorn nach hinten), Höhe (von unten nach oben) und zum Begriff des Rauminhalts, hier als die Anzahl der gleichen Würfelbausteine. Und worin unterscheiden sich die Quader? Stellt euch vor, das seien Tiere, die eine Haut haben! Damit sprechen wir die Oberfläche an, deren Größe wir wiederum durch (geschicktes) Abzählen von Quadraten bestimmen können. Wir können also – außer Längen – zweierlei Größen bei Körpern oder Tieren unterscheiden: Rauminhalt und Oberflächeninhalt. Die Quader haben alle den gleichen Rauminhalt (24 Würfel), unterscheiden sich aber in der Größe der Oberfläche. Welchen Rauminhalt haben nun Maus und Elefant? Wie können wir ihren Rauminhalt messen? Die Tiere haben schließlich nicht die Form von Quadern.

Mit geeigneten Impulsen können die Schüler die raffinierte Eintauchmethode nachentdecken: Der zu vermessende, genügend kleine Körper wird in ein nicht vollständig mit Wasser gefülltes skaliertes Messglas etwa aus der Küchenausrüstung getaucht. Der Rauminhalt kann dann als Pegel-Unterschied unmittelbar abgelesen werden. Wie kannst du mit dieser Methode den Rauminhalt deines eigenen Körpers messen?

Bei Tieren, vor allem beim Elefanten, wird diese Methode schon recht schwierig, man braucht ein genügend großes „Messglas", vielleicht einen Swimmingpool? Oder geht es anders?

Erstaunen und Verblüffung wird bei den Kindern die später noch zu klärende Mitteilung hervorrufen, man brauche, um den Rauminhalt eines Tieres annäherungsweise zu bestimmen, überhaupt nicht zu messen, man brauche nur sein Gewicht zu kennen. Jedes Gramm Tiergewicht hat nämlich in guter Näherung einen Rauminhalt von einem Würfel mit der Kantenlänge von einem Zentimeter. Solche Würfel bezeichnen wir im Folgenden als kleine Würfel. Demnach hat die Maus einen Rauminhalt von etwa 30 kleinen Würfeln und der Elefant etwa 6 000 000 kleinen Würfeln. Da gibt es aber hoffentlich Nachfragen! Zu klären sind nun zwei Dinge:

1.) Wieso hat jedes Gramm eines Tierkörpers angenähert denselben Rauminhalt?

Könnte es nicht sein, dass die kleine Maus ganz anders zusammengesetzt ist als der große Elefant? Jetzt sind wir in der Physik, nämlich auf dem Wege zum Begriff des spezifischen Gewichts (ein Körper aus Styropor ist leichter als ein Körper mit gleichem Rauminhalt aus Eisen), brauchen jedoch hier noch keine Erklärung. Dafür, dass Maus und Elefant im Wesentlichen aus demselben Stoff bestehen, sprechen die folgenden Gemeinsamkeiten, die die Schüler sammeln können: Beide sind Landtiere, Säugetiere, Vierbeiner, beide haben Sinne (Augen, Ohren), innere Organe (Herz, Magen), Knochengerüst, Muskeln, Blutadern, usw.

2.) Wieso beträgt dieser Rauminhalt ungefähr einen kleinen Würfel?

Jetzt klären wir die obige Mitteilung an die Kinder. Die Behauptung besagt, dass Maus und Elefant aus einem „Stoff" bestehen, der ungefähr denselben Rauminhalt besitzt wie gewöhnliches Wasser gleichen Gewichts. Mit einem Gramm Wasser kann man einen Würfel von einem Zentimeter Kantenlänge füllen. Das ist, nebenbei bemerkt, eine mögliche Definition von Gramm. Für die Behauptung: (spezifisches) Tiergewicht = Wassergewicht spricht, dass alle Tiere – wir Menschen eingeschlossen – zum überwiegenden Teil aus Wasser bestehen (hier streifen wir die Chemie), und dass fast alle Säugetiere von Natur aus schwimmen können, nur Menschen und höhere Affen müssen es lernen (eigenartig?). Welchen Vorteil hat es für ein Landtier, auch schwimmen zu können?

Wenn du also 30 Kilogramm wiegst, dann nimmst du einen Rauminhalt von rund 30 Litern ein. Ganz genau ist das freilich nicht, dein Rauminhalt ist etwas kleiner als 30 Liter, weil wir nämlich (spezifisch) etwas schwerer als (gewöhnliches) Wasser sind. Das liegt vor allem an unseren Knochen, die (spezifisch) deutlich schwerer sind als Wasser. Die Maus hat einen geringeren Anteil, der Elefant einen größeren Anteil an Knochen als wir Menschen, deshalb muss er sich in tiefem Wasser sehr anstrengen, oben zu bleiben. Der lange Rüssel ist sehr hilfreich, um Verbindung mit der Luft zu halten, also zu atmen.

Die kleine Maus frisst eigentlich viel mehr als der Elefant

Jedes Tier muss regelmäßig essen und trinken, das ist vollkommen klar. Klar ist auch – zumindest auf den ersten Blick –, dass große Tiere mehr Nahrung aufnehmen als kleine. Aber die Zahlen – Maus zwölf Gramm Nahrung pro Tag, Elefant 300 Kilogramm Nahrung pro Tag – animieren doch zum Nachdenken. War das zu erwarten?

Wir erinnern an die Körpergewichte. Der Elefant ist rund 200 000-mal so schwer wie die Maus, aber, so rechnen wir jetzt aus, seine Tagesration wiegt „nur" rund das 25 000-fache der Tagesration der Maus. Dabei frisst der Elefant kalorienarmes Blattwerk, die Maus aber am liebsten kalorienreiche Körner. Also: Die Maus frisst relativ mehr als der Elefant, wenn wir ihren Rauminhalt oder ihr Körpergewicht einbeziehen. Präziser: Das tägliche Fressgewicht pro zehn Gramm Körpergewicht (oder pro zehn Kubikzentimeter Rauminhalt) beträgt bei der Maus etwa vier Gramm, beim Elefanten aber nur 0,5 Gramm. Wie soll man das verstehen? Besteht der Elefant vielleicht doch aus anderen Stoffen?

Wir fragen zunächst: Warum nehmen Tiere und auch wir überhaupt regelmäßig Nahrung zu uns? Erfahrungsgemäß kommen Kinder und Erwachsene im Allgemeinen rasch auf die Analogie zum Auto: Die „Nahrung" des Autos ist das Benzin bzw. der Treibstoff, dieser wird beim Fahren verbraucht, verbrannt, sodass immer wieder neu getankt werden muss. Das ist tatsächlich eine belastbare Analogie (obwohl sie total ungenetisch ist), sie könnte zur Entwicklung einer Gegenüberstellung einladen:

Auto	Tier
• Benzin tanken	• Nahrung aufnehmen
• Benzin wird zerstäubt zu Gas	• Nahrung wird zerkleinert und zersetzt
• Luft wird zugeführt	• Säfte und Sauerstoff werden zugeführt
• Gas-Luft-Gemisch verbrennt	• Nahrung wird verdaut (Stoffwechsel)
• Hitze entsteht und der Kolben im Motor wird bewegt	• Wärme entsteht, Bewegungen werden möglich und Zellen gebildet
• Abgase werden ausgestoßen	• Unbrauchbares wird ausgeschieden
• bei Kälte höherer Benzinverbrauch	• bei Kälte größerer Hunger
• bei hoher Belastung hoher Benzinverbrauch	• bei schwerer Arbeit großer Hunger

Tab. 3: Vergleich Auto – Tier

Die Analogie ist indes keineswegs universell. Sie versagt gänzlich, wenn wir die Existenzweisen ins Spiel bringen. Das Auto verbraucht im Ruhezustand keinerlei Kraftstoff, während das lebendige Tier auch im Ruhezustand tätig ist, z. B. den Blutkreislauf aufrecht erhält und – bei den Säugetieren und Vögeln – für die Erhaltung einer konstanten Körpertemperatur (Maus 38 °C, Elefant 36 °C) sorgt (Grundumsatz). Außerdem wächst das Auto nicht, und es hat zur Freude der Werkstätten keine Selbstheilungskräfte. Liefert die Analogie „Auto – Tier" etwas für die Beantwortung unserer Hauptfrage, warum die Maus eigentlich mehr frisst als der Elefant?

Kleine und große Würfeltiere

Wir stellen uns bei unserer weiteren Modellierung vereinfachend vor, beide Tiere hätten dieselbe Gestalt und zwar die besonders einfache Gestalt von Würfeln. Das ist eine enorme Vereinfachung, die aber doch zu einer wichtigen Aussage über die Realität führt. Wir erinnern uns: Jedes Gramm Maus bzw. Elefant nimmt einen Rauminhalt von einem kleinen Würfel ein: unsere Maus also einen Rauminhalt von 30 kleinen Würfeln, unser Elefant von 6 000 000 kleinen Würfeln. Aus diesen kleinen Würfeln könnte man nun versuchen, die Maus ganz konkret, und den Elefanten zumindest gedanklich „wieder erkennbar" nachzubauen. Da wir auch die Fläche der „Haut", also den Oberflächeninhalt unserer nachgebauten Tiere ermitteln wollen, würde dieses Vorgehen zu immensen Schwierigkeiten führen. Wir vereinfachen deshalb weiter und stellen Maus und Elefant jeweils selbst durch einen aus den kleinen Würfeln zusammengesetzten geeigneten „großen" Würfel dar. Der Vorteil ist, dass für jeden Würfel mit gegebener Seitenlänge sein Oberflächeninhalt leicht zu bestimmen ist.

Aus keinem der beiden Würfelhaufen lässt sich jedoch durch geeignetes Anordnen ein Würfel herstellen. So müsste beispielsweise für 30 kleine Würfel die Seitenlänge des zu bauenden Würfels zwischen drei und vier Zentimetern liegen. Wir vereinfachen deshalb weiter. Statt der 30 kleinen Würfel für die Maus verwenden wir nur 27, woraus ein Würfel der Kantenlänge drei Zentimeter hergestellt werden kann. Dieser Würfel hat einen Oberflächeninhalt von 54 Quadratzentimetern. Nun tasten wir uns mit den Kindern an einen großen Würfel für den Elefanten heran, wobei wir möglichst viele der 6 000 000 kleinen Würfel verwenden. Die Seitenlänge des gesuchten Würfels liegt zwischen 100 und 200 Zentimetern. Im ersten Fall würde man 1 000 000, im zweiten 8 000 000 kleine Würfel benötigen. Um den Kindern auf die Sprünge zu helfen, bittet man sie, die Anzahl der kleinen Würfel zu berechnen, die für einen großen Würfel der Seitenlänge 176 Zentimeter benötigt werden. Da noch reichlich kleine Würfel übrig bleiben, versuchen es die Kinder mit einem um einen Zentimeter längeren Würfel usw. Der große Würfel mit der Seitenlänge 181 Zentimeter liegt knapp unter, der mit 182 Zentimeter Seitenlänge knapp über 6 000 000 kleinen Würfeln. Unseren Elefanten mit 6000 Kilogramm Gewicht stellen wir somit sehr vereinfacht dar durch einen mächtigen Würfel mit einer Seitenlänge von 181 Zentimetern.

Was unterscheidet die beiden Würfel für Maus und Elefant bezüglich unserer ursprünglichen Fragestellung? Es betrifft die Relation von Oberflächeninhalt zum Rauminhalt. Denken wir nun daran, dass die Tiere eine hohe Körpertemperatur behalten müssen, meistens höher als die der umgebenden Luft, so richtet sich das Augenmerk auf die Haut der Tiere.

Je größer die Hautfläche nämlich im Vergleich zum Inneren (dem Rauminhalt) und je kälter die Luft ist, umso mehr gibt das Tier Wärme an die umgebende Luft ab. Es kühlt so rasch ab wie heiße Suppe, die man in ganz flache Teller gießt. Die Größe der Haut ist der Oberflächeninhalt unserer Würfeltiere. Wir entdecken in der Tabelle, dass der Rauminhalt deutlich rascher wächst als der Oberflächeninhalt.

Kantenlänge	1 cm	2 cm	3 cm	4 cm	5 cm	6 cm	7 cm
Rauminhalt	1 Würfel	8 W	27 W	64 W	125 W	216 W	343 W
Oberflächen-inhalt	6 Quadrate	24 Q	54 Q	96 Q	150 Q	216 Q	294 Q

Tab. 4: Beziehungen zwischen Kantenlänge, Rauminhalt, Oberfläche

Beim Würfel mit einem Zentimeter Kantenlänge kommen auf einen Kubikzentimeter Rauminhalt sechs Quadratzentimeter Hautfläche, beim Würfel mit zwei Zentimetern Kantenlänge kommen auf einen Kubikzentimeter Rauminhalt nur noch drei Quadratzentimeter Hautfläche, bei unserer Würfelmaus mit drei Zentimetern Kantenlänge sind es zwei Quadratzentimeter Hautfläche je Kubikzentimeter. Und beim Würfel mit sechs Zentimetern Kantenlänge kommt auf einen Kubikzentimeter Rauminhalt nur noch ein Quadratzentimeter Hautfläche. Noch einen Schritt weiter: Beim Würfel mit zwölf Zentimetern Kantenlänge kommt auf einen Kubikzentimeter Rauminhalt nur noch ein halber Quadratzentimeter Hautfläche. In dem Zusammenhang scheint demnach Folgendes zu gelten: Je größer die Kantenlänge eines Würfeltieres ist, umso kleiner ist die Hautfläche pro Kubikzentimeter Rauminhalt. Oder anders herum: Die Haut pro Kubikzentimeter Rauminhalt der Würfelmaus ist zweimal so groß wie die Haut eines Würfeltieres mit sechs Zentimetern Kantenlänge. Das Produkt aus der ganzzahligen Kantenlänge eines Würfels in Zentimetern und der Anzahl der Quadratzentimeter Oberflächeninhalt je Kubikzentimeter ergibt die Maßzahl sechs (pro Zentimeter). Jetzt kann man kühn weiterrechnen. Die Haut pro Kubikzentimeter Rauminhalt der Würfelmaus ist zwanzigmal so groß wie die Haut eines Würfeltieres mit 60 Zentimeter Kantenlänge.

Schließlich finden wir: Die Haut pro Kubikzentimeter Rauminhalt der Würfelmaus ist 60-mal so groß wie die Haut des Würfelelefanten mit der Kantenlänge von etwa 180 Zentimetern. Das ist zwar eine grobe Abschätzung, die uns für Maus und Elefant nicht den quantitativen Unterschied zwischen dem Gewicht der Nahrungsaufnahme pro Gramm Körpergewicht erklärt, aber ein qualitatives Verständnis für diesen Unterschied liefert.

Jetzt wird die entscheidende Rolle der Oberfläche für den Wärmehaushalt noch klarer: Fast alle ihre Teile im Inneren liegen nicht weit von der Haut entfernt. Die kleine Maus mit ihrer relativ großen Hautfläche muss tüchtiger „einheizen" als der große Elefant mit seiner relativ kleinen Hautfläche. Das ist unser Hauptergebnis.

Das große Schreckgespenst der kleinen Maus ist der Tod durch Erfrieren. Sie schützt sich davor nicht nur durch relativ große Nahrungsaufnahme, sondern auch noch durch ein Haarkleid und durch Verkleinern der Oberfläche (Zusammenrollen im Ruhezustand). Die Maus ist ständig und hastig auf Nahrungssuche, und das Verbrennen der Nahrung erfordert einen schnellen Herzschlag: rund 600 Schläge pro Minute! Sie lebt auch nur höchstens vier Jahre.

Das große Schreckgespenst des Elefanten, der im heißen Afrika lebt, ist der Hitzschlag. Er schützt sich davor durch den Verzicht auf ein Pelzkleid und durch die Vergrößerung seiner Hautfläche, und zwar durch viele Hautfalten und vor allem durch seine riesigen Ohren (Vogel 2001). Außerdem sucht er den Schatten von Bäumen und Wasserstellen, um sich abzukühlen. Das Verbrennen der Nahrung kann der Elefant auf Sparflamme betreiben: Er muss weniger Nahrung als die Maus aufnehmen und kann diese gemächlicher verbrennen. Das Herz des Elefanten schlägt in der Minute nur etwa 27-mal. Er lebt länger als die Maus, wird vielleicht 50 bis 60 Jahre alt, aber nicht so alt, wie es die Legende will.

Unsere Erklärung dafür, dass die Maus deshalb relativ mehr frisst als der Elefant, weil sie ein „ungünstigeres" Verhältnis von Oberflächeninhalt zum Rauminhalt hat, ist nicht der Weisheit letzter Schluss. Eine Frage ist: Woher „weiß" die Zelle der Maus, dass sie eine Mauszelle ist?

Andererseits ist unsere Betrachtung geeignet, eine Vielzahl von Erscheinungen in der belebten und unbelebten Natur wenigstens teilweise zu verstehen, z. B. dass Kinder keine maßstäblich verkleinerten Erwachsenen sind (Haldane 1981; Winter 2002).

Literatur

Flindt, R. (1988): Biologie in Zahlen. Stuttgart.

Gallin, P./Ruf, U. (ab 1995): Sprache und Mathematik – Ich mache das so! Wie machst du es? Das machen wir ab, 3 Bände. Zürich.

Haldane, J. P. S. (1981): Über die richtige Größe von Lebewesen. In: Mathematiklehrer. Frankfurt, Heft 2. S. 8 – 10.

Pflumer, W. (1989): Biologie der Säugetiere. Berlin.

Slijper, E. J. (1967): Riesen und Zwerge im Tierreich. Berlin.

Vogel, C. L. (2001): Warum Elefanten große Ohren haben. Bergisch Gladbach.

Winter, H. (1992): Sachrechnen in der Grundschule. Frankfurt a. M.

Winter, H./Walther, G. (2006): Modul G 6: Fächerübergreifend und fächerverbindend unterrichten. SINUS-Transfer Grundschule. www.sinus-an-grundschulen.de/fileadmin/uploads/Material_aus_STG/Mathe-Module/M6.pdf (8.11.2010).

Winter, H. (1995): Mathematikunterricht und Allgemeinbildung. In: Mitteilungen der Gesellschaft für Didaktik der Mathematik, Heft 61. S. 37 – 46.

Winter, H. (2002): Größe und Form im Tierreich. In: Mathematik Lehren, Heft 111. S. 54 – 59.

Wittmann, E. (1977): Die Geometrie der Schulmilchtüten und die lokalen Experten. In: Beiträge zum Mathematikunterricht. S. 309 f.

Angela Jonen und Johannes Jung

Verbindungen zwischen Sach- und Musikunterricht

„Wie wir hören" – das Thema Schall als fächerverbindender Integrationskern?

Für das Thema Schall stellt sich in der Unterrichtsplanungsphase für jede Lehrkraft die grundsätzliche Frage nach der Integration verschiedener fachlicher Zugänge, seien es nun andere Fächer innerhalb oder außerhalb des Sachunterrichts. Ist es notwendig, sinnvoll oder zumindest möglich, neben der naturwissenschaftlichen, also physikalisch-biologischen, auch noch andere Perspektiven einzubeziehen?

Begründungsansätze für fächerübergreifenden Unterricht

Die heute vorliegenden Entwürfe eines vielperspektivischen oder mehrdimensionalen Sachunterrichts ziehen die Begründung für ein fächerübergreifendes Vorgehen grundsätzlich aus drei Argumentationszusammenhängen:

1. Präsentiert sich die reale Lebenswelt als so komplex und vielschichtig, dass für ein auch nur ansatzweises Verstehen und mündiges Mitgestalten dieser Realität möglichst viele fachliche Dimensionen mit einbezogen werden müssen.
2. Lieferte die konstruktivistische Wende in den späten 1970er-Jahren den theoretischen Überbau für die Absage an alle eindimensionalen und einzelfachlichen Erkenntnismodelle. Das konstruktivistische Axiom besagt nichts weniger, als dass jeder Mensch seine eigene Wirklichkeit konstruiert und sich dafür jeweils belastbare, viable Konstrukte schafft. Sie folgen eben nicht einem wissenschaftlichen oder disziplinären Fachkorridor, sondern allein dem Gebot einer genau für diese Situation und genau für dieses Individuum passenden, tragfähigen Erklärung. Auf die pädagogisch-didaktischen Probleme dieses Erkenntnisansatzes soll hier nicht weiter eingegangen werden, es ist aber klar, dass für ein weitgehend lebenstaugliches Wirklichkeitskonstrukt das erklärende Potenzial möglichst vieler Disziplinen herangezogen werden sollte.
3. Bedeutet ein wirklich ernsthaftes Anknüpfen an die kindliche Lebenswelt mit dem Ziel handlungsfähiger Mündigkeit, wie dies bereits beim mehrperspektivischen Unterricht (MPU) der 1970er-Jahre zentral gefordert wurde, ein Einbeziehen vielfältiger Wirklichkeitsaspekte, um diese realen Erscheinungen tatsächlich klären zu können. Die jeweiligen Fachaspekte sollen dabei aber nicht nur assoziativ und zufällig, wie dies teilweise dem alten Gesamtunterricht vorzuwerfen war, um ein gemeinsames Lebensweltthema herum angelagert werden, sondern sollten nach den Möglichkeiten ihres Klärungspotenzials befragt und nach ihrer disziplinären Bedeutung ausgewählt werden.

Der vielperspektivische Sachunterricht

Angelehnt an die aufklärerischen und wirklichkeitserschließenden Impulse des MPU und die eigenkonstruktive Leistung im exemplarisch-genetisch-sokratischen Unterricht Wagenscheins aufgreifend, wurde in den 1990er-Jahren der vielperspektivische Sachunterricht entwickelt, der aktuell sicherlich als das fächerübergreifende Leitkonzept des Sachunterrichts bezeichnet werden kann (Köhnlein/Schreier 2001). Dieser v. a. von Köhnlein, Kahlert und Schreier initiierte und elaborierte mehr- oder vielperspektivische Sachunterricht versucht, jeden denkbaren Inhalt aus der Sicht von neun verschiedenen Perspektiven oder Dimensionen zu vermessen:

▸ die lebensweltliche Dimension (Kind und Heimat),
▸ die historische Dimension (Kind und Geschichte),
▸ die geografische Dimension (Kind und Landschaft),
▸ die ökonomische Dimension (Kind und Wirtschaft),
▸ die gesellschaftliche Dimension (Kind und soziales Umfeld),
▸ die physikalische und chemische Dimension (Kind und physische Welt),
▸ die technische Dimension (Kind und konstruierte Welt),
▸ die biologische Dimension (Kind und lebendige Welt),
▸ die ökologische Dimension (Kind und Umwelt).

Die Gesellschaft für Didaktik des Sachunterrichts (GDSU) entwickelte in enger Zusammenarbeit mit den angeführten Autoren einen vergleichbaren Perspektivrahmen, der sich um eine stärkere Konzentration und Integration der einzelnen Sichtweisen bemühte, um der Gefahr einer zu starken Zersplitterung entgegenzutreten. Die sozial- und kulturwissenschaftliche, die raumbezogene, die naturwissenschaftliche, die technische und die historische Perspektive sollen nach den Vorstellungen der GDSU berücksichtigt und nach Möglichkeit miteinander vernetzt werden (GDSU 2002).

Dies soll zum einen verhindern, dass der Sachunterricht unter das Primat eines vorherrschenden Leitfaches gerät, wie dies im Realienunterricht des 19. bzw. im Heimatkundeunterricht bis Mitte des 20. Jahrhunderts der Fall war. Zum anderen aber soll auch die uferlose Beliebigkeit der Welterkundung verhindert und disziplinär rückgebunden werden und zum letzten die assoziative und oberflächliche Aneinanderreihung von Gelegenheitsverbindungen, die der Gesamtunterricht oftmals betrieben hatte, stärker systematisiert werden. In diesen neun Dimensionen sollte gleichsam nach den wissenschaftlichen Vorgaben und Vorgehensweisen einzelner Disziplinen die jeweils klärenden, sinnvollen und tragfähigen Aspekte eines Themas gesucht und eingebunden werden, ohne aber in enzyklopädischer Vollständigkeit alle Perspektiven berücksichtigen zu müssen.

Es geht vor allem darum, sich einen umfassenden Überblick über alle möglichen Aspekte dieses Themas zu verschaffen, um dann die für das Verstehen dieser Sache relevanten Dimensionen nach fachwissenschaftlichen und pragmatischen Kriterien wie Exemplarität, Repräsentativität, Zugänglichkeit und Ergiebigkeit bildungswirksam auswählen und aufbereiten zu können. Fächerübergreifend ist dieser Ansatz vor allem dadurch, dass hier die verschiedenen Disziplinen (auf die die verschiedenen Dimensionen hindeuten) in ihrem heuristischen Potenzial bezüglich eines gemeinsamen thematischen Kerns zusammenwirken sollen; dass dabei auch andere Fächer wie Deutsch, Mathematik, Kunst oder Musik eingebunden werden können, ist sicherlich einleuchtend. Allerdings muss hier vor einer drohenden Entgrenzung des Faches gewarnt werden, die für den Sachunterricht durch die fehlende universitäre Bezugsdisziplin ohnehin groß genug ist.

Dass diese unterschiedlichen Begründungsansätze in den Unterrichtsentwürfen verschiedener Verlage für fächerübergreifendes Arbeiten in ihren Beschreibungen kaum auseinanderzuhalten sind, soll an den folgenden Beispielen verdeutlicht werden.

Vielperspektivischer Sachunterricht am Beispiel Schall

In Anlehnung an Joachim Kahlerts „didaktische Netze" sollen im Folgenden einige der zehn unterschiedlichen Dimensionen erläutert werden, die sich als eine Art Suchraster für verschiedene andere Fachzugänge betrachten und nutzen lassen. Sie können eine fächerübergreifende Verbindung und kombinierte Erschließungsmöglichkeiten für ein zentrales Thema eröffnen (Kahlert 2001; Kahlert u. a. 2007). Am Themenschwerpunkt Schall lassen sich die einzelnen Zugangsweisen in ihrem fächerintegrierenden Zusammenspiel herausarbeiten.

Ein physikalischer Aspekt dient als Ausgangspunkt. Betrachtet man die diversen Anwendungen, in denen das physikalische Prinzip des Schalls und der Schallübertragung zum Tragen kommt, so entdeckt man ganz unterschiedliche Fachbezüge, die das Thema für Kinder erst interessant machen. Unser Vorschlag wäre also, von der physikalischen Dimension auszugehen, um dann das Phänomen Schall in anderen Dimensionen aufzuspüren (Jonen 2007).

Physikalische Perspektive

Aus physikalischer Sicht ist Schall nichts anderes als die Erzeugung und Übertragung von Schwingungen. Diese Schwingungen können mit Hilfe unterschiedlicher Gegenstände oder auch durch Luftstrom erzeugt werden und sie müssen durch ein Medium übertragen werden, z. B. Luft, Wasser, Holz, Metall.

Von der Anzahl der Schwingungen pro Sekunde hängt die Tonhöhe (Frequenz) ab. Das heißt, je schneller z. B. eine Gitarrensaite schwingt, desto höher ist der Ton, den sie erzeugt. Die Lautstärke hängt hingegen von dem Ausschlag, der Größe der Amplitude, einer Schwingung ab. Je stärker der Ausschlag einer Seite, desto lauter der Ton. Schwingungen können außerdem an Flächen reflektiert werden, dieses Phänomen nennt man Echo.

Technische Perspektive

Schwingungen und ihre Eigenschaften werden in der Technik für eine Vielzahl von Geräten genutzt. Aus technischer Perspektive ist es also interessant herauszufinden, wie die Schwingungen erzeugt, übertragen, verstärkt oder genutzt werden, aber auch, wo Gefahren liegen und wie man sich vor ihnen schützen kann. Einige Beispiele für technische Geräte sind der Schallplatten- oder CD-Spieler, der Lautsprecher, das Echolot, das Telefon, Ultraschallgeräte und Hörgeräte. Genauso wichtig sind aber auch Möglichkeiten des Lärmschutzes oder der Lärmdämmung.

Biologische Perspektive

Aus biologischer Sicht sind die Stimme und das Ohr interessant. Wie sind sie aufgebaut und wie funktionieren sie? Wie und was können verschiedene Tiere hören und wie nutzen sie ihre Stimme und ihr Gehör (Ultraschall, Schall und Infraschall, Echo) zur Orientierung?

Aber auch die Gesundheitserziehung erscheint innerhalb dieser Dimension als ein ganz wichtiger Aspekt. In diesem Zusammenhang sollte man sich mit den Themen Schwerhörigkeit, Hörsturz, Gehörlosigkeit, Hörstress, Hörschädigungen und Hörschutzmaßnahmen beschäftigen.

Mathematische Perspektive

Aus mathematischer Perspektive ist eine Beschäftigung mit der Schallgeschwindigkeit interessant. Diese ist abhängig vom Medium, in dem Schall übertragen wird. Ein Vergleich mit anderen Geschwindigkeiten erscheint hier sinnvoll. Eine weitere Übertragungsmöglichkeit: Will man die Entfernung eines Gewitters bestimmen, so kann man auch hier die Verbreitung des Donnerschalls zur Berechnung heranziehen. Man zählt die Sekunden, die zwischen der Wahrnehmung von Blitz und Donner liegen. Dividiert man die Anzahl der Sekunden durch drei, so erhält man die Entfernung des Gewitters in Kilometern. In Tabelle 1 sind weitere Geschwindigkeiten aufgeführt, mit denen man die Schallgeschwindigkeit vergleichen kann.

Ästhetische Perspektive

Beim Thema Schall ist die Verbindung mit der ästhetischen Dimension eine Verstehenshilfe und eine Bereicherung für mehrere Dimensionen. Wie funktionieren verschiedene Instrumente? Wie groß ist die Differenz der Anzahl der Schwingungen zwischen zwei Tönen, die zusammen eine Oktave, Quint oder Terz bilden (vgl. mathematische Perspektive)? Was bedeutet das für das Stimmen von Instrumenten? Was sind die Unterschiede zwischen Tönen, Klängen und Geräuschen? Wieso spielen in einem Orchester meist viele Violinen, aber nur wenige Bratschen und noch weniger Kontrabässe mit?

Ein ganz anderer Aspekt ist die Darstellung von Schall oder lauten und leisen, angenehmen und unangenehmen Geräuschen in Comicbildern oder in der Werbung. Kinder kennen diese Ausdrucksform für Schall und verstehen sie ohne Erklärungen.

Medium	Schallgeschwindigkeit in Metern pro Sekunde (m/s)	Schallgeschwindigkeit in Kilometern pro Stunde (km/h)
Luft (bei 20 °C)	343 m/s	1235 km/h
Wasser (bei 0 °C)	1407 m/s	5065 km/h
Eis (bei -4 °C)	3250 m/s	11700 km/h
Stahl	5920 m/s	21312 km/h
Eisen	5170 m/s	
Holz (Buche)	3300 m/s	11880 km/h
PVC (hart)	2250 m/s	
PVC (weich)	80 m/s	288 km/h
Beton	3655 m/s	
Glas	5300 m/s	
Diamant	18000 m/s	64800 km/h

Tab. 1: Schallgeschwindigkeit in verschiedenen Medien

Mögliche Aufgaben

A **Versuch zur Schallgeschwindigkeit**

Ein Kind soll auf dem Schulhof oder dem Sportplatz eine Starterklappe zusammenknallen. Wichtig ist, dass ihr mindestens 100 Meter von dem Kind entfernt steht und trotzdem die Starterklappe gut sehen könnt.

Fragen

▸ Was beobachtet ihr, wenn ihr genau hinseht und hinhört?
▸ Vergleicht die Schallgeschwindigkeiten in verschiedenen Materialien.
▸ Warum wird die Geschwindigkeit in m/s angegeben und nicht wie bei Autos üblich in km/h?
▸ Warum heißt es, dass man bei einem Gewitter die Sekunden zählen soll, die zwischen dem Blitz, den man sieht, und dem Donner, den man hört, vergehen? Wie kann man die Entfernung eines Gewitters in Kilometern herausfinden?
▸ Was bedeutet der Begriff „Überschallgeschwindigkeit"? Findet ein Transportmittel, das Überschallgeschwindigkeit erreichen kann.

Tonfrequenzen

Weitere interessante mathematisierte Daten sind Frequenzen (Anzahl der Schwingungen pro Sekunde), die die Tonhöhe bestimmen, und die Lautstärke, die in Dezibel gemessen wird. Bei der Tonhöhe sind Vergleiche z. B. von zwei Tönen interessant, von denen einer doppelt so viele Schwingungen pro Sekunde hat wie der andere.

Ton	Schwingungen pro Sekunde (Frequenz)
c'	264
d'	297
e'	330
f'	352
g'	396
a'	440
h'	495
c''	528
d''	594
e''	660

Frequenz in Hz (Schwingungen pro Sekunde)

264 297 330 352 396 440 495 528

Tab. 2: Töne und ihre zugehörigen Frequenzen

Ein Intervall bezeichnet den Höhenunterschied zwischen zwei gleichzeitig oder nacheinander erklingenden Tönen. Ein musikalischer Mensch kann das Intervall zwischen zwei Tönen ohne Hilfsmittel zuordnen. Dabei ist es unerheblich, was als erster Ton erklingt. Zum Beispiel ist das Intervall von c' nach g' dasselbe wie von f' nach c'', nämlich eine Quinte. Physikalisch wird das Intervall durch das Frequenzverhältnis beschrieben.

Intervall	Noten	Frequenzverhältnis
Oktav		$528 : 264 = 2 : 1$
Quint		$396 : 264 = 3 : 2$
Quart		$352 : 264 = 4 : 3$
große Terz		$330 : 264 = 5 : 4$

Tab. 3: Intervalle und Frequenzverhältnis

Weitere Themen

Es gibt natürlich noch eine ganze Reihe weiterer sinnvoller Inhalte. „Messen und Messgeräte" ist z. B. ein immanent fächerübergreifendes Thema. Hierzu findet sich im Modul G 6 Mathematik das Beispiel Zeit (Winter/Walther 2006). Es sei an dieser Stelle auch auf eher ungewöhnliche, aber durchaus sinnvolle fächerübergreifende Aspekte hingewiesen, die natürlich in ganz unterschiedlichem Umfang das Potenzial der anderen Grundschulfächer aufgreifen können. Zu nennen wäre etwa das Thema „Licht und Schatten" mit der Verknüpfung zwischen Kunst- und Deutschunterricht (Schattenspiel, perspektivisches Zeichnen, Beleuchtungswirkung in der Kunst) und Mathematikunterricht (Zeitmessung und Kalender) (Winter/Walther 2006). Fächerübergreifende Verbindungen lassen sich auch beim Thema „Berufe/Serienfertigung" herstellen: Mathematische (Produktionskosten berechnen), technische (Herstellung, Maschinen), wirtschaftliche (Endpreise, Standortfaktoren) und historische Aspekte (Entstehung von Produktionsstandorten) können hier mit einfließen.

Literatur

Gesellschaft für die Didaktik des Sachunterrichts (GDSU) (2002): Perspektivrahmen Sachunterricht. Bad Heilbrunn.

Jonen, A. (2007): Wie wir hören. Versuche zum Thema Schall. Grundschulmagazin, 75.1. S. 17–22.

Kahlert, J./Fölling-Albers, M./Götz, M./Hartinger, A./von Reeken, D./Wittkowske, S. (Hrsg.) (2007): Handbuch Didaktik des Sachunterrichts. Bad Heilbrunn.

Kahlert, J. (2001): Didaktische Netze – ein Modell zur Konstruktion situierter und erfahrungsoffener Lernumgebungen. In: Meixner, J./Müller, K. (Hrsg.): Konstruktivistische Schulpraxis. Neuwied. S. 73–94.

Köhnlein, W./Schreier, H. (Hrsg.) (2001): Innovation Sachunterricht – Befragung der Anfänge nach zukunftsfähigen Beständen. Bad Heilbrunn.

Köhnlein, W./Marquardt-Mau, B./Schreier, H. (Hrsg.) (1999): Vielperspektivisches Denken im Sachunterricht. Bad Heilbrunn.

Winter, H./Walther, G. (2006): Modul G 6. Fächerübergreifend und fächerverbindend unterrichten. Mathematik. SINUS-Transfer Grundschule. www.sinus-an-grundschulen.de/fileadmin/uploads/Material_aus_STG/Mathe-Module/M6.pdf (4.3.2011).

Modul G 7:
Interessen von Mädchen und Jungen aufgreifen und weiterentwickeln

Kinder in den Eingangsklassen sind durchweg neugierig, erwartungsvoll und zeigen Freude am Lernen. In den ersten Schuljahren sind die Lernfortschritte im Lesen, Schreiben und Rechnen sehr konkret und offensichtlich, und ihr Nutzen wird im Alltag deutlich erfahren. Diese Lernfreude gilt es zu wahren und wenn möglich Interesse, Motivation und die Bereitschaft zum Lernen weiter auszubauen. Unter Interesse wird die kognitive Anteilnahme oder auch Aufmerksamkeit als Verhaltens- oder Handlungstendenz verstanden, die auf verschiedene Gegenstands-, Tätigkeits- oder Erlebnisbereiche gerichtet ist. Sie ist in ihrer Entwicklung abhängig von konkreten Anregungen oder Gelegenheiten und wiederholten befriedigenden Handlungsausführungen. Je größer diese Anteilnahme ist, desto stärker ist das Interesse der Person für diese Sache. Im Unterricht geht es darum, einerseits vorhandene Interessen aufzugreifen und andererseits Interesse für neue Sachgebiete zu wecken, indem eine Vermittlung zwischen den Kindern und den Sachinhalten erfolgt. In der Altersgruppe der Grundschulkinder lassen sich in beiden Fachbereichen bereits geschlechterspezifische Differenzen und Leistungsunterschiede (TIMSS Studie 2007) erkennen und zwar zu Gunsten der Jungen.

Die Autoren beider Modulbeschreibungen setzen sich zunächst mit dem Begriff „Interesse" auseinander und versuchen, Merkmale fachspezifisch zu beschreiben. Ausgehend von den begriffsbestimmenden Merkmalen werden lernförderliche Maßnahmen benannt, die als zentral für den Aufbau und Erhalt von Interesse und intrinsischer Motivation angesehen werden. Dabei geht es auch um die Förderung von Persönlichkeitsmerkmalen, das Selbstkonzept betreffend. Kinder, die sich als selbstbestimmt, kompetent und sozial eingebunden erleben, verfügen über die wichtigsten Voraussetzungen, einen interesseförderlichen Unterricht zum Lernen zu nutzen. Im letzten Teil der Ausführungen geht es beiden Autoren um den unterrichtlichen Umsetzungsprozess.

Christoph Selter erläutert in der Modulbeschreibung „,Ich mark Mate' – Leitideen und Beispiele für interesseförderlichen Unterricht" anhand von Beispielen die Konkretisierung einiger seiner Leitideen eines interesseförderlichen Unterrichts.

Andreas Hartinger gibt in seiner Modulbeschreibung zu den Naturwissenschaften mit dem Titel „Unterschiedliche Interessen aufgreifen und weiterentwickeln" zunächst einen Überblick über die Befunde zu Interesse und naturwissenschaftlichem Lernen in der Grundschule. Anschließend beschreibt er die Konsequenzen und Maßnahmen für einen interesseförderlichen Unterricht und setzt sich insbesondere mit der Förderung der Interessen von Mädchen auseinander.

Christoph Selter

„Ich mark Mate" –
Leitideen und Beispiele für interesseförderlichen Unterricht

Vor einiger Zeit bat eine Lehrerin die Schülerinnen und Schüler eines zweiten Schuljahres aufzuschreiben, wie ihnen der Mathematikunterricht gefallen würde, was beibehalten und was geändert werden sollte. Die Schülerinnen und Schüler notierten ihre Gedanken in unterschiedlicher Ausführlichkeit. Am meisten freute sich die Lehrerin über einen aus lediglich drei Wörtern bestehenden kleinen Zettel von Tim, einem stillen und eher leistungsschwächeren Jungen, der aufschrieb: „Ich mark Mate".

Möglichst viele Kinder für Mathematik zu interessieren, ihre sachbezogene Lernfreude zu erhalten und auszubauen, das sind zweifelsohne zentrale Ziele des Unterrichts. Hierzu sollen in diesem Kapitel einige Anregungen gegeben werden.

Pädagogische Leitideen interesseförderlichen Unterrichts

Um Leitideen interesseförderlichen Unterrichts zu formulieren, ist es zunächst hilfreich, sich mit Merkmalen interessehinderlichen Unterrichts zu befassen. Diesbezüglich zeigt die durch viele Studien abgesicherte Theorie von Deci und seinen Mitarbeitern auf, dass Interesse durch folgende drei Aspekte in besonderer Weise reduziert wird (vgl. Deci/Ryan 1993; Prenzel 1994, S. 1329):

▶ genaues Vorschreiben von Denkwegen, Einengen bzw. Entziehen von Spielräumen und Wahlmöglichkeiten,

▶ kontrollierende Bewertungen, die den Lernenden kontinuierlich ihre Defizite vor Augen führen, sowie

▶ fehlende Akzeptanz, die die Lernenden nicht als lernwillige und kooperationsfähige Personen ernst nimmt.

Einschränkend sei gesagt, dass eine Reihe der in der Literatur referierten Untersuchungen nicht mit Grundschülerinnen und Grundschülern durchgeführt wurden. Deren Hauptresultate sind aber vermutlich übertragbar, da das Lernen in der Primarstufe nicht nach prinzipiell anderen Grundsätzen erfolgt als in den Sekundarstufen oder im Erwachsenenalter.

Ausgehend von diesen Punkten und unter Einbeziehung zentraler Prinzipien zeitgemäßen Mathematikunterrichts lassen sich zusammenfassend und idealtypisch sechs Leitideen formulieren, deren Umsetzung die Wahrscheinlichkeit dafür erhöhen kann, dass im Unterricht die Ausprägung von Interesse (Ziel) und das Lernen mit Interesse (Mittel) unterstützt und entwickelt werden. Die Zwischenüberschriften nehmen dabei jeweils zwei Perspektiven ein – zunächst die der Lehrperson, dann die der Lernenden.

131

Eigenständigkeit ermöglichen – individuell lernen

Wenn Lehrerinnen und Lehrer den Kindern selbst Verantwortung für ihre Arbeit zugestehen, lassen sich positive Auswirkungen auf deren Interesse und deren schulische Leistungen nachweisen. Eigenständiges und sachlich motiviertes Lernen sollte also durch Wahlmöglichkeiten bzw. Freiheiten beim Erarbeiten, Erforschen, Entdecken und Strukturieren unterstützt werden. Im Sinne der Autonomieunterstützung sollte den Schülerinnen und Schülern ermöglicht werden, auf eigenen Wegen zu lernen.

Lernprozesse vorstrukturieren – zielorientiert lernen

Eine solche Öffnung des Unterrichts erfolgt allerdings nicht in einer Atmosphäre der Beliebigkeit, sondern im Rahmen einer vorstrukturierten Lernumgebung. Denn Unterstützung der Autonomie einerseits und Zielorientierung andererseits stellen keinen Widerspruch dar. Guter Unterricht lebt vom produktiven Spannungsverhältnis von Offenheit und Konzept. Er knüpft an die individuell unterschiedlichen Lernausgangslagen an und gibt den Schülerinnen und Schülern ihren unterschiedlichen „Niveaus" angepasste Gelegenheiten, diese im Sinne der fortschreitenden Mathematisierung zielbewusst weiterzuentwickeln (Spiegel/Selter 2003, S. 27 ff.).

Transparenz geben – bewusst lernen

Ohne Wissen über Ziele und ihre Begründungen, über verschiedene Zugangsmöglichkeiten und deren Konsequenzen ist Autonomie ein schönes, aber leeres Ideal. Für oder auch gegen ein Einlassen auf Lernanforderungen können sich Lernende nur selbstbestimmt entscheiden, wenn sie die Ziele der Lehrenden kennen. (Prenzel 1997, S. 37)

Transparenz schafft eine Grundlage dafür, dass Lernende subjektive Bedeutungen aufbauen und zuschreiben können. Wenn ein Kind weiß, wo es sich im Lernprozess gerade befindet, über welche Kompetenzen es verfügt, an der Aufarbeitung welcher Defizite es noch (wie) arbeiten muss, dann unterstützt das sowohl das Gelingen von Lernprozessen als auch den Aufbau von Interesse.

Lernförderlich rückmelden – selbstbewusst lernen

Ein positives Selbstkonzept ist eine wichtige Basis für die Ausprägung von Interesse, wichtiges Ziel des Unterrichts ist in diesem Sinne die Kompetenzunterstützung (Prenzel 1997). Personen, die sich als kompetent erleben und demzufolge Erfolgs- und Kompetenzerlebnisse erwarten, widmen sich lieber solchen Aufgaben, denen diese Kompetenzerfahrung innewohnt. Grundlage hierfür sind sachbezogene Rückmeldungen, die in einer freundlichen und lernförderlichen Atmosphäre gegeben werden, die für die Kinder verständlich und nachvollziehbar sind, die kontinuierlich und mit kompetenzorientiertem Blick erfolgen, individuell ausgerichtet und informativ sind und nicht beschönigen (Sundermann/Selter 2006, S. 18).

Substanzielle Aufgaben auswählen – bedeutungsvoll lernen

Die eigene Begeisterung für das Fach ist eine wichtige Voraussetzung dafür, um Interesse bei den Kindern zu wecken bzw. zu erhalten (Prenzel 1997, S. 41). Denn Interesse kann anstecken. Das setzt voraus, dass bedeutungsvolle Aufgaben zum Einsatz kommen. Diese verfügen über Substanz und ermöglichen vielfältige Zugänge und Aufgabenstellungen auf unterschiedlichen Niveaus. Sie unterscheiden sich von externen und erwiesenermaßen interessehinderlichen „Lernanreizen" wie etwa den „bunten Hunden". Ihre Substanz wird aus den Strukturen und den Wirklichkeitsbezügen der Mathematik geschöpft.

Atmosphäre der Akzeptanz schaffen – gemeinsam lernen

Förderlich für den Aufbau von Interesse ist es, wenn die Lernenden spüren können, dass sie angenommen und akzeptiert sind. Daher sollten Lehrende stets versuchen, von den Kindern zu lernen, also anstreben, deren Denkweisen als prinzipiell sinnvoll anzusehen, ihr Vorgehen zu verstehen und dieses den Kindern auch zu signalisieren (Sundermann/Selter 2006). Weiterhin ist zu beachten, dass das Bedürfnis nach „sozialem Eingebundensein" in der Lerngruppe aus motivationaler Perspektive einen hohen Stellenwert hat. Sich aufgehoben zu fühlen, mit anderen gut auszukommen und mit ihnen kooperieren zu können, sind gute Voraussetzungen für die Ausprägung von Interesse.

Zusammenfassend gesagt und ausgehend von den eingangs erwähnten, interessehinderlichen Merkmalen, erweist sich also ein Unterricht als interesseförderlich, in dem

▸ Denkwege nicht genau vorgegeben, sondern (1) den Lernenden Freiräume für individuelle Lernprozesse gewährt werden und (2) die notwendige Zielorientierung durch vorstrukturierte Lernumgebungen sichergestellt wird,

▸ es nicht das primäre Ziel ist, Lernprozesse und Lernergebnisse kontrollierend zu bewerten, sondern (3) den Lernenden Transparenz zu verschaffen und (4) ihnen individuelle und sachbezogene Rückmeldungen zu geben, sowie

▸ die Kompetenzen der Lernenden nicht unterschätzt, sondern zu deren Weiterentwicklung (5) substanzielle Aufgaben ausgewählt werden und (6) eine Atmosphäre der gegenseitigen Akzeptanz aufgebaut wird.

Die sechs angeführten pädagogischen Leitideen lesen sich unabhängig von der Argumentationsführung dieses Kapitels wie Merkmale guten Mathematikunterrichts, so wie sie Fachdidaktik und Grundschulpädagogik schon lange beschreiben, und sie sind es natürlich auch. Guter Mathematikunterricht ist interesseförderlich, und seine Leitideen werden dadurch gestützt, dass sie mit Grundpostulaten aus der Interessenforschung vereinbar sind.

Wie kann man nun interesseförderlichen Mathematikunterricht realisieren? Hierzu werden in den folgenden beiden Abschnitten für die ersten zwei Punkte exemplarische Konkretisierungen beschrieben. Beispiele für die anderen Punkte werden im ausführlichen Text (Selter 2007) gegeben. Hinweisen möchte ich auch auf weitere Beispiele auf der Website des PIK-AS-Projekts (www.pikas.tu-dortmund.de).

Ich gebe diese Beispiele eingedenk der Tatsache, dass Vieles von dem, was im Folgenden vorgestellt wird, in nicht wenigen Klassenzimmern Realität ist. Andererseits ist die Vermutung naheliegend, dass wir von einer flächendeckenden Umsetzung der angeführten Leitideen noch weit entfernt sind.

Eigenständigkeit ermöglichen – individuell lernen: Eigenproduktionen

Um individuelles Lernen zu ermöglichen, ist es unverzichtbar, offen zu sein für die Denkwege der Kinder, ihrem Denken prinzipiell Vernunft zu unterstellen, sich an ihren Ideen erfreuen zu können und diese verstehen zu wollen, anstatt Kinder vorschnell über das vermeintlich Richtige zu belehren.

Vor diesem Hintergrund trägt es zur Individualisierung bei, wenn die Lernenden im Unterricht vermehrt zu Eigenproduktionen angeregt werden. Eigenproduktionen sind mündliche oder schriftliche Äußerungen, bei denen die Kinder selbst entscheiden können, wie sie vorgehen und/oder wie sie ihr Vorgehen bzw. dessen Ergebnisse darstellen. Im Weiteren beschränke ich mich auf schriftliche Eigenproduktionen, die in Form von Texten, Zeichnungen, Rechenwegen und deren Misch- und Vorformen genutzt werden können.

Eigenproduktionen müssen nicht in Einzel-, sondern können durchaus auch in Gemeinschaftsarbeit entstehen: Entscheidendes Kriterium ist dabei, dass die Kinder sich – sei es als einzelne, sei es als Gruppe – produktiv in den Lehr-/Lernprozess einbringen können. Idealerweise gibt es vier Typen von Eigenproduktionen, die an dieser Stelle anhand des Themas Sachaufgaben und Rechengeschichten illustriert werden (für analoge Beispiele zur Arithmetik und zur Geometrie (Sundermann/Selter 2005; 2006a).

Dabei werden die Schülerinnen und Schüler angeregt, …

▸ **Aufgaben selbst zu erfinden (Erfindungen):** Im folgenden Beispiel hatten die Schülerinnen und Schüler eines vierten Schuljahres Rechengeschichten für ihre Mitschülerinnen und Mitschüler erfunden, die von der Lehrerin auf einem Wochenblatt zusammengestellt wurden, das dann von allen Kindern bearbeitet werden musste. Die Sternchen- bzw. Doppelsternchen-Aufgaben wurden von der Lehrerin als solche gekennzeichnet, weil sie aus ihrer Sicht als weiterführende Anforderungen einzustufen waren.

Erdinc: Erdinc, Tim und Leander fahren nach Berlin. Es sind 1000 km. In der Stunde schaffen sie 100 km.

a) Wie viele km sind sie gefahren? *1000 km*

b) Wie viele Stunden haben sie ungefähr gebraucht? *10 Stunden*

Nikolina: Toni hat 10,59 € in seinem Portmonee. Er will für seine Mutter einen Blumenstrauß mit 15 Blumen kaufen. Jede Blume kostet 3 €. Kann Toni den Blumenstrauß kaufen?

☐ ja ☒ nein meine Begründung: *weil 3 · 15 = schon 45 ist !*

Abb. 1: Rechengeschichte

Anschließend kontrollierten die Erfinderkinder jeweils die von ihren Mitschülerinnen und Mitschülern bearbeiteten Aufgaben und gaben ihre Einschätzung durch ein entsprechendes, in der Klasse bekanntes Piktogramm (z. B. Rechenkönig) an.

▸ **Aufgaben mit eigenen Vorgehensweisen zu lösen (Lösungswege):** Lotti hat für die vorliegende Knobelaufgabe ihren Lösungsweg angegeben, ausgehend vom Paar 8-31 solange jeweils beide Zahlen um 1 zu erhöhen, bis die zweite Zahl doppelt so groß war wie die erste.

Tim hat eine neue Freundin, sie heißt Lisa. Sie möchte wissen, wie alt er ist. Tim weiß, dass Lisa ein Knobel-Fan ist. Deshalb stellt er ihr folgendes Rätsel: „Als meine Mutter 31 Jahre alt war, war ich gerade 8 Jahre alt. Jetzt ist meine Mutter doppelt so alt wie ich. Was denkst du, wie alt bin ich jetzt?"

Abb. 2: Lottis Lösung

▸ **Auffälligkeiten zu beschreiben und zu begründen (Forscheraufgaben):** In einem vierten Schuljahr wurde folgende Aufgabe gestellt: „Ein Vater und sein Sohn erreichen im gleichen Jahr ein Alter mit Zahlendreher: Der Vater wird 95, der Sohn wird 59."

In der Anlage 2 des ausführlichen Textes (Selter 2007) findet man zur Illustration die Bearbeitung dieser Aufgaben durch Timo sowie eine Abbildung, die seine Beschreibungen zu einer weiterführenden Forscheraufgabe verdeutlicht.

▸ **sich über den Lehr-/Lernprozess zu äußern (Rückschau):** Im folgenden Beispiel trägt Stella am 17.11. in ihr Lernwegebuch ein, was für sie Bedeutendes im Mathematikunterricht passiert ist. Sie hatte eine Rechengeschichte erfunden (Mira, die Fee, möchte ein Liebesgetränk herstellen, denn das ist ihr Hobby), in der es auszurechnen galt, wie viele Teelöffel Feenstaub und wie viele Tropfen Drachenmäulchen hinzuzufügen waren. Anschließend musste noch ermittelt werden, wie viel sie von ihren 40 Feen-Euro zurückerhalten würde, wenn sie Feenstaub für 6,50 Euro, Drachenmäulchen für 2,99 Euro, Sumpfbeine für 3,15 Euro und Feenblumenkörner für 14,99 Euro kaufte.

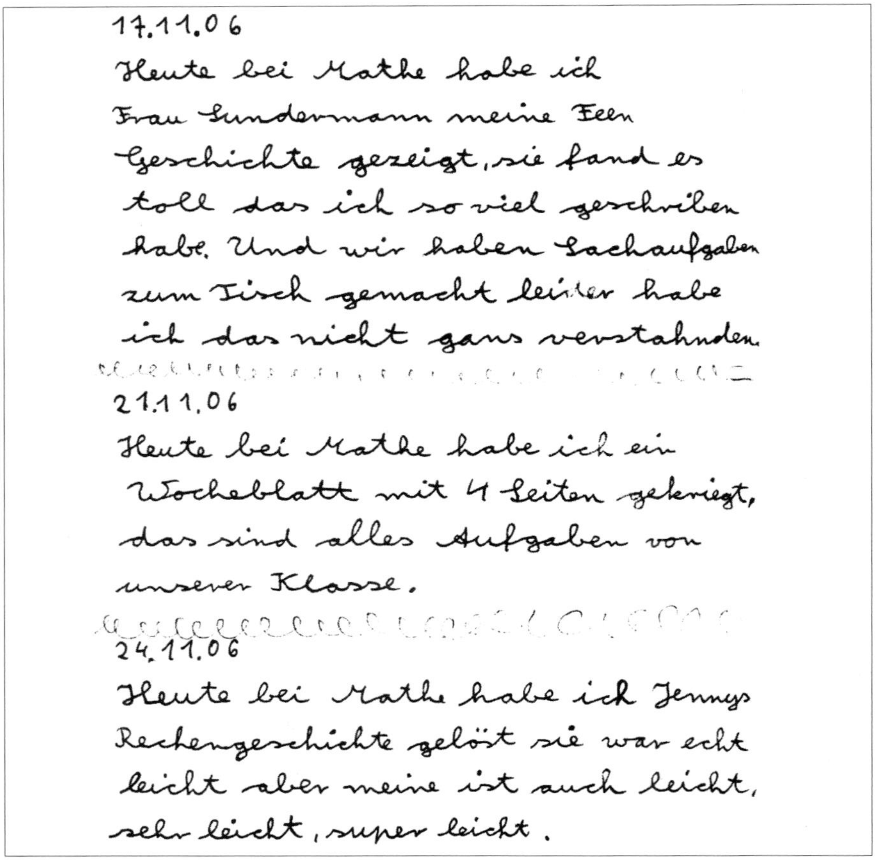

Abb. 3: Stellas Lernwegebuch

Lernprozesse vorstrukturieren – zielorientiert lernen: Von den Erfindungen zur „Norm"

Wie bereits einleitend erwähnt, kann es nicht darum gehen, die Schülerinnen und Schüler lediglich zur Artikulation ihrer Denkwelten anzuregen, sondern es gilt darüber hinaus, ihr Lernen zielbewusst zu beeinflussen. Der Aufsatz von Treffers (1983; Anlage 3 in Selter 2007) zur fortschreitenden Mathematisierung hat diesbezüglich die Diskussion der letzten zwei Jahrzehnte nachhaltig beeinflusst.

Idealtypisch kann man das Prinzip der fortschreitenden Mathematisierung wie folgt beschreiben:

▶ Die Lehrkräfte stellen den Lernenden nicht-triviale, aber auch nicht überkomplexe Aufgaben, sondern solche, die für die Kinder nachvollziehbar sind – häufig, aber nicht immer mit Realitätsbezug; die Lehrkräfte ermutigen sie dazu, diese Aufgaben ausgehend von ihren individuellen Kompetenzen mit ihren eigenen Methoden zu lösen.

▶ Die Lernenden werden dann in ausgewählten Situationen gebeten, ihre Vorgehensweisen zu dokumentieren und vorzustellen sowie die Vorgehensweisen ihrer Mitlernenden kennenzulernen und anzuwenden (Anregung zu Reflexion, Kommunikation und Kooperation).

▶ Schülerinnen und Schüler werden dazu angeregt, ihre eigenen Vorgehensweisen weiterzuentwickeln (z. B. Notationsformen verkürzen, ohne allerdings den Merkaufwand über Gebühr zu steigern) und über die Besonderheiten (Vor- und Nachteile, was immer auch subjektiv ist) verschiedener Vorgehensweisen nachzudenken.

Die folgende Abbildung illustriert exemplarisch, wie Schülerinnen und Schüler eines dritten Schuljahres dazu angeregt wurden, bei der Addition über Gemeinsamkeiten und Unterschiede der halbschriftlichen Strategie „Stellenweise" einerseits und dem schriftlichen Algorithmus andererseits nachzudenken.

Der Ansatz von Treffers (1983) wird im Übrigen häufig einschränkend nur auf den Weg von den halbschriftlichen Strategien der Kinder hin zu den schriftlichen Normalverfahren bezogen. Doch es handelt sich um ein umfassendes Unterrichtsprinzip: Man versucht auch in Bezug auf andere Inhalte, die Erfindungen der Kinder mit der „Norm" zu verbinden, sie also anzuregen, ihre Gedankenwelt zielbewusst weiterzuentwickeln.

Am Beispiel des additiven Rechnens im Tausenderraum (Sundermann/Selter 2006a) sowie des Einmaleins (Selter 2006) wurde in der Literatur beschrieben, wie ein solcher gleichermaßen offener wie zielbewusster Unterricht aussehen kann, der den Schülerinnen und Schülern ein hohes Maß an Selbstständigkeit ermöglicht, ohne die zu erwerbenden Kompetenzen aus dem Blick zu verlieren.

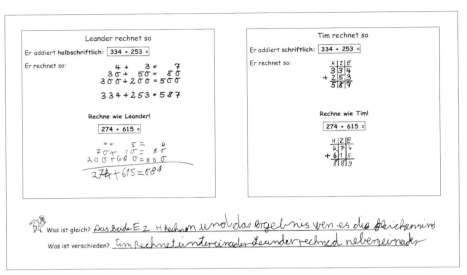

Abb. 4: Rechenwege von Leander und Tim

Abschließende Bemerkungen

Natürlich gibt es keinen Königsweg, um alle Kinder für Mathematik zu interessieren, zumal die Ausprägung bzw. die Nicht-Ausprägung von Interesse nicht allein von der Schule abhängig ist. Wie unterschiedlich auch immer die Interessen der einzelnen Kinder einer Schulklasse ausgeprägt sind: Im Umgang damit tut man gut daran, die Interessensentwicklungen der einzelnen Kinder weniger defizitorientiert denn vielmehr verstärkt kompetenzorientiert wahrzunehmen und sich bei allen möglichen Schwierigkeiten bei der Verwirklichung seiner Ansprüche auch über die kleinen, großen Erfolge zu freuen.

Literatur

Deci, E. L./Ryan, R. M. (1993): Die Selbstbestimmungstheorie der Motivation und ihre Bedeutung für die Pädagogik. In: Zeitschrift für Pädagogik (39). S. 223–238.

Prenzel, M. (1994): Mit Interesse ins 3. Jahrtausend! Pädagogische Überlegungen. In: Seibert, N./Serve, H. J. (Hrsg.): Bildung und Erziehung an der Schwelle zum dritten Jahrtausend. München. S. 1314–1339.

Prenzel, M. (1997): Sechs Möglichkeiten, Lernende zu demotivieren. In: Gruber, H./Renkl, A. (Hrsg.): Wege zum Können. Determinanten des Kompetenzerwerbs. Bern. S. 32–44.

Selter, Ch. (2006): Mathematik lernen in heterogenen Lerngruppen. In: Hanke, P. (Hrsg.): Grundschule in Entwicklung. Herausforderungen und Perspektiven für die Grundschule heute. Münster. S. 128–144.

Selter, Ch. (2007): Modul G 7: Interessen aufgreifen und weiterentwickeln. SINUS-Transfer Grundschule. www.sinus-an-grundschulen.de/fileadmin/uploads/Material_aus_STG/Mathe-Module/M7.pdf (8.11.2010).

Spiegel, H./Selter, Ch. (2003): Kinder & Mathematik. Was Erwachsene wissen sollten. Seelze.

Sundermann, B./Selter, Ch. (2005): Mit Eigenproduktionen individualisieren. In: Christiani, R. (Hrsg.): Jahrgangsübergreifend unterrichten. Berlin. S. 125–136.

Sundermann, B./Selter, Ch. (2005a): Mathematikleistungen fördern, feststellen und beurteilen. Basispapier zum Modul G 9 des Projekts „Sinus Transfer Grundschule". www.sinus-an-grundschulen.de/fileadmin/uploads/Material_aus_STG/Mathe-Module/M9.pdf (8.3.2011).

Sundermann, B./Selter, Ch. (2006): Beurteilen und Fördern im Mathematikunterricht. Berlin.

Sundermann, B./Selter, Ch. (2006a): Mathematik. In: Bartnitzky, H./Brügelmann, H./Hecker, U./Schönknecht, G. (Hrsg.): Pädagogische Leistungskultur: Materialien für Klasse 3 und 4. Heft 4. Frankfurt.

Treffers, A. (1983): Fortschreitende Schematisierung. Ein natürlicher Weg zur schriftlichen Multiplikation und Division im 3. und 4. Schuljahr. In: Mathematik Lehren. H. 1. S. 16–20.

Websites

www.kira.uni-dortmund.de
www.pikas.tu-dortmund.de

Andreas Hartinger

Unterschiedliche Interessen aufgreifen und weiterentwickeln

Was ist Interesse?

Es ist nicht möglich, die Bedeutung des wissenschaftlichen Verständnisses von Interesse klarzumachen, ohne zumindest kurz auf den Begriff der Motivation einzugehen. Im wissenschaftlichen Verständnis ist Motivation jede Form von Handlungsveranlassung (Hartinger/Fölling-Albers 2002, S. 16 ff.). Das bedeutet aber auch, dass Motivation sehr negative Erscheinungsformen haben kann, wenn z. B. im Extremfall ein Kind seine Arbeiten nur erledigt, um Prügel der Eltern zu vermeiden. Es ist daher entscheidend, nach der Qualität und der Ausprägung der Motivation zu fragen. Interesse wurde als Form der Motivation konzipiert, die in besonderem Maße zu zentralen allgemeinen Bildungszielen wie Mündigkeit, Selbstständigkeit bzw. im weiteren Sinne Bildung passt. Es ist durch folgende drei Merkmale geprägt:

▸ **Freiwilligkeit:** Die Beschäftigung mit den Interessengegenständen geschieht ohne äußeren Zwang.

▸ **Positive Emotionen:** Die Beschäftigung mit den Interessengegenständen wird (zumindest in der Summe) als angenehm und schön empfunden.

▸ **Erkenntnisorientierung:** Man möchte über die Interessengegenstände gern mehr erfahren.

Für die Unterstützung eines interesseorientierten Lernens gibt es verschiedene Argumente. Zum einen sind Interessen – und die damit verbundenen positiven Emotionen – ein Wert an sich. Man kann als Lehrkraft nicht wollen, dass Kinder den Unterrichtsgegenstand als uninteressant empfinden. Zum anderen zeigte sich, dass es einen positiven Zusammenhang zwischen Interesse und Lernleistungen gibt. Auffällig ist, dass dieser Zusammenhang dann besonders hoch ist, wenn das Verständnis des Gelernten und nicht reine Auswendiglernleistungen gefordert sind. Für Kinder im Grundschulalter gibt es bezüglich dieser Prozesse zwar noch keine Untersuchungen – allerdings existiert kein Grund, weshalb diese Ergebnisse für Grundschulkinder nicht gültig sein sollten (Schiefele u. a. 1993). Daneben finden sich noch weitere Argumente für die Förderung von Interessen, wie z. B. die Verhinderung von Schulunlust, die Unterstützung von Selbstständigkeit und Mündigkeit sowie die Förderung einer günstigen Persönlichkeitsentwicklung (Hartinger/Fölling-Albers 2002, S. 82 ff.).

Befunde zu Interessen und naturwissenschaftlichem Lernen in der Grundschule

Interesse an Naturwissenschaften

Sachunterricht und auch die naturwissenschaftlichen Inhalte des Sachunterrichts werden von Grundschulkindern im Durchschnitt als interessant empfunden. In TIMSS 2007 geben z. B. über 80 Prozent der befragten Schülerinnen und Schüler der vierten

Jahrgangsstufe eine sehr positive Einstellung zum Unterrichtsfach Sachunterricht an (Wittwer u. a. 2008, S. 117 f.). Dies bestätigt Befunde, die zehn Jahre früher erhoben wurden (Hansen/Klinger 1997, S. 108). Allerdings sind die Unterrichtsinhalte nicht allein dafür entscheidend, inwieweit der konkret durchgeführte Sachunterricht als interessant wahrgenommen wird oder nicht. Eine große Bedeutung haben auch die Kontexte, in die das jeweilige Thema eingebettet wird, sowie die Tätigkeiten, die Kinder im Unterricht ausführen (Roßberger/Hartinger 2000).

Naturwissenschaftliche Versuche sowie andere Tätigkeiten mit hohem Selbstständigkeitsfaktor (wie z. B. etwas mit dem Mikroskop untersuchen, Tiere und Pflanzen pflegen oder Unterricht außerhalb der Schule, z. B. in einem Bauernhof, Zoo oder Museum) nehmen Kinder als sehr attraktiv wahr. Jene Aktivitäten, die stark verbal und/oder schriftlich akzentuiert sind (wie z. B. „schriftlich etwas zum Thema ausarbeiten") rangieren hingegen am unteren Ende der Skala. Doll, Rieck und Fischer (2007) konnten in einer Studie mit Kindern der vierten Klasse zum Ökosystem Teich zeigen, dass die Interessenentwicklung der Kinder in kooperativ organisiertem Unterricht (Gruppenpuzzle) positiver verlief als in instruktionszentriertem Unterricht.

Interessen von Mädchen und Jungen

Hier gibt es den etwas überraschenden Befund, dass hinsichtlich der Einstellung zur Naturwissenschaft kein Unterschied zwischen Jungen und Mädchen besteht (Bonsen u. a. 2008, S. 133). Andererseits wurde in fokussierteren Studien festgestellt, dass technische, physikalische oder chemische Inhalte immer (mit Blick auf gängige Geschlechtsrollenstereotype erwartungsgemäß) von Jungen als interessanter gewertet werden als von Mädchen (Hansen/Klinger 1997; Roßberger/Hartinger 2000). Inhalte aus dem biologischen Bereich – insbesondere der Blick auf die belebte Natur – finden dagegen bei Mädchen größere Zustimmung (Hartinger/Fölling-Albers 2002, S. 72 ff.).

Ein wichtiger Befund ist dabei, dass die Geschlechterdifferenzen bei den Interesseneinschätzungen der „Jungenthemen" deutlich höher sind als die der „Mädchenthemen" (Hansen/Klinger 1997, S. 111). Die drei von den Mädchen als am interessantesten eingeschätzten Themen (Delfine, Tierschutz und Igel) wurden von den Jungen ebenfalls als interessant gewertet – das Interesse der Mädchen war nur noch deutlich höher. Bei den meisten „klassischen Jungenthemen" (z. B. Computer, elektrischer Strom, Bestandteile eines Gemisches oder elektrische Eisenbahn) war das Interesse der Mädchen (mit Ausnahme des Themas Computer) vergleichsweise gering.

Es gibt verschiedene Erklärungen, wie sich Interessenunterschiede zwischen Mädchen und Jungen entwickeln. Deutlich ist, dass unterschiedliche Interessen eng mit der Entwicklung von Geschlechterrollenstereotypen zusammenhängen (Spreng/Hartinger 2005). Der (Grund-)Schule kann man daher nicht vorwerfen, sie würde solche Interessenunterschiede initiieren. Doch kann sie sicherlich noch mehr als bislang tun, um hier gegenzusteuern.

Die Förderung von Interesse

Zunächst ist festzuhalten, dass die Schule keinen großen Einfluss auf die individuellen, überdauernden Interessen der Kinder hat. Dies zeigen sowohl fachdidaktisch ausgerichtete Studien zum Sachunterricht als auch Untersuchungen zur Kindheitssituation heute (Fölling-Albers 1994). Ein deutlich größerer Einfluss geht von den Familien und den Peers aus. Pädagogisch bedeutsam bleibt die Aufgabe der Interessenförderung dennoch, nicht zuletzt, da gezeigt werden konnte, dass die schulischen Angebote gerade für Kinder mit wenig häuslichen Anregungen wichtig sind. Mit Blick auf die Förderung des Interesses im Sachunterricht zeigen verschiedene Untersuchungen, dass die Kerngedanken der sachunterrichtlichen Interessenförderung sich nicht von denen in anderen Fächern unterscheiden (Hartinger/Fölling-Albers 2002). Zentrale Basistheorie ist die Selbstbestimmungstheorie der Motivation (Deci/Ryan 1993) und die daraus folgenden Überlegungen zum Empfinden von Autonomie, Kompetenz und sozialer Eingebundenheit. Umgesetzt in den Sachunterricht konnte z. B. für das Unterrichtsthema „Leben am Gewässer" gezeigt werden, dass durch eine entsprechende Öffnung des Unterrichts und ein hohes Maß an Handlungsorientierung diese psychologischen Bedürfnisse der Kinder berücksichtigt und das längerfristige Interesse der Schülerinnen und Schüler positiv beeinflusst werden konnte (Hartinger 1997). Zu ergänzen ist die Öffnung des Unterrichts durch angemessene Strukturierungselemente wie z. B. eine sinnvolle Sequenzierung, Rückmeldungen an die ganze Klasse oder Zusammenfassungen von Arbeitsschritten (Möller u. a. 2006).

Konsequenzen für einen interessefördelichen Unterricht

Im Folgenden werden die vorherigen Befunde so zusammengefasst, dass die Konsequenzen für einen interessefördelichen Unterricht deutlich werden. Zuerst werden Maßnahmen aufgezeigt, die allgemein Interessen fördern. Danach wird explizit besprochen, wie Mädchen bei naturwissenschaftlichen Themen in besonderer Weise gefördert werden können. Wichtig ist an dieser Stelle noch einmal darauf hinzuweisen, dass eine ernst gemeinte Interessenförderung nicht auf kurzfristige Maßnahmen abzielt, sondern den gesamten Unterricht und damit auch den Umgang zwischen Schülerinnen und Schülern sowie Lehrkräften betrifft.

Maßnahmen zur allgemeinen Interessenförderung

Können sich Schülerinnen und Schüler als selbstbestimmt erleben?

Es gibt verschiedene Möglichkeiten, welche Entscheidungen bezüglich der Unterrichtsgestaltung in die Hand der Kinder gelegt werden können. Beispiele dafür sind die Mitbestimmung der Inhalte oder der zu bearbeitenden Aufgaben, die Lernwege, die Sozialformen und -partner, Zeiteinteilung, Raumnutzung oder die Korrektur der Aufgaben. Alle diese Mitbestimmungsmöglichkeiten – auch die leicht zu realisierenden organisatorischen Entscheidungen – wirken sich auf das Empfinden von

Selbstbestimmung aus (Hartinger 2005). Bei den eher inhaltlichen Mitbestimmungs-möglichkeiten hilft es immer wieder, wenn man sich als Lehrkraft überlegt, welche verschiedenen Inhalte für ein exemplarisches Lernziel stehen können oder ob es verschiedene Wege gibt, um das gleiche Ergebnis zu erhalten.

Im Gegensatz zur Mitbestimmung bei der Unterrichtsgestaltung gibt es bei der Leistungsrückmeldung aus motivationaler Sicht das Problem, dass alle Leistungs-rückmeldungen nicht nur einen informierenden, sondern auch einen kontrollierenden Charakter haben. Eine Kontrolle schränkt das Gefühl von Selbstbestimmung ein. Allerdings hat es sich gezeigt, dass es Möglichkeiten gibt, den Kontrollaspekt etwas zu verringern, indem man viele Informationen bei der Leistungsrückmeldung gibt (Hartinger/Fölling-Albers 2002, S. 114 ff.).

In Bezug auf Belohnungen oder Belohnungssysteme lässt sich feststellen, dass bei Aufgaben und Leistungen, die ohnehin schon als interessant empfunden werden, das Phänomen der „Überveranlassung" auftreten kann. Dies bedeutet, dass eine vorhandene intrinsische Motivation (oder ein vorhandenes Interesse) sinken kann, wenn zusätzlich belohnt wird. Bei unangenehmen Tätigkeiten (wie z.B. das Klassenzimmer wieder ordentlich aufräumen) kann es durchaus sinnvoll sein, hin und wieder auf Belohnungen zurückzugreifen. Bei naturwissenschaftlichen Themen und Tätigkeiten sollte dies in der Regel nicht erforderlich sein.

Können sich Schülerinnen und Schüler als kompetent erleben?

Ein erster wichtiger Punkt in diesem Zusammenhang ist, Aufgaben zu finden, die die Kinder bewältigen können. Dies bedeutet eine Differenzierung bzw. gegebenenfalls Individualisierung der Aufgaben. Es erscheint – schon wegen der Gefahr der Stigmatisierung – wenig sinnvoll, feste Differenzierungsgruppen einzurichten. Zudem ist eine solche Einteilung vermutlich bei Aufgaben des Sachunterrichts weniger sinnvoll als z.B. bei unterschiedlich schweren Rechenaufgaben. Hilfreich sind dagegen Ergänzungsaufgaben, die zum eigenen Weiterforschen und/oder Tüfteln anregen, oder auch offene Aufgaben, wie z.B.: „Verändere einen der Versuche zum Thema Luft".

Ein weiterer wichtiger Aspekt ist die kompetenzorientierte Rückmeldung. Mit kompetenzorientierter Rückmeldung ist nicht gemeint, Kinder immer für ihre Leistungen zu loben. Es geht vielmehr darum, zum einen die Leistungen der Schülerinnen und Schüler angemessen zu würdigen und zum anderen die Rückmeldungen so zu gestalten, dass sie soweit wie möglich schädliche Attributionen sowie die Furcht vor Misserfolg verhindern. Zentral sind damit Rückmeldungen, die im Erfolgsfall die Anstrengung und die Fähigkeiten betonen, im Misserfolgsfall v.a. variable Gründe (also wiederum Anstrengung oder gegebenenfalls auch Pech – auf keinen Fall mangelnde Begabung) aufgreifen.

Auch die Wahl der Bezugsnorm hat Effekte auf das Kompetenzerleben. Die vorrangige Orientierung an einer sozialen Bezugsnorm hat verschiedene schädliche Auswirkungen auf Motivation und Interesse (Hartinger/Fölling-Albers 2002, S. 114). Günstig ist es daher, sich immer wieder zu bemühen, die Leistungen der Kinder an ihren jeweils eigenen vorherigen Leistungen zu orientieren und damit sowohl die Anstrengung zu honorieren als auch den Blick auf die Weiterentwicklung der individuellen Kompetenzen zu richten.

Sind die Tätigkeiten, die Kinder im Unterricht durchführen, attraktiv?

Gerade in den naturwissenschaftlichen Bereichen des Sachunterrichts ist es nicht besonders schwierig, „attraktive Tätigkeiten" für Kinder zu finden, denn hier gibt es durch das Experimentieren oder das Durchführen von Versuchen viele solcher Möglichkeiten. Dabei ist es meistens schon spannend für Kinder, wenn sie etwas mit den Händen machen dürfen. Auf Dauer ist es aber mit Blick auf verstehendes Lernen wichtig, dass die Schülerinnen und Schüler zielgerichtet und erkenntnisorientiert ihre Versuche durchführen.

Sind die Kontexte, in die die Themen eingebunden sind, attraktiv?

Diese Frage wird noch zentraler werden, wenn es darum geht, naturwissenschaftliche Themen und Aufgaben für Mädchen attraktiv zu machen. Deshalb an dieser Stelle nur so viel: Es konnte gezeigt werden, dass Alltagskontexte für Kinder durchgängig interessanter sind als Themen, die keinen Zusammenhang zur Lebenswirklichkeit der Kinder haben.

Können sich Schülerinnen und Schüler als sozial eingebunden erleben?

Hier ist es grundsätzlich eine gute Möglichkeit, mit Gruppenarbeit dafür zu sorgen, dass die Kinder nicht als „Einzelkämpfer" arbeiten – andererseits ist durch das Arbeiten in einer Gruppe natürlich auch nicht garantiert, dass ein vernünftiger sozialer Umgang stattfindet.

Maßnahmen zur speziellen Förderung von Mädchen

Nach diesen allgemeinen Maßnahmen soll nun überlegt werden, wie naturwissenschaftlich-technische Inhalte für Mädchen gezielt aufgegriffen werden können – mit dem Anspruch, das Interesse der Jungen dadurch nicht zu vernachlässigen.

Gibt es Kontexte, die Mädchen in besonderer Weise ansprechen?

Der Grundgedanke ist, durch attraktive Kontexte das Interesse der Mädchen zu gewinnen, sodass sie sich mit dem Thema gern beschäftigen. Ein Beispiel dafür ist der Teilaspekt „Gefahren des elektrischen Stroms". Es zeigte sich, dass Mädchen dieses Thema als besonders interessant empfinden (Roßberger/Hartinger 2000). Wenn man nun an den Beginn der Unterrichtssequenz das Problem: „Wo lauern zu Hause und in der Schule Gefahren durch den Strom?" stellt, so kann man davon ausgehen, dass viele Mädchen interessiert sind, sich mit dieser Frage zu beschäftigen. Allerdings benötigt man auch Wissen über Strom, über Leiter und über Isolation, über Sicherungen u.a., um diese Frage beantworten zu können. Wichtig ist, dass das „Mädcheninteresse" ernsthaft bearbeitet wird. Es darf sich also nicht nur um einen motivationalen Aufhänger handeln, der dann vergessen ist, wenn der eigentliche Unterricht anfängt.

Wird das naturwissenschaftlich-technische Selbstkonzept von Mädchen ausreichend gestärkt?

In diesem Zusammenhang gilt alles, was bereits zum Erfolgserleben und Kompetenzempfinden vorangehend geschrieben wurde. Für Mädchen gilt es jedoch in besonderem Maße, da zum einen ihr Selbstkonzept bezüglich naturwissenschaftlicher Fähigkeiten geringer ist als das der Jungen (auch bei gleicher Leistungsfähigkeit) und da zum anderen bei Mädchen die negativen Auswirkungen von Misserfolgserlebnissen größer sind als bei Jungen (Uhlenbusch 1992, S. 11). Folgendes ist daher speziell zu beachten:

▸ Mädchen brauchen oft mehr Zeit, vor allem dann, wenn sie etwas konstruieren oder Versuche durchführen sollen. Sie wollen häufig alles besonders schön und korrekt machen.

▸ Bei Gruppenarbeiten übernehmen Jungen schneller das Kommando und erledigen damit die Arbeiten. Gegebenenfalls ist es daher sinnvoll, ab und zu gleichgeschlechtliche Gruppen zu bilden.

Werden in Klassenzimmer und Unterricht Geschlechterstereotypen vermieden?

Da das mangelnde Interesse der Mädchen an Technik und Naturwissenschaften auch darin begründet ist, dass diese Gebiete als „unweiblich" eingeschätzt werden, sind Maßnahmen hilfreich, die den Mädchen (und auch den Jungen) zeigen, dass ein solches Kriterium das eigene Handeln nicht beeinflussen und vor allem nicht einschränken sollte. Um diese Haltung zu unterstützen, können Lehrkräfte sich bemühen, auch geschlechteruntypische Handlungen anzuregen.

Dies bedeutet, dass auch Jungen im Unterricht zum Thema „Ernährung" mithelfen, eine gesunde Suppe zu kochen, und dass ebenso Mädchen während der Verkehrserziehung lernen, defekte Fahrräder zu reparieren.

Literatur

Bonsen, M./Lintorf, K./Bos, W. (2008): Kompetenzen von Jungen und Mädchen. In: Bos, W. u. a. (Hrsg.): TIMSS 2007. Mathematische und naturwissenschaftliche Kompetenzen von Grundschulkindern in Deutschland im internationalen Vergleich. Münster. S. 125–140.

Deci, E./Ryan, R. (1993): Die Selbstbestimmungstheorie der Motivation und ihre Bedeutung für die Pädagogik. Zeitschrift für Pädagogik, H. 39. S. 223–238.

Doll, J./Rieck, K./Fischer, M. (2007): Zur Vermittlung von systemischen Zusammenhängen im naturwissenschaftlichen Sachunterricht der Grundschule. Ein Vergleich instruktionszentrierten und kooperativen Unterrichts gemäß Gruppenpuzzle. Unterrichtswissenschaft, 35. S. 214–226.

Fölling-Albers, M. (1994): Schulkinder heute. Auswirkungen veränderter Kindheit auf Unterricht und Schulleben. Weinheim.

Hansen, K.-H./Klinger, U. (1997): Interesse am naturwissenschaftlichen Lernen im Sachunterricht – Ergebnisse einer Schülerbefragung. In: Marquard-Man, B. u.a. (Hrsg.): Forschung zum Sachunterricht. Bad Heilbrunn. S. 101–121.

Hartinger, A. (1997): Interessenförderung. Eine Studie zum Sachunterricht. Bad Heilbrunn.

Hartinger, A. (2005): Verschiedene Formen der Öffnung von Unterricht und ihre Auswirkungen auf das Selbstbestimmungsempfinden von Grundschulkindern. Zeitschrift für Pädagogik, 51. S. 397–414.

Hartinger, A./Fölling-Albers, M. (2002): Schüler motivieren und interessieren. Ergebnisse aus der Forschung – Anregungen für die Praxis. Bad Heilbrunn.

Möller, K./Hardy, J./Jonen, A./Kleickmann, T./Blumberg, E. (2006): Naturwissenschaften in der Primarstufe – Zur Förderung konzeptuellen Verständnisses durch Unterricht und zur Wirksamkeit von Lehrerfortbildungen. In: Prenzel, M./Allolio-Näcke, L. (Hrsg.): Untersuchungen zur Bildungsqualität von Schule. Abschlussbericht des DFC-Schwerpunktprogramms BiQua. Münster. S. 161–193.

Roßberger, E./Hartinger, A. (2000): Interesse an Technik. Geschlechtsunterschiede in der Grundschule. Grundschule, 32 (6). S. 15–17.

Schiefele, U./Krapp, A./Schreyer, I. (1993): Metaanalyse des Zusammenhangs von Interesse und schulischer Leistung. Zeitschrift für Entwicklungspsychologie und pädagogische Psychologie, 25. S. 120–148.

Spreng, M./Hartinger, A. (2005): Interessenförderung bei Mädchen und Jungen. Grundschulunterricht, 52 (10). S. 16–19.

Uhlenbusch, L. (1992): Mädchenfreundlicher Physikunterricht. Motivationen, Exempla, Reaktionen. Frankfurt a.M., Bern, New York & Paris.

Wittwe, J./Saß, S./Prenzel, M. (2008): Naturwissenschaftliche Kompetenz im internationalen Vergleich: Testkonzeption und Ergebnisse. In: Bos, W. u.a. (Hrsg.): TIMSS 2007. Mathematische und naturwissenschaftliche Kompetenzen von Grundschulkindern in Deutschland im internationalen Vergleich. Münster. S. 87–124.

Modul G 8:
Eigenständig lernen –
Gemeinsam lernen

Die Entwicklung des eigenverantwortlichen, selbstregulierten Lernens ist neben der Vermittlung von Fachwissen Hauptaufgabe bei der Bildung und Erziehung Heranwachsender. Es geht dabei um die Fähigkeit, sich Wissen anzueignen. Die Grundschule ist der Ort, an dem mit dem systematischen Lernen über das Lernen begonnen wird. Es geht hier um den Erwerb von kognitiven und metakognitiven Lernstrategien, die die Lernenden befähigen, Verantwortung für ihren Lernprozess zu übernehmen, ihn selbstständig und zielorientiert zu planen, zu steuern, zu reflektieren und zu überwachen. Das eigenständige Lernen wird nicht losgelöst von Inhalten gelernt, erst im Fachzusammenhang erhält es seine besondere Ausprägung. Unterricht, der Gelegenheiten zum Erproben des eigenständigen Lernens gibt, fordert eine individuelle Herangehensweise, je nach Grad der Eigenständigkeit. Unter Berücksichtigung der individuellen Vorerfahrungen und Zugänge der Kinder zu fachspezifischen Inhalten verlangt das eigenständige Lernen neben einer veränderten Unterrichtsorganisation eine veränderte Aufgabenkultur, die Lernende aktiviert, stärker miteinander zu kooperieren und dazu anregt, Gespräche über sachbezogene Inhalte zu führen, sich über Ideen auszutauschen, sich Meinungen zu bilden, diese zu versprachlichen und Kompromisse zu schließen.

Marcus Nührenbörger und Lilo Verboom thematisieren in der auf den Mathematikunterricht bezogenen Modulbeschreibung „Selbstgesteuertes und sozial-interaktives Mathematiklernen in heterogenen Klassen im Kontext gemeinsamer Lernsituationen" die Vorteile und Notwendigkeiten des eigenständigen Lernens im gemeinsamen Lernen durch offene Aufgabenangebote, die eine „natürliche" Differenzierung ermöglichen. Sie beschreiben Formen des kooperativen Lernens, die auch über die Grenzen des traditionellen Klassenverbandes hinaus in jahrgangsgemischten Lerngruppen zu einem Lernen in sogenannter „Koproduktion" führen, das heißt, dass alters- und leistungsdifferente Lernende in Zusammenarbeit an einer Aufgabenstellung auf ihren jeweiligen Leistungsebenen einen Lerngewinn verzeichnen können.

Rita Wodzinski gibt in ihrer Modulbeschreibung „Eigenständiges Lernen – Kooperatives Lernen" Anregungen zur Umsetzung des eigenen sowie des kooperativen Lernens im naturwissenschaftlichen Unterricht. Ihr geht es insbesondere um den Prozess, das Lernen zu lernen, sowohl in Eigenständigkeit als auch in Kooperation. Verbunden ist dies mit entsprechenden altersangemessenen Freiräumen und einer Aufgabenkultur, die in der Auseinandersetzung mit der Sache und mit Gleichgesinnten kognitive und metakognitive Kompetenzen anspricht und erweitert.

Marcus Nührenbörger und Lilo Verboom

Selbstgesteuertes und sozial-interaktives Mathematiklernen in heterogenen Klassen im Kontext gemeinsamer Lernsituationen

Natürliche Differenzierung durch selbstdifferenzierende Aufgaben

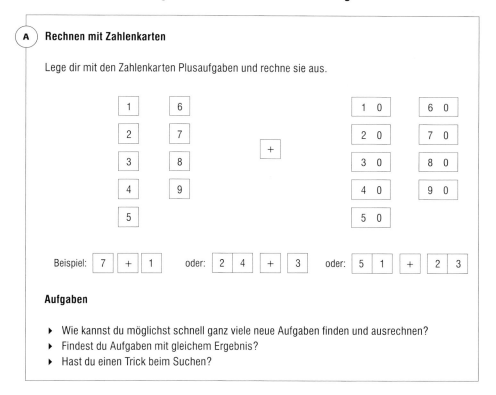

Aufgaben

▸ Wie kannst du möglichst schnell ganz viele neue Aufgaben finden und ausrechnen?
▸ Findest du Aufgaben mit gleichem Ergebnis?
▸ Hast du einen Trick beim Suchen?

Was ist zu erwarten, wenn eine solche Aufgabenstellung von Lernenden einer jahrgangsgemischten Lerngruppe (1. und 2. Schuljahr) bearbeitet werden soll? Hier sind einige Schülerlösungen, die zeigen, was die Kinder ausprobiert und welche „Tricks" sie gefunden haben:

Patrick 1. Schuljahr	Paula 1. Schuljahr	Luna 2. Schuljahr	Jonas 2. Schuljahr	Renan 2. Schuljahr
$5 + 9 = 14$	$10 + 5 = 15$	$80 + \ 1 = \ 81$	$50 + 38 = 88$	$740 + 280 = 1200$
$5 + 4 + 9 = 15$	$10 + 4 = 14$	$80 + \ 2 = \ 82$	$58 + 30 = 88$	$280 + 740 = 1200$
$91 + 3 = 94$	$10 + 3 = 13$	$80 + \ 3 = \ 83$	$48 + 33 = 81$	$470 + 820 = 1290$
	$70 + 1 = 71$	$90 + 22 = 112$	$43 + 38 = 81$	$820 + 470 = 1290$
	$80 + 1 = 81$	$80 + 22 = 102$	$22 + 48 = 70$	$870 + 420 = 1290$
	$90 + 1 = 91$	$70 + 22 = \ 92$	$21 + 49 = 70$	$420 + 780 = 1290$
	$91 + 2 = 93$	$60 + 22 + 10 = \ 92$	$49 + 21 = 70$	$650 + 240 = \ 890$
	$81 + 3 = 93$	$50 + 22 + 20 = \ 92$	$41 + 29 = 70$	$240 + 650 = \ 890$
	$71 + 4 = 93$	$40 + 22 + 30 = \ 92$	$63 + 30 = 93$	
	$61 + 5 = 93$	$37 + 69 = 106$	$60 + 33 = 93$	
	$51 + 6 = 93$	$44 + 57 = 101$	$40 + 32 = 72$	
	$41 + 7 = 93$		$42 + 30 = 72$	

Tab. 1: Schülerlösungen von Patrick, Paula, Luna, Jonas und Renan

Um der Heterogenität mathematischer Kompetenzen gerecht zu werden, sind in der Grundschule bereits in der Vergangenheit verschiedene Konzepte der Individualisierung von Lernprozessen umgesetzt worden. Weit verbreitet ist vor allem die von der Lehrkraft gesteuerte quantitative oder qualitative Differenzierung von Arbeitsaufträgen, die von den Lernenden selbstständig – zumeist in Einzel- oder Partnerarbeit und im Rahmen organisatorisch geöffneter Unterrichtsformen – bearbeitet werden. Für verschiedene Leistungsniveaus werden unterschiedliche Arbeitsaufträge formuliert. Eine derartige Aufarbeitung der Inhalte – insbesondere des Übungsstoffs – nach unterschiedlichen Zielen, Schwierigkeitsgraden und Bearbeitungsformen erlaubt sicherlich eine differenzierte Herausforderung und Beobachtung aller Kinder; allerdings ist bei der Vielfalt an subjektiven Kompetenzen eine genaue Passung zwischen Aufgabenzuweisung und individuellem Lernstand kaum zu erzielen. Es gehört zur alltäglichen Unterrichtserfahrung, dass bei einer noch so überlegten differenzierenden Steuerung durch die Lehrkraft, Unter- oder Überforderung einzelner Kinder nicht zu vermeiden sind. Geöffnete Lernaufgaben wie im obigen Beispiel ermöglichen dagegen eine Auseinandersetzung mit einer Aufgabe auf verschiedenen mathematischen Niveaus. Hierbei wird den Kindern die Zuständigkeit für die Auswahl des Schwierigkeitsgrades und des Umfangs ihrer Arbeit übergeben – die Lehrkraft begleitet zugleich die Kinder auf ihrem Weg, eigenverantwortlich zu arbeiten. Dabei arbeiten alle Kinder an einem Aufgabenthema, sodass die unterschiedlichen Bearbeitungsmöglichkeiten für das

Mathematikwissen aller von Bedeutung sind. Die Ideen und Vorgehensweisen der Kinder liefern der Lehrkraft wertvolle Hinweise über den individuellen Leistungsstand und können zur Reflexion und Planung des Unterrichts genutzt werden (Hirt/Wälti 2007; Nührenbörger 2010; Schütte 2008).

Individualisierung durch offene Aufträge

Eine fest umrissene Typologie offener Lernangebote gibt es nicht, denn sie haben an unterschiedlichen Stellen im Unterricht ihren Platz: Sie eröffnen den Kindern Freiräume, um sich eigeninitiativ – aus der Perspektive der Vorschau – mit einem (neuen) Lerninhalt auseinanderzusetzen und dabei eigene mathematische Ideen zu entfalten bzw. ihr „vorauseilendes Wissen" (Rasch 2004) einzubringen, die eigenen Grenzen zu überschreiten oder aber bereits Erarbeitetes im Rahmen eigener Möglichkeiten zu vertiefen (Rasch 2007). Im obigen Aufgabenbeispiel wird deutlich, wie die Kinder „erarbeitete" Zahlenräume überschreiten, neue Zusammenhänge beim Ausprobieren entdecken, bekannte Gesetzmäßigkeiten nutzen und erworbene Rechenfähigkeiten auf neue Zahlenräume zu übertragen versuchen.

Offene Aufgaben können zu unterschiedlichen Eigenproduktionen herausfordern. In idealtypischer Weise lassen sich vier verschiedene Formen unterscheiden: „Lerner können dazu angeregt werden, selbst Aufgaben zu erfinden (Erfindungen), Aufgaben mit eigenen Vorgehensweisen zu lösen (Rechenwege), Auffälligkeiten zu beschreiben und zu begründen (Forscheraufgaben) oder sich über den Lehr-/Lernprozess zu äußern (Rückschau bzw. Ausblick)" (Sundermann/Selter 2005, S. 127).

Da die Kinder „Autoren" ihrer Aufgaben sind, liegt es auf der Hand, dass die Anregungen sowohl für jahrgangshomogene als auch für -heterogene Klassen geeignet sind. Hier ein Beispiel, das die Bandbreite inhaltlich-offener Aufgabenstellungen verdeutlicht:

(A) Offene Aufgabenstellung

> ▸ Bilde Aufgaben mit Ergebnis 50. Finde passende Zahlenpaare (der Unterschied zwischen zwei Zahlen beträgt 3).
> ▸ Finde Plus- oder Minusaufgaben mit geradem Ergebnis.
> ▸ Bilde besondere Zahlenhäuser/Zahlenfolgen/Zahlentafeln/Zahlenmauern etc.

Individualisierung durch Aufgabengeneratoren

Bei diesen Aufgabenstellungen werden die Kinder angeregt, aus einem vorgegebenen Ziffern- bzw. Zahlenmaterial selber Rechenaufgaben zu bilden. Sie ersparen der Lehrkraft das Erstellen differenzierter Arbeitsblätter für die unterschiedlichen Leistungsstände ihrer heterogenen Lerngruppe. Aufgabengeneratoren stellen keine so hohen Ansprüche an die Kreativität und Selbstständigkeit wie die zuvor angeführten

Aufträge. Daher unterstützen sie in besonderer Weise die Entwicklung von Eigenverantwortung beim Mathematiklernen, ohne dass sofort Kinder durch eine allzu große Offenheit der Aufgabenstellungen überfordert sein könnten (Verboom 2005).

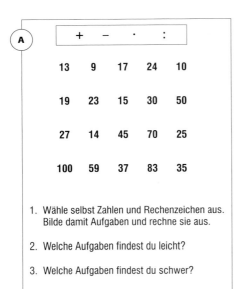

1. Wähle selbst Zahlen und Rechenzeichen aus. Bilde damit Aufgaben und rechne sie aus.

2. Welche Aufgaben findest du leicht?

3. Welche Aufgaben findest du schwer?

4. Bei welchen Aufgaben hast du dir etwas Besonderes überlegt?

Abb. 1a: Aufgabengenerator „Zahlenset"

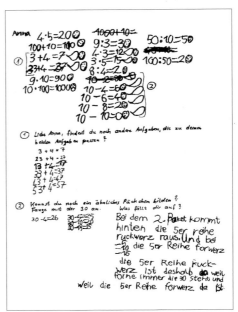

Abb. 1b: Schülerdokument zum „Zahlenset":

Bei der Auswahl möglicher Aufgaben reflektieren die Kinder mehr oder weniger bewusst den Stand ihres eigenen Könnens im Hinblick auf das individuelle Aufgabenniveau (leicht, schwer, unsicher, über bisherige Zahlenraumgrenzen hinaus) und die eigenen Rechenoperationen. Zusätzliche Impulse (Nr. 2–4, Abb. 1a) können gezielt zur Selbsteinschätzung oder auch zu strategischen Vorgehensweisen durch Nutzen von operativen Beziehungen anregen. Wenn Kinder sich mit Schablonen Zahlen an der 100er-Tafel oder Aufgaben an der 1 + 1-Tafel heraussuchen und ausrechnen, nutzen sie diese Tafeln ebenfalls als Aufgabengenerator.

Aufgabengeneratoren eignen sich auch für den jahrgangsgemischten Unterricht, denn sie können in bestimmten Zeitabständen mehrfach eingesetzt werden. Die Kinder können jeweils neue, schwierigere Aufgabenbildungen vornehmen. Dadurch ergeben sich für sie klare Perspektiven für zielgerichtetes Lernen. Eigene Lernfortschritte können – etwa in Lerntagebüchern – verfolgt werden. Im Lerntagebuch halten die Kinder die Ergebnisse ihrer individuellen Auseinandersetzung mit dem Lernstoff (Überlegungen, Lösungsansätze, Erfindungen, Entdeckungen, Reflexion des eigenen Lernzuwachses, Fragen etc.) fest. Lerntagebücher bilden folglich die individuellen

Lernwege und Lernentwicklungen der Kinder ab und sind für die Lehrkraft ein wichtiges diagnostisches Instrument.

Förderung des eigenständigen Mathematiklernens

Selbstgesteuertes Lernen in offenen Lernsituationen stellt hohe Anforderungen an die Beteiligten. Es kann nicht erwartet werden, dass Kinder ohne Hinführung zu Eigenproduktionen zu hohen Graden an mathematischer Produktivität fähig sind. Um sich gründlich und erfolgreich mit mathematischen Gegenständen oder Fragestellungen auseinanderzusetzen, müssen die Kinder vom 1. Schuljahr an kontinuierlich mit offenen Aufgabenstellungen konfrontiert und auf ihrem Weg zum autonomen, reflexiven Lernen beraten und unterstützt werden (Verboom 2004).

Eigenständiges Lernen im Kontext offener Lernangebote setzt den Erwerb von Arbeitstechniken, Lernstrategien und Einstellungen voraus, denn das einzelne Kind übernimmt die Verantwortung zur Planung und Steuerung seines Lernprozesses. Von Anfang an ist die Einstellung zu fördern, dass Schulaufgaben nicht bedeuten, etwas „abzuarbeiten" bzw. „fertig zu kriegen", sondern etwas für sich – häufig auch mit anderen zusammen – zu erarbeiten. Dazu müssen die Kinder in Bezug auf ihren Arbeitsprozess Bewusstheit erlangen über die Planung ihrer Vorgehensweisen, über ihre spontanen Einfälle, über die Art ihrer Darstellung von Sachverhalten, aber auch über ihre Schwierigkeiten, ihre „heimlichen" Zielsetzungen und ihre Lernfortschritte.

Hierbei gehört es zur Aufgabe der Lehrkraft, den Prozess des Erwerbs von Eigenständigkeit während des Arbeitsprozesses zu begleiten und die eigenen Lernerfahrungen der Kinder zu fördern. Die Kinder benötigen Beratung, Unterstützung und Anregung, um das eigene Potenzial an Lernmöglichkeiten auszuschöpfen.

Förderung der Selbstreflexion durch die Lehrkraft

Die Lehrkraft kann vor dem Hintergrund ihrer Rolle als Moderatorin unterrichtlicher Lernprozesse durch individualisierte Impulse die Aufmerksamkeit eines Kindes oder einer Lerngruppe auf bestimmte Aspekte des Sachgebiets lenken und dadurch zusätzliche Lernchancen eröffnen. Diese Form des Austausches geht dabei einher mit einer Haltung der Lehrkraft, die die Kinder als mathematisch Denkende ernst nimmt. Die Rückmeldungen seitens der Lehrkraft erfolgen mit kompetenzorientiertem Blick, sind sachbezogen und lernfördernd. Wie aus dem Schülerdokument (Abb. 1b) zu ersehen ist, können persönliche Rückmeldungen die Auseinandersetzung eines Kindes mit einem Thema vertiefen oder sogar zu neuen mathematischen Erkenntnissen führen.

Die professionelle Berateraufgabe der Lehrkraft setzt Fachwissen sowie methodisch-didaktische und diagnostische Kompetenzen voraus, um ergiebige Ansätze in den Ideen der Kinder wahrzunehmen, richtig zu interpretieren und weitere Lernchancen hinsichtlich des Ausbaus mathematischer Fähigkeiten und Fertigkeiten zu erkennen und durch geeignete Impulse anzuregen. Dies stellt gerade in einer jahrgangsgemischten Klasse, in der komplexe Unterrichtssituationen entstehen, eine besondere Herausforderung dar.

Gemeinsames Lernen im Mathematikunterricht

Individualisierte, selbstgesteuerte Lernprozesse laufen in unsicheren Bahnen, wenn sie nicht sozial integriert werden und wenn die einzelnen Kinder mit ihren Ideen und Ansichten ausschließlich nebeneinanderher lernen. Gerade das Mathematiklernen auf eigenen Wegen bedarf des Austauschs mit anderen und des Aushandelns von Sichtweisen, Vorstellungen und Lösungswegen. Das Wissen wird flexibler und vom Kontext unabhängiger, indem eigene Ideen sprachlich verständlich erläutert und argumentativ ausgetauscht werden und man sich zugleich mit anderen Perspektiven auseinandersetzt. Allerdings fällt es Kindern häufig noch sehr schwer, eigene Erkenntnisse und Lösungswege mit Worten zu erläutern. Als hilfreich zeigt sich hier zum einen die Betonung der Kommunikation im Mathematikunterricht vom ersten Schultag an. Wenn Kinder es gewohnt sind, über ihre eigenen Vorstellungsbilder und Strategien zu sprechen und diese mit anderen auszutauschen, schulen sie im Laufe der Zeit ihr mathematisches Diskurssprachrepertoire. Zum anderen hilft es Kindern häufig, wenn sie ihre Ideen an einem repräsentativen Beispiel (gegebenenfalls mit Materialien oder weiteren Darstellungen) mündlich oder schriftlich näher erläutern können (Brandt/Nührenbörger 2009).

1	19	12	8
3	17	14	6
5	15	16	4
7	13	18	2

1	4	5	8
3	2	7	6
12	15	16	19
14	13	18	17

Abb. 2: Vorgegebene Zahlentafel Abb. 3a: Verschiedene Zahlenpaare Abb. 3b: Lenas Zahlenquadrat

Beim Austausch über Erfindungen, Erkenntnisse und Vorgehensweisen gilt es, möglichst viele Schülerinnen und Schüler zum Erklären, Vergleichen, Erfragen und Kooperieren aufzufordern. Die direkteste Form der Kommunikation ergibt sich beim (informellen) Partneraustausch. Günstig ist es, wenn bestimmte Aufgabenstellungen geradezu zu einem Austausch herausfordern. So kann ein Kind seine Entdeckungen an der vorgegebenen Zahlentafel (Abb. 2) seinem Partnerkind einfach nur mitteilen. Viel interessanter ist allerdings folgender Auftrag: „Setze die Zahlenpaare (Abb. 3a) so zu einem 4 · 4-Quadrat zusammen, dass man an deiner Zahlentafel etwas entdecken kann. Gib deinem Partner die Zahlentafel. Was kann dein Partnerkind alles entdecken?" Ob das Partnerkind von Lena (Abb. 3b) wirklich errät, was sie sich beim Zusammensetzen der Zahlenpaare gedacht hat? Auf jeden Fall wird ein fachbezogener Austausch angeregt.

Auch bei der Auseinandersetzung mit ausgestellten Eigenproduktionen („Entdeckerwand", „Forscherwand") kommen Kinder spontan ins Gespräch über ihre Einfälle und Lösungen. „Erfinderrunden" bieten den Kindern eine Struktur für die Betrachtung der Arbeiten anderer Kinder. Sie laufen nach einem festgelegten Ritual ab: Einige Kinder heften ihre Eigenproduktionen, die sie zum Zweck der Veröffentlichung zuvor groß und deutlich dargestellt haben, an der (Seiten-)Tafel an. Bevor das „Erfinderkind" selbst zu Wort kommt, erörtern die anderen Kinder die jeweilige Eigenproduktion (Schütte 2008).

In Rechen- oder Strategiekonferenzen werden die Arbeitsergebnisse und Lösungswege einzelner Kinder, aber auch Entdeckungen von Auffälligkeiten und Beziehungen in einer Gruppe betrachtet, miteinander verglichen, auf Richtigkeit überprüft und gegebenenfalls sachlich kritisiert. Im engeren Sinne geht es dabei darum – in Analogie zur Intention von Schreibkonferenzen – dem einzelnen Kind Rückmeldung über die Aufzeichnungen zu geben. Im weiteren Sinne wird bezweckt, über verschiedene Lösungsversuche nachzudenken und sie zu vergleichen, um das Repertoire des Kindes an Lernstrategien zu erweitern.

Um die Erfahrungen aus den Mathematikkonferenzen zu vertiefen, ist es sinnvoll, möglichst zeitnah eine weitere, ähnlich strukturierte Aufgabenstellung anzubieten. So können Kinder das Erfahrene direkt ausprobierend anwenden und den Nutzen für sich reflektieren. An einem Beispiel zu operativen Päckchen (Entdeckerpäckchen) wird diese Verbindung verdeutlicht:

A

Entdeckerpäckchen

Was hast du in der Rechenkonferenz Interessantes und Neues erfahren? Schreibe es auf.
Vielleicht helfen dir die Ideen aus der Rechenkonferenz bei diesen Entdeckerpäckchen!

$14 - 12 =$ ___
$14 - 10 =$ ___
$14 - \ 8 =$ ___
___ $- \_ =$ ___
___ $- \_ =$ ___

Was hast du entdeckt? Zeichne und schreibe!
Hast du eine Idee, warum das passiert ist?

Entdeckerpäckchen

Rechne aus! Wie geht es weiter?

$10 + 20 =$ ___
$12 + 20 =$ ___
$14 + 20 =$ ___
$16 + 20 =$ ___
___ $+ \_ =$ ___
___ $+ \_ =$ ___

Was hast du entdeckt? Zeichne und schreibe!
Hast du eine Idee, warum das passiert ist?

Abb. 4a: Entdeckerpäckchen I

Abb. 4b: Entdeckerpäckchen II

Im jahrgangsgemischten Mathematikunterricht kann entsprechend an parallelisiert strukturierten Lernheften, Rechenduetten oder analogen Aufgaben gearbeitet werden, die mathematisch ähnliche Inhalte auf unterschiedlichen Niveaus zeitgleich anbieten. Jahrgangsgemischter Unterricht erfordert eine besonders bewusste Auseinandersetzung mit natürlicher Differenzierung und produktivem Mathematiklernen, sodass ältere und jüngere Kinder miteinander an einem Aufgabenkontext arbeiten und je nach individueller Kompetenz auch unterschiedliche Rollen im gemeinsamen Lernprozess einnehmen können.

Die Organisation der Lehr-Lern-Prozesse setzt an den schulmathematischen Hintergründen der Schülerinnen und Schüler an und spannt ein Zwei-Jahres-Curriculum auf, das die wesentlichen inhalts- und prozessbezogenen Kompetenzen umfasst und parallelisiert organisiert (wie z. B. die Einführung und Orientierung oder das operative Rechnen im Zahlenraum bis 20 bzw. 100, der Umgang mit Formen, Figuren und Körpern oder mit Zeitspannen, Geldwerten und Längen). Die Idee der Parallelisierung strukturanaloger Inhalte gewährt die Balance zwischen Individualisierung und Interaktion (Nührenbörger/Pust 2006).

Literatur

Brandt, B./Nührenbörger, M. (2009): Kinder im Gespräch über Mathematik. Kommunikation und Kooperation im Mathematikunterricht. In: Die Grundschulzeitschrift. H. 222/223. S. 28–33.

Hirt, U./Wälti, B. (2007): Lernumgebungen im Mathematikunterricht. Natürliche Differenzierung für Rechenschwache bis Hochbegabte. Seelze.

Nührenbörger, M./Pust, S. (2006): Mit Unterschieden rechnen. Lernumgebungen und Materialien im differenzierten Anfangsunterricht Mathematik. Seelze.

Nührenbörger, M./Verboom, L. (2005): Modul G 8: Eigenständig lernen – Gemeinsam lernen. SINUS-Transfer Grundschule. www.sinus-an-grundschulen.de/fileadmin/uploads/Material_aus_ STG/Mathe-Module/M8.pdf (8.11.2010).

Nührenbörger, M. (2010): Differenzierung und Jahrgangsmischung. In: Cottmann, K. (Hrsg.): Mathematik Anfangsunterricht. Seelze. S. 1–17.

Rasch, R. (2004): Offene Aufgaben für unterschiedlich leistungsfähige Kinder. In: Grundschulunterricht. H. 2. S. 5-10.

Rasch, R. (2007): Offene Aufgaben für individuelles Lernen im Mathematikunterricht der Grundschule 1/2 (3/4). Aufgabenbeispiele und Schülerbearbeitungen. Seelze.

Schütte, S. (2008): Qualität im Mathematikunterricht der Grundschule sichern. Für eine zeitgemäße Unterrichts- und Aufgabenkultur. München.

Sundermann, B./Selter, Ch. (2005): Mit Eigenproduktionen individualisieren. In: Christiani, R. (Hrsg.): Jahrgangsübergreifend unterrichten. Frankfurt a. M. S. 125–136.

Verboom, L. (2004): Entdeckend üben will gelernt sein. In: Grundschulzeitschrift. H. 177. S. 6–11.

Verboom, L. (2005): Gemeinsame Lernsituationen. In: Christiani, Reinhold (Hrsg.): Jahrgangsübergreifend unterrichten. Frankfurt a. M. S. 143–151.

Rita Wodzinski

Eigenständiges Lernen – Kooperatives Lernen

Einleitung

Angesichts der Heterogenität der Lernenden hinsichtlich ihrer Vorerfahrungen, ihrer Interessen, ihres Vorwissens und ihrer Lerngewohnheiten kann Unterricht, der allen Kindern gleiche Lernaufgaben stellt, nicht gleichzeitig allen Kindern gerecht werden. Offenere Unterrichtsformen, die Raum für eigenständiges Arbeiten lassen, bieten Möglichkeiten, dem zu begegnen. Eine andere Möglichkeit stellen kooperative Lernformen dar, die die Heterogenität produktiv nutzen. Dabei wird dem sozialen Lernen ein besonderer Stellenwert eingeräumt, um das wechselseitige Lernen voneinander zu unterstützen.

Eigenständiges und kooperatives Lernen bilden kein Gegensatzpaar, sondern ergänzen sich. In beiden Fällen geht es darum, Schülerinnen und Schüler stärker zu aktivieren, das Lernen für jedes einzelne Kind optimal zu fördern und über das fachliche Lernen hinaus Kompetenzen zu stärken, das eigene Lernen zunehmend selbstständig in die Hand zu nehmen. Das Lernen des Lernens bildet deshalb eine gemeinsame Klammer für eigenständiges und kooperatives Lernen.

Eigenständiges Lernen

Die Öffnung des Unterrichts ist eine notwendige Voraussetzung, um eigenständiges Lernen zu ermöglichen. Eigenständiges Lernen ist jedoch keineswegs an bestimmte Unterrichtsmethoden wie Werkstatt- oder Freiarbeit gebunden. Und keineswegs wird eigenständiges Lernen schon durch den Einsatz einer bestimmten Methode erreicht.

In der Unterrichtspraxis werden offene Unterrichtsformen inzwischen häufig umgesetzt, sie haben jedoch nicht immer zur Folge, dass die Schülerinnen und Schüler kognitiv angemessen gefördert werden.

So fasst Lipowsky die Erfahrungen mit offenem Unterricht in der Grundschulrealität wie folgt zusammen (Lipowsky 2002, S.142):

▸ Arbeitsaufträge im Rahmen offenen Unterrichts bewegen sich oft auf einem eher niedrigen Niveau.
▸ Es findet vornehmlich rezeptives und wenig einsichtsvolles Lernen statt.
▸ Die Aufträge sind in der Regel eng geführt und bieten wenig Spielraum für entdeckendes Lernen im eigentlichen Sinn.
▸ Anwendungs- und Transferleistungen kommen selten vor.

Die Auflistung zeigt, dass das Potenzial offenen Unterrichts im Sinne einer individuellen Förderung noch besser genutzt werden kann. Die Blickrichtung auf eigenständiges Lernen kann dazu beitragen.

Eigenständiges Lernen hat zum Ziel, dass die Schülerinnen und Schüler die Planung und Steuerung ihres Lernens zunehmend selbst in die Hand nehmen. Gleichzeitig erwerben sie beim eigenständigen Lernen die dafür erforderlichen übergeordneten Kompetenzen, d. h. sie lernen, eigene Lernziele zu setzen, das Lernen zu planen und in Schritte zu untergliedern, Informationen zu suchen, diese durchzuarbeiten, selbstständig zu üben und den eigenen Lernfortschritt zu beurteilen. Eigenständiges Lernen leistet damit neben dem fachlichen Lernen immer auch einen Beitrag zum Lernen des Lernens.

Ein Beispiel zur Förderung eigenständigen Lernens

Stärkere Eigenständigkeit wird z. B. ermöglicht, wenn den Kindern Fragen und Probleme gestellt werden, die sie nach ihren eigenen Methoden bearbeiten können. In einem bei Soostmeyer beschriebenen Unterrichtsbeispiel (Soostmeyer 2002, S. 123 ff.) wird nach der Diskussion der Wärmeausdehnung von Flüssigkeiten die Frage aufgeworfen, ob Luft sich auch ausdehnt und wie man dies überprüfen kann. Zu dieser Frage stellen die Schülerinnen und Schüler zunächst Vermutungen an, entwerfen einen geeigneten Versuchsplan und setzen diesen schließlich experimentell im Unterricht oder zu Hause um.

Folgende Lösungen tauchen dabei in der Planungsphase auf:
▸ Norman schlägt vor, einen leeren Eimer mit Butterbrotpapier fest zu verschließen und in eine Badewanne mit heißem Wasser zu stellen.
▸ Markus möchte eine leere Flasche kopfüber in einen Eimer mit heißem Wasser stülpen und beobachten, ob sich Blasen bilden.
▸ Marion schlägt vor, einen aufgeblasenen Luftballon nacheinander im Backofen und im Kühlschrank zu beobachten.
▸ Nicole möchte ein leeres Flaschenthermometer verwenden, dessen Röhrchen mit Seifenlösung benetzt wird.

Die Beispiele zeigen eindrucksvoll, zu welch kreativen Lösungen die Kinder in der Lage sind und wie anregend gerade diese Vielfalt für das Lernen ist. Das Vorgehen bei der Aufstellung eines Versuchsplans und dem Anfertigen einer Versuchsbeschreibung wurde im Unterricht zuvor gründlich besprochen. Die vorgegebene Struktur half den Schülerinnen und Schülern, über ihre Vorstellungen und ihr methodisches Vorgehen nachzudenken und die Überlegungen strukturiert darzustellen. Eigenständiges Lernen und Strukturierung gehen hier Hand in Hand. Weitere Möglichkeiten der Umsetzung eigenständigen Lernens sind in der Langversion der Modulbeschreibung dargestellt (Wodzinski 2007).

Das Lernen des Lernens

Pädagogische Maßnahmen, die zum Lernen des Lernens beitragen können, lassen sich anhand der folgenden fünf Prinzipien charakterisieren:

▸ *das eigene Lernen beobachten und verstehen lernen (monitoring),*
▸ *durch Beobachten anderer Arbeits- und Lernmodelle sein eigenes Vorgehen modifizieren und optimieren (modeling),*
▸ *gemeinsam Lernarbeit leisten und aus den gemachten Erfahrungen lernen (evaluation),*
▸ *die Wirksamkeit der individuellen und gemeinsamen Lernarbeit überprüfen (reflection),*
▸ *Arbeits- und Lernerfahrungen mit anderen besprechen, verarbeiten und voneinander lernen (conferencing).*   (Kaiser 2004, S. 146)

Diese Prinzipien finden im Grundschulalltag in verschiedener Weise bereits Anwendung. So helfen Lerntagebücher, das eigene Lernen zu beobachten und darüber nachzudenken. Lehrerinnen und Lehrer fungieren als Modelle, indem sie vormachen, wie man sich in bestimmten Situationen geeignet verhält, wie man Informationen recherchiert, wie man Wichtiges aus Texten herausfiltert und zusammenfasst etc. Nicht selten werden Lerngruppen gebildet, die über einen längeren Zeitraum zusammenbleiben, um das gemeinsame Lernen zu verbessern und von Lernerfahrungen zunehmend zu profitieren. In Form von Arbeitsrückschauen reflektiert die Klasse Lernerfahrungen und beurteilt deren Wirksamkeit. Durch den Austausch der Erfahrungen in Klassenkonferenzen werden diese Erfahrungen wiederum gemeinsam diskutiert und für alle fruchtbar gemacht.

Will man das Lernen des Lernens fördern, so hat es sich gezeigt, dass dazu nicht notwendigerweise neue Methoden erforderlich sind. Die Förderung kann auch bereits dadurch erzielt werden, dass vertraute Elemente der Unterrichtspraxis bewusster und expliziter eingesetzt werden, um diese übergeordnete Lernkompetenz zu unterstützen.

Kooperatives Lernen

Die Realisierung kooperativen Lernens wird nicht nur gefordert, weil das Lernen des Lernens eine so zentrale Rolle spielt, sondern weil eine Reihe weiterer Argumente für den Einsatz kooperativer Lernformen sprechen. Aus pädagogischer Sicht wird kooperatives Lernen z. B. als eine Möglichkeit gesehen, auf das massiv veränderte Lebensumfeld von Kindern zu reagieren. Immer mehr Kinder wachsen in schwierigen Verhältnissen auf und bringen Defizite im Sozialverhalten mit, auf die Lehrkräfte im Unterricht reagieren müssen. Indem das kooperative Lernen das soziale Lernen explizit zum Thema macht, können Defizite in gewissem Maße aufgefangen werden (Weidner 2003).

Im Hinblick auf sachbezogenes Lernen bietet kooperatives Arbeiten die Möglichkeit, das Artikulieren eigener Vorstellungen und Ideen zu unterstützen und den Gedankenaustausch zu fördern. „Nicht nur das Zusammentragen von Einzelwissen, sondern das vergleichende Austragen verschiedener Sichtweisen und Erfahrungen sind die entscheidenden Faktoren, dass die Kognitionen der Kinder angeregt werden und erweiterte Denkformen aufgebaut werden." (Pech/Kaiser 2004, S. 17). Einige Autoren weisen darauf hin, dass Kinder die eigenen (und andere kindliche) Lernwege und -formen sehr genau kennen und deshalb Mitschülerinnen und -schüler gelegentlich besser unterstützen können als die Lehrkraft (Trautmann 2002). Auch im Hinblick auf die Lernmotivation erweist sich kooperatives Arbeiten als günstig. Voraussetzung dafür ist jedoch, dass die Arbeitsaufträge eine echte Zusammenarbeit in Gang setzen und möglichst alle von der Gruppenarbeit profitieren (Fölling-Albers/Hartinger 2002; Wellenreuther 2005).

Kooperatives Lernen versus Gruppenarbeit

Kooperatives Lernen ist nicht mit Gruppenarbeit gleichzusetzen. Kooperatives Lernen im engeren Sinne bedeutet stattdessen das Lernen in einem festen Team, das über einen längeren Zeitraum zusammenbleibt und für den Lernerfolg gemeinsam verantwortlich ist. Dabei werden gezielt Maßnahmen ergriffen, um ein Gruppengefühl aufzubauen und wechselseitige Verantwortung zu stärken. Soziales Lernen ist nicht Nebeneffekt, sondern wird gezielt und explizit gefördert (Konrad/Traub 2001; Weidner 2003).

Soziale Kompetenzen sind Voraussetzung für erfolgreiches kooperatives Lernen. Mit kooperativen Lernformen können diese Kompetenzen gefördert werden. Es sollten jedoch grundlegende soziale Fertigkeiten bereits im Vorfeld geübt und entsprechendes Verhalten explizit gemacht werden.

Einfache Fertigkeiten wie eigene Ideen mitteilen, andere zum Sprechen auffordern und sich bei anderen angemessen zu bedanken, sind für viele neue und ungewohnte Formen der Kommunikation (...). Es versteht sich von selbst, dass die Vorzüge solcher Fertigkeiten in der Gruppe angemessen diskutiert werden sollten. Vor allem die Vorteile für ein motiviertes und effektives Arbeiten können nicht genug hervorgehoben werden. (Konrad/Traub 2001, S. 77)

Rollenzuweisungen fördern das Lernen des Lernens

Um die Verantwortung der Gruppenmitglieder füreinander zu stärken, können den Gruppenmitgliedern bestimmte Rollen innerhalb der Gruppenarbeit zugewiesen werden. Die Personen übernehmen dadurch Teilaufgaben zur Überwachung des Lernens in der Gruppe. Auf diese Weise können wichtige Kompetenzen für eigenständiges Lernen bewusst gemacht und geübt werden, wobei die Einzelpersonen durch Konzentration auf einzelne Aspekte im Lernprozess entlastet werden. Sinnvoll ist es, die Aufgaben, die den verschiedenen Rollen zugeordnet sind, zuvor im Klassenunterricht modellhaft zu zeigen und an Beispielen gezielt einzuüben.

Möglichkeiten der Umsetzung kooperativen Lernens

In den letzten Jahren haben kooperative Lernformen eine zunehmende Verbreitung gefunden. Sie sind zum Teil auch als Bausteine in Methodentrainings integriert. Im Folgenden werden drei kooperative Lernformen näher vorgestellt.

Gruppenpuzzle

Beim Gruppenpuzzle arbeiten sich die Schülerinnen und Schüler in Kleingruppen (Expertengruppen) jeweils in unterschiedliche Themen ein. Nach dieser Erarbeitungsphase werden die Gruppen neu zusammengesetzt. Aus jeder Expertengruppe gehen jetzt ein oder zwei Kinder in eine neue Gruppe (Stammgruppen). In diesen Gruppen ist es nun die Aufgabe der verschiedenen Expertinnen und Experten, ihr zuvor erarbeitetes Wissen an die anderen weiterzugeben.

In den Stammgruppen können lernschwache Kinder unterstützt werden, indem Positionen doppelt besetzt werden. Lernstarke Kinder können herausgefordert werden, indem ihnen ein besonders anspruchsvolles Expertenthema zugeordnet wird. Wichtig ist, dass die Kinder für die Erarbeitung der Inhalte eine gewisse Kontrollmöglichkeit erhalten und auch Hilfen für das Informieren der Gruppenmitglieder in der Stammgruppe an die Hand bekommen. Den Expertengruppen kann z. B. eine Liste von Begriffen vorgelegt werden, anhand derer die Inhalte den anderen später erklärt werden. Als Kontrollmöglichkeit können die Stammgruppen z. B. den Auftrag erhalten, diese Begriffe zu einem Begriffsnetz zu ordnen.

Partnerpuzzle

Eine Vorform des Gruppenpuzzles ist das Partnerpuzzle. Dabei werden für die gesamte Klasse nur zwei verschiedene Arbeitsaufträge benötigt, die jeweils in Zweierpaaren erarbeitet werden. Durch Austausch der Sitznachbarn bilden sich dann ohne größeren organisatorischen Aufwand neue Paare, die sich das Erarbeitete wechselseitig erklären.

Kugellager

Beim Kugellager tauschen sich zwei Kinder aus. Dazu sitzen (oder stehen) sich die Kinder in zwei Stuhlkreisen gegenüber. Zu einer vorgegebenen Frage diskutieren die einander gegenüber sitzenden Kinder für eine festgelegte Zeit (maximal drei Minuten). Danach rückt ein Stuhlkreis um eine bestimmte Anzahl von Stühlen nach rechts oder links und eine weitere Diskussionsphase mit neuen Partnern beginnt. Diese Methode regt den Austausch zwischen den Schülerinnen und Schülern an und fördert das Zuhören.

Abschließende Bemerkungen

Die Entwicklung der Lehr-Lern-Kultur im naturwissenschaftlichen Sachunterricht kann an vielen Stellen ansetzen. Wichtig erscheint es, die Schülerinnen und Schüler stärker herauszufordern und ihnen mehr Eigenständigkeit einzuräumen, um allen Kindern – lernstarken wie lernschwachen – besser gerecht werden zu können. Nicht nur eigenständiges, sondern auch kooperatives Lernen fordert die Schülerinnen und Schüler heraus. Es nimmt sie als Lernwillige ernst und überträgt ihnen Verantwortung für ihr eigenes Lernen. Es schafft dabei für die Lehrkraft Freiräume, sich einzelnen Schülerinnen und Schülern in besonderer Weise zuzuwenden und sie in ihrem individuellen Lernprozess zu fördern.

Der Prozess hin zu mehr Eigenständigkeit kann durch bestimmte Unterrichtsmaßnahmen sinnvoll unterstützt werden. Entscheidend für die Förderung der Eigenständigkeit ist die Unterstützung bei der Reflexion des eigenen Lernens. Sie wird mitgetragen vom Austausch gemeinsamer Lernerfahrungen in der Gruppe. Damit dies gelingt, sind nicht nur metakognitive, sondern auch soziale Kompetenzen erforderlich. Wichtig beim Lernen des Lernens ist außerdem die Lehrkraft, die im normalen Unterrichtsalltag modellhaft immer wieder wesentliche Elemente der Planung und Steuerung eines Lernprozesses verdeutlichen und das Nachdenken über das Lernen explizit anregen kann.

Während der Lehrerin oder dem Lehrer beim eigenständigen Lernen die Aufgabe zukommt, die Schülerinnen und Schüler zur Nutzung der angebotenen Lernmöglichkeiten zu motivieren, muss beim kooperativen Lernen dafür Sorge getragen werden, ein Arbeitsklima zu verwirklichen, das die leistungsstarken Schülerinnen und Schüler motiviert, aber auch Leistungsschwächere im Lernen unterstützt.

Sowohl eigenständiges als auch kooperatives Arbeiten erfordert eine gründliche Vorbereitung und Gestaltung der Lernumgebung. Die Gewährung von Freiräumen im Denken und Lernen macht es notwendig, dass den Schülerinnen und Schülern ausreichend anregendes Lernmaterial (Experimentiermaterial und Informationsmaterial) zur Verfügung gestellt wird. Im Vergleich dazu erfordert kooperatives Arbeiten in der Regel klar vorstrukturiertes Material. Die Entwicklung entsprechender Materialien für kooperatives Arbeiten im naturwissenschaftlichen Sachunterricht steckt derzeit noch in den Anfängen. In jedem Fall gilt, dass eine Veränderung des Unterrichts in die gewünschte Richtung leichter fällt, wenn man sich gemeinsam in einem Lehrerteam auf den Weg macht.

Literatur

Fölling-Albers, M./Hartinger, A. (2002): Schüler motivieren und interessieren in offenen Lernsituationen. In: Drews, U./Wallrabenstein, W. (Hrsg.): Freiarbeit in der Grundschule. Offener Unterricht in Theorie, Forschung und Praxis. Frankfurt a. M. S. 34–51.

Kaiser, A. (2004): Lernen des Lernens. In: Kaiser, A./Pech, D. (Hrsg.): Basiswissen Sachunterricht. Band 4. Lernvoraussetzungen und Lernen im Sachunterricht. Hohengehren. S. 140–151.

Konrad, K./Traub, S. (2001): Kooperatives Lernen. Hohengehren.

Lipowsky, F. (2002): Zur Qualität offener Lernsituationen im Spiegel empirischer Forschung. Auf die Mikroebene kommt es an. In: Drews, U./Wallrabenstein, W. (Hrsg.): Freiarbeit in der Grundschule. Offener Unterricht in Theorie, Forschung und Praxis. Frankfurt a. M. S. 126–159.

Pech, D./Kaiser, A. (2004): Lernen lernen? Grundlagen für den Sachunterricht. In: Kaiser, A./Pech, D. (Hrsg.): Basiswissen Sachunterricht. Band 4. Lernvoraussetzungen und Lernen im Sachunterricht. Hohengehren, S. 3–28.

Soostmeyer, M. (2002): Genetischer Sachunterricht. Hohengehren.

Trautmann, T. (2002): Heterogenität und Kommunikation – Dimensionen von Freiarbeit in der Grundschule. In: Drews, U./Wallrabenstein, W. (Hrsg.): Freiarbeit in der Grundschule. Offener Unterricht in Theorie, Forschung und Praxis. Frankfurt a. M. S. 23–33.

Weidner, M. (2003): Kooperatives Lernen im Unterricht. Das Arbeitsbuch. Seelze.

Wellenreuther, M. (2005): Lehren und Lernen – aber wie? Hohengehren.

Wodzinski, R. (2007): Modul G 8: Eigenständig lernen – Gemeinsam lernen. Naturwissenschaften. SINUS-Transfer Grundschule. www.sinus-an-grundschulen.de/fileadmin/uploads/Material_aus_STG/NaWi-Module/N8.pdf (8.3.2011).

Modul G 9:
Lernen begleiten –
Lernergebnisse beurteilen

Während des Unterrichts in der Klasse laufen in den Köpfen der Schülerinnen und Schüler unterschiedliche Denk- und Lernprozesse ab. Für die Gestaltung des Unterrichts ist es notwendig, dass die Lehrkraft einen Einblick in diese Prozesse erhält, sie begleitet, beurteilt und gegebenenfalls beeinflusst. Ziel der Lernbegleitung ist es, pädagogisch und didaktisch nützliche Informationen zu bekommen, um damit beispielsweise den Unterricht an den Voraussetzungen der Schülerinnen und Schüler ausrichten zu können, um Einblick in das mathematische oder naturwissenschaftliche Denken einzelner Kinder zu gewinnen oder aber um diagnostische Informationen über spezifischen Förderbedarf zu erhalten. Das Modul zielt darauf ab, bewusst Verfahren der Lernbegleitung in den mathematischen und naturwissenschaftlichen Unterricht zu integrieren. Das bedeutet zunächst, den Unterricht so anzulegen, dass die Lehrkraft Einblicke in das Denken der Kinder, in ihre Vorstellungen und Pläne gewinnen kann. Darüber hinaus thematisiert das Modul die Beurteilung von Lernfortschritten und Lernergebnissen.

Beate Sundermann und Christoph Selter treten in ihrem Mathematikmodul „Mathematikleistungen feststellen, fördern und beurteilen" dafür ein, dass Leistungen von Kindern mit einem kompetenzorientierten Blick wahrgenommen werden, um so ein differenzierteres Bild von Fähigkeiten und Unterstützungsbedarf zu erhalten. In der Modulbeschreibung stellen Sundermann und Selter dar, wie Schülerinnen und Schüler verstärkt Transparenz über Ziele des Lehr- und Lernprozesses erhalten, wie alltägliche Leistungen dokumentiert werden können und wie die Selbstbeurteilung zu einer wichtigen Informationsquelle nicht nur für die Lehrpersonen, sondern auch für die Lernenden selbst werden kann. Darüber hinaus werden Beispiele gegeben, wie man den Stellenwert von Klassenarbeiten relativieren und lernförderliche Formen der Rückmeldung realisieren kann.

Gudrun Schönknecht und Andreas Hartinger führen in ihrer auf den naturwissenschaftlichen Sachunterricht bezogenen Modulbeschreibung „Lernen begleiten – Lernergebnisse beurteilen" aus, dass das Begleiten des Lernens und das Beurteilen der Lernergebnisse nicht vorrangig für Disziplinierungszwecke, sondern vielmehr für die Information der Kinder, ihrer Eltern und Lehrkräfte und für die Planung des Unterrichts genutzt werden sollte. Die Modulbeschreibung konkretisiert aus fachdidaktischer Sicht, wie das Lernen begleitet, fundiert rückgemeldet und Lernergebnisse beurteilt werden können. Darüber hinaus werden Verfahren vorgestellt, die Kinder in die Lernplanung, die Lernreflexion und in die Bewertung ihrer Lernergebnisse miteinbeziehen.

Beate Sundermann und Christoph Selter

Mathematikleistungen feststellen, fördern und beurteilen

Kompetenzorientierung

Lernen besteht zu einem großen Teil darin, Beziehungen zu stiften. Man überträgt Regeln von einem Gebiet auf ein anderes. Oft gelten sie auf neuem Terrain, aber eben nicht immer. Es gibt Ausnahmen und Inkonsistenzen, die das Lernen erschweren – so wie es bei der deutschen Zahlwortbildung der Fall ist. Denn im Zahlenraum bis 100 spricht man bekanntlich zunächst die Einer und dann die Zehner (acht-und-dreißig). Jenseits der 100 wird das Prinzip „von klein nach groß" dann nicht mehr konsequent eingehalten (zweihundert-acht-und-dreißig). Natürlich wäre es folgerichtiger, wenn unsere Zahlwörter immer „von groß nach klein" (zweihundert-dreißig-und-acht) oder stets „von klein nach groß" (acht-und-dreißig-zweihundert) gesprochen würden. Aber so hat sich unsere Sprache nicht entwickelt. Daher ergeben sich immer wieder kleinere Stolpersteine.

Die fünfjährige Maren sagt problemlos die Zahlwortreihe von eins bis 42 auf.
Die Lehrerin fragt: „Kannst du denn auch schon von 96 an weiter zählen?"
Maren zählt weiter: „Sechsundneunzig, siebenundneunzig, achtundneunzig, neunundneunzig, hundert, einhundert, zweihundert, dreihundert."

Fast jedes Kind produziert beispielsweise irgendwann einmal die Zahlwortreihe „achtundneunzig, neunundneunzig, hundert, einhundert, zweihundert". In den weitaus meisten Fällen sind jedoch nicht 100 und 200, sondern 101 und 102 gemeint. Die Kinder sagen „einhundert" bzw. „zweihundert", weil sie die Regel „erst die Einer sprechen" aus ihrer Sicht konsequent auf einen Bereich übertragen, in dem sie allerdings nicht gilt. Erwachsene neigen dazu, diese und weitere hier nicht erwähnte Sprachschöpfungen als fehlerhafte Zahlwortbildungen einzustufen (Spiegel/Selter 2004, 15f.).

Diese Grundeinstellung, das Denken und Lernen der Kinder vorwiegend defizitorientiert wahrzunehmen und zu interpretieren, ist leider weiter verbreitet, als es für Kinder und Erwachsene gut ist. Hier orientiert man sich hauptsächlich an der Norm, an der zu erreichenden Endform. Abweichungen davon bewertet man als Defizite, die es gilt, zu korrigieren oder im Vorfeld zu verhindern.

Im Gegensatz dazu kann man die Äußerungen und Handlungen immer auch aus kompetenzorientierter Perspektive als Ergebnisse prinzipiell vernünftigen Denkens ansehen: Was haben sich die Kinder möglicherweise gedacht? Was können sie schon alles? Was sind die vernünftigen Hintergründe eines aus unserer Sicht falschen Vorgehens? Wie kann man sie dazu anregen, ihr Denken und Wissen weiterzuentwickeln, ihre „Fehler" zu überwinden? Den Kindern in Mathematik mehr zuzutrauen,

167

ist Voraussetzung wie Ergebnis dieses Bemühens, immer auch deren Sichtweise einzunehmen. Zur 101 „einhundert" zu sagen, kann also – mit den Augen der Kinder betrachtet – durchaus sinnvoll sein.

Die Grundeinstellung, immer auch kompetenzorientiert zu schauen, bedeutet natürlich nicht, dass man den Schülerinnen und Schülern nicht auch Dinge erklären sollte („Die nächste Zahl könnte sicherlich „einhundert" lauten, aber man hat sich darauf geeinigt, sie „einhunderteins" zu nennen!") oder sie nicht zum Überwinden von nicht tragfähigen Vorstellungen oder Verfahren anregen sollte. Aber das passiert aus einer grundsätzlich optimistischen Perspektive heraus, aus der man die Andersartigkeit des Denkens von Kindern nicht als Defizit, sondern als Differenz versteht (Selter/Spiegel 1997; Spiegel/Selter 2004 und die Website des KIRA-Projekts).

Es ist nicht immer einfach, diese Andersartigkeit zu erkennen und zu verstehen. Das ändert aber nichts an ihrem Vorhandensein. Die Sichtweise, den Kindern zuzuhören und ihnen prinzipiell vernünftiges Denken zuzutrauen, macht sensibel dafür, dass Kinder etwas leisten können und etwas leisten wollen. Leistung ist in diesem Verständnis viel mehr als es der Mittelwert der Noten der geschriebenen Klassenarbeiten unter Heranziehung der Leistungen in der sogenannten mündlichen Mitarbeit zum Ausdruck bringen kann. Wie dieses umfassendere Verständnis von Leistung in der Unterrichtspraxis umgesetzt werden kann, wird im Folgenden anhand von verschiedenen Beispielen dargestellt (Sundermann/Selter 2006a und b und Website des Projekts PIK-AS).

Standortbestimmungen

Da Kinder oft anders denken als Erwachsene vermuten, und auch anders als andere Kinder, sollte die Feststellung der individuellen Lernstände ein wichtiger Baustein für einen veränderten Umgang mit ihren Leistungen sein. Hier können Standortbestimmungen hilfreich sein. Sie dienen der fokussierten Feststellung individueller Lernstände an bestimmten Punkten im Lehr-/Lernprozess. Dabei werden Kenntnisse, Fertigkeiten und Fähigkeiten zu einem Rahmenthema ermittelt, dessen Behandlung im Unterricht bevorsteht (Eingangs-Standortbestimmung) oder – vorläufig – abgeschlossen ist (Abschluss-Standortbestimmung).

Standortbestimmungen geben den Lehrpersonen strukturierte Informationen über Kompetenzen und Defizite einzelner Kinder. Indem Lehrkräfte die individuellen Lernstände genauer beobachten und besser verstehen, wird es leichter, den Unterricht daran zu orientieren und die Grundlage für eine individuelle Förderung zu schaffen. Standortbestimmungen tragen zudem dazu bei, dass die Kinder zunehmend Transparenz über ihr eigenes Lernen erhalten können: Was kann ich schon? Was muss ich noch lernen?

Man kann zwischen schriftlichen und mündlichen Standortbestimmungen unterscheiden. Unter schriftlichen Standortbestimmungen verstehen wir solche, bei denen kein Austausch mit den Kindern über ihre Lösungen und Lösungswege stattfindet, man also bei der Analyse auf die schriftlichen Dokumente allein angewiesen ist. Bei mündlichen Standortbestimmungen werden die Kinder bei der Bearbeitung der Aufgaben beobachtet und äußern sich auf Rückfrage dazu. Die Bearbeitung der Aufgaben erfolgt schriftlich, mündlich oder mit Hilfe von Material – etwa in der Geometrie. Das ist aufwendiger und in der Regel aufschlussreicher, da man nicht nur explizit nach Lösungswegen fragen, sondern auch gemeinsam mit dem Kind an der Aufklärung der nicht auf Anhieb verständlichen Antworten arbeiten kann.

Denkbar, aber nicht immer umsetzbar, ist eine Kombination dieser beiden Möglichkeiten. Zunächst bearbeiten die Kinder die schriftlichen Standortbestimmungen. Dann werden die Schülerinnen und Schüler oder zumindest einige von ihnen zu allen oder zu einigen Aufgaben befragt.

Sofern eine Eingangs- und eine Abschluss-Standortbestimmung durchgeführt werden, ist es sinnvoll, diese analog aufzubauen und dieselben Zahlenwerte zu verwenden oder diese leicht zu variieren. So können die Lehrkräfte und die Kinder Lernfortschritte leichter erkennen und sehen, in welchen Bereichen sich weniger zufriedenstellende Lernentwicklungen ergeben haben (Sundermann/Selter 2005).

Checklisten

Lernkompetenz gilt als einer der Schlüsselbegriffe schulischer Bildung. Lernen als Gegenstand des Unterrichts verlangt, dass die Kinder lernen, in zunehmendem Maße über ihr eigenes Lernen nachzudenken, es zu bewerten und selbst zu steuern. Außerdem ist unseres Erachtens die Annahme plausibel, dass sich ein altersangemessenes Maß an Transparenz förderlich auf die Qualität des Lernprozesses und der Leistungsfeststellungen auswirkt. Wenn Schülerinnen und Schüler etwas leisten sollen, müssen sie das „Warum", das „Was" und das „Wie" verstehen (Warum soll ich diese Arbeit erledigen? Was genau soll ich tun, was kann ich mittels der Aufgabe lernen? Wie soll ich die Aufgabe angehen (Zeitrahmen, Materialien, etc.)?).

Hierzu bedarf es Formen, die für die Kinder nachvollziehbar sind, etwa eine Checkliste. Diese besteht aus einer Auflistung sogenannter Kinder-Ziele. Dabei handelt es sich um adressatenbezogene Umformulierungen der Vorgaben aus Bildungsstandards oder Lehrplänen. Im Beispielausschnitt werden zu den Kinder-Zielen die zugehörigen tragfähigen Grundlagen angegeben, die die Kinder in Nordrhein-Westfalen am Ende der vierten Klasse im Bereich Arithmetik erreichen sollen.

Formulierungen des Lehrplans	Checkliste für Kinder
Gesicherte Vorstellungen von Zahlen und Zahlbeziehungen im Zahlenraum bis zu 1.000.000 sowie vom Aufbau des Zehner-systems besitzen	Ich kenne mich im Millionraum gut aus: Ich kann Zahlen schreiben, lesen, darstellen, einordnen ...
Auf der Grundlage gedächtnismäßig verfügbarer Grundkenntnisse (1 + 1, 1 · 1) über Sicherheit im schnellen Rechnen verfügen	Ich besitze den Blitzrechenpass für das vierte Schuljahr.
Auf der Basis von Grundvorstellungen der vier Grundrechenarten verständig und unter Ausnutzung von Zahlbeziehungen, Rechengesetzen und Rechenvorteilen mündlich und halbschriftlich rechnen können	Ich kann im Kopf und halbschriftlich rechnen; ich kenne verschiedene Strategien und benutze Rechenvorteile.

Tab. 1: Lehrplanaussagen für Kinder verständlich machen

Zur Formulierung der Kinder-Ziele werden einfache Wörter und kurze Sätze verwendet, konkrete, vertraute Begriffe und Formulierungen benutzt, die Kinder direkt ansprechen, und gegebenenfalls werden Formulierungen durch Beispielaufgaben illustriert. Es ist sicherlich nicht einfach, die Ziele so zu formulieren, dass alle Kinder sie verstehen. Gleichwohl: Es ist eine positive Begleiterscheinung, dass Eltern die Kinder-Ziele häufig besser verstehen können als die Lehrplanformulierungen.

Da eine Liste mit Kinder-Zielen – insbesondere für jüngere Kinder – sich auch als zu umfangreich erweisen kann und dann nicht die gewünschte Orientierungsfunktion hat, wird für einen behutsamen Einsatz plädiert. So könnten die Arithmetik-Ziele mit den Kindern anhand von Beispielaufgaben besprochen werden und für einige Wochen im Vordergrund stehen, bevor zu einem späteren Zeitpunkt Geometrie-Ziele, Ziele für das Sachrechnen oder prozessbezogene Kompetenzen mehr ins Zentrum gerückt werden.

Im Klassenzimmer kann im Sinne transparenten Arbeitens etwa zu Beginn des Schuljahres eine vergrößerte Kopie der Checkliste ausgehängt werden, die für Gespräche über das, was die Kinder gelernt haben, und das, was sie noch lernen sollen bzw. wollen, genutzt werden kann. Zum Beispiel könnte diese Liste bei der Erarbeitung neuer Themen einbezogen werden: Das haben wir schon gelernt, das kommt als nächstes.

Mathe-Briefkasten

Für ein authentisches Bild dessen, was Kinder leisten, ist es auch wichtig, deren „Alltagsleistungen" zu dokumentieren. Dieses geht auf unterschiedliche Weise, zum Beispiel durch Nutzung des Mathe-Briefkastens, der ritualisiert im Unterricht eingesetzt werden kann.

Am Ende – oder in Ausnahmefällen auch am Beginn – einer Unterrichtsstunde, eines Tages oder einer Lerneinheit teilt die Lehrerin eine A5- oder A6-Karteikarte bzw. ein entsprechend großes Blatt Papier aus. Darauf notieren die Kinder zunächst Datum und Namen sowie die Antwort auf eine Frage bzw. die Bearbeitung einer vorgegebenen Aufgabe.

Diese Aufgabe sollte nicht länger als fünf bis zehn Minuten in Anspruch nehmen, aber einen guten Eindruck vom Denken der Kinder geben. Ihre Karte werfen die Kinder anschließend in den dafür vorgesehenen Mathe-Briefkasten.

Die Art der Aufgabenstellung hängt natürlich davon ab, was im Zusammenhang mit dem durchgeführten oder dem bevorstehenden Unterricht erhoben werden soll. Sie kann sich beispielsweise auf die Verfügbarkeit von Kenntnissen oder Fertigkeiten, das Verständnis von Verfahren oder Konzepten oder die Ausprägung von Haltungen oder Einstellungen beziehen.

A **Aufgaben für den Mathe-Briefkasten**

▸ Schreibe auf, wie du 701 – 698 rechnest. Schreibe dann noch einen weiteren Rechenweg auf.

▸ Runde 1251 auf Hunderter und beschreibe, warum du so vorgehst.

▸ Erkläre, warum bei der Addition von zwei ungeraden Zahlen immer eine gerade Zahl herauskommt.

▸ Schreibe auf, was du heute gelernt (gemacht) hast.

▸ Schreibe eine Frage oder eine Idee auf, die du zur heutigen Stunde bzw. zu einem bestimmten Lerninhalt hast.

(für weitere Beispiele siehe Sundermann/Selter 2005)

Denkbar ist nun auch hier neben einer globalen Einschätzung (richtig bzw. nicht richtig) eine differenziertere Beurteilung, etwa in einer Skala von +++ bis –. Als weitere Kategorie kann man noch das Zeichen „/" einführen. Es würde in einer tabellarischen Übersicht signalisieren, dass das Kind die entsprechende Aufgabe – z. B. aufgrund von Krankheit – nicht bearbeitet hat.

Lernberichte

Eine Möglichkeit für Lernende wie für Lehrkräfte, mehr Transparenz zu erzeugen, stellt der Einsatz von sogenannten Lernberichten dar. Diese dienen den Kindern zur Einschätzung, was sie bereits können und was sie noch lernen müssen. Wenn solche Lernberichte mit einer gewissen Regelmäßigkeit ausgefüllt werden, lernen die meisten Schülerinnen und Schüler, sich selbst immer besser einzuschätzen, insbesondere dann, wenn die Lehrkraft eine mündliche oder schriftliche Rückmeldung dazu gibt. Neben dem Informationsgewinn für die Lehrperson darf der positive Einfluss einer zunehmend realistischen Einschätzung der eigenen Kompetenzen und Defizite für den Erfolg von (selbstgesteuerten) Lernprozessen keinesfalls unterschätzt werden. Lernberichte sollten – zumindest im Rahmen ihrer Einführung – so angelegt sein, dass Grundschüler sie leicht bearbeiten können und die Lehrkraft sie schnell auswerten kann. Das folgende Beispiel entstammt dem zweiten Schuljahr. Die Kinder hatten über einige Unterrichtsstunden hinweg in einem Stationsheft gearbeitet, das aus Kopien von Arbeitsblättern bestand, die in einer für die Kinder nachvollziehbaren Weise sechs verschiedenen Grundaufgaben zugeordnet wurden. Diese sechs Grundaufgaben wurden in der linken Hälfte einer Tabelle angeführt, und die Schülerinnen und Schüler gaben durch das Einzeichnen von (Nicht-)Treffern auf einer Zielscheibe an, wie gut sie ihres Erachtens den entsprechenden Aufgabentyp beherrschten:

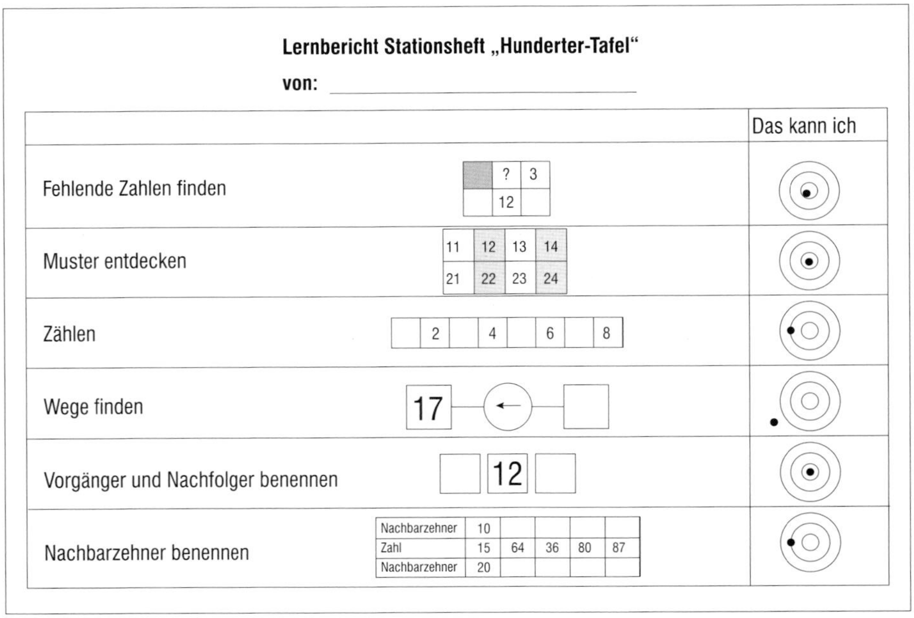

Abb. 1: Lernbericht

Außerdem wurden sie gebeten, kurze Äußerungen zu den Punkten „Das habe ich gelernt", „Dabei hatte ich Schwierigkeiten" und „Das möchte ich noch sagen" abzugeben.

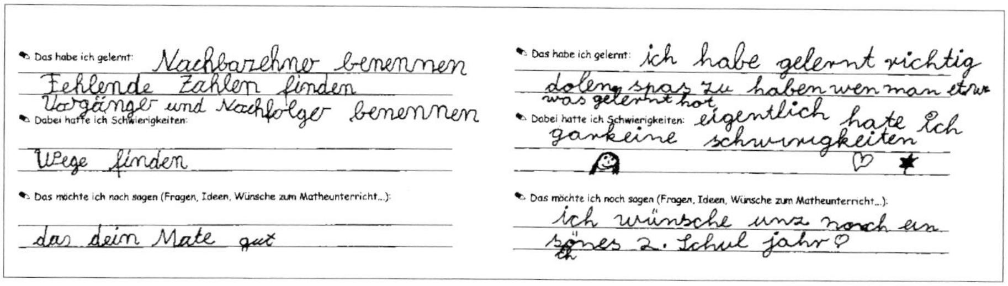
Das habe ich gelernt: Nachbarzehner benennen
Fehlende Zahlen finden
Vorgänger und Nachfolger benennen
Dabei hatte ich Schwierigkeiten:
Wege finden
Das möchte ich noch sagen (Fragen, Ideen, Wünsche zum Matheunterricht...):
das dein Mate gut

Das habe ich gelernt: ich habe gelernt richtig
dolen spaz zu haben wen man etwas gelernt hat
Dabei hatte ich Schwierigkeiten: eigentlich hate ich
garkeine schwirigkeiten
Das möchte ich noch sagen (Fragen, Ideen, Wünsche zum Matheunterricht...):
ich wünsche uns noch ein
schönes 2. Schul jahr?

Abb. 2: Schülerreflexion

Kindersprechtag

Abschließend wird anhand eines Beispiels noch darauf eingegangen, wie die Leistungen der Kinder durch die Lehrkraft kommentiert werden könnten, sodass sie beim weiteren Lernen unterstützt werden. Nun sind schriftliche Rückmeldungen für die Kinder nicht immer leicht zu verstehen. Da zudem Erwachsene und Kinder in einen Dialog über das Lernen eintreten sollen, wurde die Idee eines Kindersprechtages entwickelt. Unserer Erfahrung nach handelt es sich dabei um ein wirksames Instrument, um den Kindern eine Rückmeldung zu ihren Lernentwicklungen zu geben und sie darüber hinaus zur Reflexion über vergangenes und zukünftiges Lernen anzuregen.

Im Vorfeld des Kindersprechtags bekamen die Kinder eine Ankreuztabelle, in der sie und die Lehrerin markieren konnten, was am Kinder-Sprechtag besprochen werden sollte (Abb. 3). Eine Liste wurde ausgehängt, an welchem Tag welches Kind seine Sprechzeit erhält, sodass sich alle vorbereiten konnten, etwa eigene Arbeiten zusammenzusuchen und noch einmal durchzusehen. Die Gespräche fanden während des Unterrichts statt. Jeweils ein Kind kam an einen frei stehenden Tisch, auf dem das Schild „Kinder-Sprechtag – Bitte nicht stören" signalisierte, dass Lehrkraft und Kind nicht gestört werden wollten. Die anderen Kinder arbeiteten an ihrem Wochenplan, für dessen einzelne Aufgaben vorab Expertinnen und Experten benannt wurden, die gegebenenfalls Auskunft geben konnten, sodass die Lehrkraft sich ganz dem fünf- bis zehnminütigen Gespräch mit dem jeweiligen Kind widmen konnte. Abschließend wurden Vereinbarungen zur Weiterarbeit beschlossen, dokumentiert und von beiden unterschrieben. Den Bogen nahmen die Kinder mit nach Hause und zeigten ihn den Eltern, die ihn ebenfalls unterschrieben (Abb. 4).

Kinder-Sprechtag
am 19.4.2005

	Darüber möchte ich sprechen	Darüber möchte Frau Sundermann mit dir sprechen
Blitzrechnen		
Hausaufgaben	X	
Wochenblätter und Wochenpläne		
Mitarbeit		
Mein Körperbuch	X	X
Zahlenketten-Forscherheft	X	X
Mathe-Club		
Blitze Ecken-Blitzrechnen	X	
Mister X	X	
Einmaleins	X	

Abb. 3: Vorbereitung auf den Kindersprechtag

Das haben wir verabredet:

ich möchte ＊ Hausaufgaben.
Wir spielen abwechselnd Blitzrechnen
und Mister X. Wenn du möchtest,
darfst du im Mathebuch weiterrechnen,
wie du das willst.

| Kind | Frau Sundermann | Eltern |

Abb. 4: Vereinbarungen zur Weiterarbeit

Abschließende Bemerkungen

Der Anspruch eines veränderten Umgangs mit den Leistungen der Kinder sollte weder die Lehrkraft noch das Kind überfordern. Man kann angesichts der sonstigen Belastungen und Rahmenbedingungen des Unterrichtsalltags vermutlich nicht alles auf einmal ändern. Aber es ist möglich, das eine oder andere auszuprobieren.

Die fachbezogene Umsetzung eines lernförderlichen Umgangs mit den Leistungen der Kinder ist umso wichtiger, als die gegenwärtige Diskussion etwa um die frühere Einführung von Ziffernnoten oder flächendeckende Lernstandserhebungen die Gefahr mit sich bringt, dass dadurch entstehender Druck von außen die Weiterentwicklung der eingangs beschriebenen pädagogischen Leistungsschule erschwert.

Literatur

Carniel, D./Huhmann, T./Knapstein, K. (2002): Mathematische Denk- und Sachrechenprobleme für die Grundschule. Donauwörth.

Faust-Siehl, G., u. a. (1996): Die Zukunft beginnt in der Grundschule. Arbeitskreis Grundschule. Frankfurt a. M.

Grundschulverband (2004): Programm – Satzung – Veröffentlichungen. Frankfurt a. M.

Selter, Ch./Spiegel, H. (1997): Wie Kinder rechnen. Leipzig.

Spiegel, H./Selter, Ch. (2004): Kinder & Mathematik. Was Erwachsene wissen sollten. Seelze.

Sundermann, B./Selter, Ch. (2006a): Mathematik. In: Bartnitzky, H/Brügelmann, H./Hecker, U./ Schönknecht, G. (Hrsg.): Pädagogische Leistungskultur: Materialien für Klasse 3 und 4. Heft 4. Frankfurt a. M.

Sundermann, B./Selter, Ch. (2006b): Mathematik. In: Bartnitzky, H./Brügelmann, H./Hecker, U./ Schönknecht, G. (Hrsg.): Pädagogische Leistungskultur: Materialien für Klasse 3 und 4. Heft 4. Frankfurt a. M.

Sundermann, B./Selter, Ch. (2005): Modul G 9: Lernerfolg begleiten – Lernerfolg beurteilen. SINUS-Transfer Grundschule. www.sinus-an-grundschulen.de/fileadmin/uploads/Material_aus_ STG/Mathe-Module/M9.pdf (8.11.2010).

Websites

www.kira.uni-dortmund.de
www.pikas.tu-dortmund.de

Gudrun Schönknecht und Andreas Hartinger

Lernen begleiten – Lernergebnisse beurteilen im Sachunterricht

Gestaltung einer pädagogischen Leistungskultur

So habe ich mich auf das Referat vorbereitet:

1. Mein Thema war: *Kaninchen*
2. Mein(e) Partner war(en): *Antonia und Helen.*

	So habe ich das gemacht	So war es für mich
... mit meinem Partner das Referat geplant	*Ich habe mich mit ihnen getroffen*	*schön*
.... Bilder gesucht	*aus Büchern*	*normal*
.... etwas zum Thema gelesen	*aus Büchern aus gesucht*	*schön*
.... jemanden etwas gefragt	*Papa und Mama gefragt*	*normal*
.... im Internet nachgesehen	*nein*	
.... eine Überschrift gefunden	*Ja vom Referat*	*leicht*
.... die Sachen nach Gruppen geordnet	*Ja*	*nicht schwierig*
....für jede Gruppe eine Überschrift gefunden	*Ja*	*leicht*
.... das Plakat vorbereitet	*zu dritt geschrieben und gemalt*	*nicht so leicht*
.... mit dem Partner die Rollen verteilt	*Ja untereinander besprochen*	*leicht*
.... mich auf meinen Vortrag vorbereitet	*Referat durchgelesen.*	*es hat Spaß gemacht.*
.... eine Hausaufgabe für die Kinder überlegt	*Der Papa von der Helen*	

Das habe ich noch gemacht: *Hasen - Bilder gesammelt und einen Stall gebastelt.*

So war es für mich: *Es war für mich sehr schön.*

Wie habe ich mich angestrengt? *Ich habe mich sehr angestrengt.*

Habe ich geschafft, was ich wollte? *Ja, ich bin zufrieden.*

Warum? Weil.... *unser Referat ganz schön war.*

Wie fühle ich mich jetzt? *zufrieden und stolz.*

Name: *Lea*   Datum: *3.5.05*

Abb. 1: Schülerarbeit: So habe ich mich auf ein Referat vorbereitet.

Die Grundschule legt die Grundlagen im Lernen und Leisten, versteht sich als eine leistungs- und kindorientierte Schule. Mit der Aufgabe der Leistungsbewertung muss auf eine für die Kinder förderliche Weise umgegangen werden. Dass und wie dieses Ziel von Anfang an umgesetzt werden kann, zeigt das Beispiel aus einer jahrgangsgemischten Eingangsstufe. Wichtige Bildungsziele der Grundschule, wie der Aufbau von Selbstwertgefühl, die Übernahme von Eigenverantwortung, das eigene Können einschätzen zu lernen und damit sein Lernen auch zunehmend selbstständig planen zu können, sollen durch Lernbegleitung, aber auch durch das Beurteilen der Lernergebnisse unterstützt werden. Das bedeutet, dass Lernbegleitung und Beurteilungen v. a. der Information und der Rückmeldung dienen und diese Informationen in die Planung und Gestaltung des Unterrichts einbezogen werden. Für den Sachunterricht zeigen wir in diesem Modul auf, wie eine pädagogische Leistungskultur in Lernbegleitung und Rückmeldung, aber auch in der Leistungsbeurteilung realisiert werden kann. In der Fassung des Moduls für diesen Band konzentrieren wir uns auf grundlegende Aussagen, detailliertere Hinweise und zahlreiche Beispiele finden sich in der Langfassung der Modulbeschreibung (Schönknecht/Hartinger 2010).

Ziel grundlegender Bildung im Sachunterricht ist die Entwicklung von Sach-, Selbst-, Sozial- und Methodenkompetenz. Diese Ziele müssen auch im Umgang mit Schülerleistungen angestrebt werden (Schönknecht u. a. 2009). In Bezug auf die Inhalte geben aktuelle kompetenzorientierte Bildungspläne große Freiheit. Die Methodenkompetenz umfasst im Sachunterricht vielfältige fachliche und fächerübergreifende Verfahren, um eigenständig Informationen und Erkenntnisse gewinnen zu können („Lernen des Lernens"). Die wichtigsten Methoden für den Sachunterricht sind in Tabelle 1 zusammengestellt (von Reeken 2003; Schönknecht/Ederer/Klenk 2006).

Kompetenzorientierte Bildungspläne erfordern eine Konkretisierung auf der Inhaltsebene in schuleigenen Curricula; in diesen sollte der systematische Aufbau von Methodenkompetenzen ebenso berücksichtigt werden. Differenzierte Formen der Lernbegleitung, der Rückmeldung sowie der Beurteilung setzen binnendifferenzierenden Unterricht mit qualitativ und quantitativ unterschiedlichen Aufgabenstellungen voraus. Um der Heterogenität gerecht zu werden, müssen unterschiedliche Fähigkeiten, Interessen und das Vorwissen der Schülerinnen und Schüler berücksichtigt werden (vgl. Module G 4, G 5 und G 7, Hartinger/Fölling-Albers 2002). Soll die Bewertung von Lernergebnissen vorrangig zur Verbesserung der Lernchancen dienen, ist die Erfassung und Begleitung von Lernprozessen von großer Bedeutung. Daher ist es sinnvoll, Aufgaben so zu konzipieren, dass Kinder auch selbst dokumentieren und Lehrkräfte dies prozessbegleitend kommentieren. Zu vermeiden sind Formen der Leistungsbewertung, die die Lernmotivation und die Selbstkonzeptentwicklung von Kindern negativ beeinflussen. Ein kompetenzorientierter Blick ist erforderlich, daher sind vor allem die kriteriumsbezogene und die individuelle Bezugsnorm relevant. Förderorientierte Rückmeldungen zu Lernfortschritt und Leistungen steigern das Selbstwertgefühl und unterstützen die Entwicklung einer realistischen Einschätzung der eigenen Leistungsfähigkeit, die grundlegend ist für selbstständiges Lernen.

Methoden	Beispiele
Gespräche führen	Planungs- und inhaltliche Gespräche in der Gruppe und in der Klasse, Austausch über Lernergebnisse
Erfahrungen in Sprache umsetzen	Sachtexte lesen, bearbeiten, verfassen
Sich informieren, verschiedene Medien nutzen	Informationen aus verschiedenen Textsorten entnehmen und bearbeiten: Sachtexte, Lexika, Internet, Tabellen, Abbildungen
Beobachten, erkunden, untersuchen, messen vergleichen	Beobachtungen durchführen und auswerten (z. B. Wetterbeobachtung), Befragungen, Lerngänge, Arbeit mit Fachleuten in der Schule/Klasse/im Ort durchführen und auswerten
Untersuchen, Experimente und Versuche planen, durchführen, auswerten	Hypothesen aufstellen, Experimente konzipieren, planen und durchführen, Ergebnisse zeichnerisch und schriftlich festhalten und zu erklären versuchen
Modelle entwerfen, entwickeln, bauen, konstruieren	Werkzeuge herstellen und nutzen, Modelle von Bauwerken (z. B. Brücken) konstruieren
Karten entwerfen, erstellen, Symbole vereinbaren, Karten lesen	Freizeitkarte des Schulortes entwickeln
Darstellen, dokumentieren und präsentieren: sinnvolle Medien und Verfahren der Dokumentation auswählen und nutzen	Sachzeichnungen erstellen und beschriften, Modelle beschreiben, Plakate gestalten, Themenbücher anfertigen, selbstständig Hefteinträge verfassen, Portfolios anlegen, Referate oder Vorträge halten

Tab. 1: Wichtige Methoden für den Sachunterricht

Leistungsfeststellungen sollten so gestaltet sein, dass sie eine Grundlage für die weitere Unterrichtsplanung darstellen. Sie erfassen aktuelle Lernstände und Präkonzepte und ermöglichen dadurch gezielte Lernbegleitung und Förderung. Schließlich sollen und können Schülerinnen und Schüler in die Lernplanung, die Lernreflexion und in die Bewertung ihrer Lernprozesse einbezogen werden.

Möglichkeiten und Verfahren der Umsetzung

Um die eben kurz dargestellten Grundsätze der Lernbegleitung und Beurteilung (Schönknecht/Hartinger 2010, S. 4 ff.) umsetzen zu können, werden im Folgenden verschiedene erprobte Verfahren und die Auswirkungen dieser Grundsätze auf die Planung und Gestaltung des Unterrichts beschrieben. Dies soll anregen, über die eigene Unterrichtspraxis nachzudenken und neue Formen der Lernbegleitung und Leistungsbewertung zu entwickeln und zu erproben (Schönknecht/Ederer/Klenk 2006). In der Internetfassung der Modulbeschreibung sind diese Verfahren ausführlicher dargestellt und begründet sowie mit Beispielen und Schülerdokumenten illustriert (Schönknecht/Hartinger 2010, S. 9 ff.).

Gemeinsame Jahres- und Themenplanung, Vereinbarung von Lernzielen

Mit Kindern gemeinsam Unterricht zu planen ermöglicht Einblicke in ihre Kenntnisse, Präkonzepte und Interessen. Lernziele werden gemeinsam festgelegt und in kindgerechter Sprache formuliert. Bei vielen Themen ist es sinnvoll und durchführbar, zur Differenzierung ein „Fundamentum" und ein „Additum" auszuweisen, um Ziele für alle Kinder erreichbar zu machen und für alle Kinder fordernde Aufgabenstellungen bereitzuhalten. Fragen, die gestellt werden können, sind:

▸ Welche Ziele sind für das Kind realistisch?
▸ Welche sind wichtig?
▸ Wo liegt die „Zone der nächsten Entwicklung" für dieses Kind?
▸ Welche Aufgabe traut sich das Kind selbst zu?

Über Arbeitsvereinbarungen werden Lernziele transparent gemacht und Kinder in die Gestaltung ihrer Lernprozesse einbezogen; dies ermöglicht auch die spätere Bewertung nach den zuvor festgelegten Kriterien.

Standortbestimmungen

Standortbestimmungen dienen dazu, die Präkonzepte von Kindern zu erfassen. Offenere Aufgabenstellungen liefern vielfältige Informationen. Sprache und Sachzeichnungen sollten dabei gleichermaßen berücksichtigt werden. Standortbestimmungen sind nicht nur Grundlage für die Unterrichtsplanung, sondern auch sinnvoll während der Lernphasen sowie zur Kontrolle der Lernergebnisse am Ende einer Einheit durchzuführen. Werden Eingangs- und abschließende Standortbestimmung in gleicher Form angewandt, können Kinder ihren Lernzuwachs gut nachvollziehen. Standortbestimmungen sind zu jedem Thema mit wenig Aufwand durchführbar und können von Lehrkräften aus den konkreten Unterrichtsvorhaben heraus entwickelt werden.

Aufgaben sollten so gestellt werden, dass sie auf unterschiedlichem Niveau gelöst werden können bzw. dass unterschiedliche Lösungsniveaus sichtbar werden können. An offeneren Aufgabenstellungen gelingt dies in der Regel besser als bei sehr engen Fragestellungen. Von Kindern selbst verfasste Texte und Zeichnungen bieten mehr diagnostische Informationen als z. B. Lückentexte, die Beschriftung und das Ausmalen vorgegebener Abbildungen oder Ankreuzaufgaben, die sich in vielen Lehrwerken oder Materialsammlungen finden.

Diplome oder „Führerscheine"

„Diplome" oder Fertigkeitsbescheinigungen, bekannt aus der Freinet-Pädagogik, betonen sachbezogene Kriterien und orientieren sich an gezeigten Kompetenzen. Die Kriterien können gemeinsam festgelegt werden, Kinder können sich individuell oder gemeinsam auf entsprechende „Prüfungen" vorbereiten. Anforderungen können differenziert werden, indem „große" und „kleine" Diplome vergeben werden, die sich in Qualität und Quantität der Aufgaben unterscheiden.

Selbstbewertung und gegenseitige Bewertung

Kinder sollen in der Grundschule unabhängiger von äußeren Urteilen werden und lernen, ihre Kompetenzen und Arbeitsergebnisse selbst einzuschätzen und zu bewerten. Mit jedem Kind kann man sich auf Grundlage seiner Selbsteinschätzung über den zurückliegenden Lernprozess und die künftigen Lernaufgaben verständigen. Erforderlich sind dafür auch Sachkriterien, die vorab vereinbart und schriftlich festgehalten werden sollten, damit sich Rückmeldungen, ob von Lehrkräften oder von anderen Kindern, an diesen orientieren.

Nach unseren Erfahrungen berücksichtigen Kinder, wenn sie solche Formen kennen und einüben, die Leistungsheterogenität in der Klasse und beziehen die Sach- und Individualnorm bei gegenseitigen Rückmeldungen mit ein. Bei der Selbst- und gegenseitigen Bewertung können und sollten auch Tipps für das weitere Lernen gegeben werden. Sinnvoll sind Rückmeldungen v. a. auch während des Arbeitsprozesses, um Gelegenheit zur Überarbeitung und Verbesserung zu erhalten. Selbst- und Fremdbewertung sind in allen Unterrichtsarrangements wie Werkstattarbeit, Portfolioarbeit, Wochenplan und Projektlernen möglich.

Portfolioarbeit, Forscherbücher und Lerntagebücher

Kerngedanke der Portfolioarbeit ist die Verbindung des Sachlernens mit der Reflexion über das Lernen. Bei der Gestaltung von Portfolios sollten Strukturen vorgegeben, aber auch Freiräume gelassen werden (Winter 2004). Portfolios können sehr unterschiedlich konzipiert sein, im Sachunterricht sind sie oft themengebunden. Die Möglichkeiten der Lernbegleitung durch Fragen zum Lernen der Kinder (Lerntagebucheinträge), durch Beratung und Kommentierung der Lehrkraft können hier gut genutzt werden. Strukturen sind auch hier wichtig: Verbindliche und wählbare Bestandteile des Portfolios können gemeinsam festgelegt werden. „Checklisten", die konkrete Schritte und Ziele vorgeben, können Kinder in ihren Lernprozessen unterstützen. Portfolios sollten während der Arbeitsphase mehrere Male eingesammelt werden, so lassen sich Lernfortschritte dokumentieren. In Forschungstagebüchern können auch eigene Fragen, Vorhaben, Ideen und Skizzen festgehalten werden. Auch hier unterstützen Tipps und Checklisten die selbstständige Bearbeitung von Forscherfragen. Lerntagebücher sollen das Nachdenken über das Lernen anregen und damit meta-kognitive Kompetenzen fördern; sie können in der Grundschule auch fächerübergreifend eingesetzt werden. In der Praxis werden häufig Mischformen von Portfolio, Lerntagebuch und Forschertagebuch genutzt.

Lerngespräche

Einzel- und Gruppengespräche sind eine gute Möglichkeit, um differenzierte Rückmeldungen zu geben. Eine bewährte Form ist hier die Kindersprechstunde, zum Beispiel zur Beratung für die Sachunterrichtsjahresmappe oder ein Portfolio. Lerngespräche, ihre Ergebnisse und gegebenenfalls getroffene Vereinbarungen sollten schriftlich festgehalten werden. Eine Gesprächskultur im Sinne des „conceptual change" ist für Klassen- und Gruppengespräche wichtig. Ziel ist es, die Vorstellungen, Lernwege und Lernergebnisse der Kinder zu erkennen und die Weiterentwicklung beim gemeinsamen Nachdenken in einer Gruppe anzuregen. Solche Gesprächsformen stellen hohe Anforderungen an Lehrkräfte bezüglich des Sachwissens sowie der Moderation und Gesprächsleitung, da es wichtig ist, verschiedenen Vorstellungen, Vermutungen und Begründungen Raum zu geben, zugleich aber auch themenorientiert und ordnend vorzugehen, um Strukturen, Begründungsmuster, Argumente und offene Fragen deutlich werden zu lassen.

Eine dritte Form sind Gespräche über das Lernen. Ziel ist der Aufbau metakognitiver Kompetenzen durch gemeinsames, rückblickendes und vorausschauendes Nachdenken über Lernprozesse. Sie können im Klassenverband eingeübt und auf Gruppenebene auch von den Schülerinnen und Schülern selbst geführt werden.

Klassenarbeiten

Für differenzierte Aussagen zu den Lernständen und Lernerfolgen von Kindern in allen Kompetenzbereichen des Sachunterrichts bieten unsere bisherigen Vorschläge eine gute Grundlage. Um die erforderlichen Zeugnisnoten zu erhalten, legt man – am besten im Lehrerteam oder im Gesamtkollegium – fest, wie diese Einzelleistungen gewichtet und bewertet werden sollten. Klassenarbeiten werden dabei auch weiterhin eine Rolle spielen, sie sind jedoch aussagekräftiger und differenzierter zu gestalten als dies zum Teil in der Unterrichtsrealität der Fall ist (Gläser/Grittner 2004). In Klassenarbeiten vor allem Begriffe oder Inhalte abzufragen, wird der Vielfalt der Leistungen und der Ziele des Sachunterrichts nicht gerecht. Eine Weiterentwicklung der Klassenarbeiten kann mit der Analyse der Aufgabenqualität beginnen: Sind die Aufgaben so gestellt, dass sie uns ein differenziertes Bild vom Können eines Kindes aufzeigen (z. B. eine Sachzeichnung anfertigen und beschriften) – oder sind sie so eng gestellt, dass daran nicht sichtbar wird, ob ein Kind den Sachverhalt verstanden oder nur auswendig gelernt hat?

Wenn Kinder einen Versuch beschreiben oder bestimmte Phänomene erklären, sind verschiedene Grade der Differenziertheit in den Lösungen erkennbar. Bei solchen Erhebungsverfahren spielen allerdings auch immer die v. a. schriftsprachlichen Kompetenzen eine erhebliche Rolle, weshalb verstärkt auch Sachzeichnungen genutzt werden sollten. Kinder können sich auch bei der Erstellung von Klassenarbeiten beteiligen: Anhand eines gemeinsamen Rückblicks auf die behandelten Themen und Methoden werden mögliche Prüfungsaufgaben gesammelt. Die Kinder schätzen ihren Lernstand ein und bereiten sich gemeinsam auf die Klassenarbeit vor. Dabei wird überlegt, wie gelernt werden kann und wie gegebenenfalls auch Lernrückstände aufgeholt werden können (Methodenkompetenz). Klassenarbeiten können aus theoretischen und praktischen Teilen bestehen, so können sowohl verfahrensbezogene Aufgaben (Fertigkeiten) als auch Inhalte und Kenntnisse geprüft werden. Auch Diplome eignen sich zur Feststellung und Bestätigung handlungsorientierter Kompetenzprofile (z.B. Diplome für Gärtner, Bibliothekare, Forscherinnen und Forscher). In Jahrgangsstufen, in denen im Sachunterricht Noten vergeben werden müssen, sollten diese unbedingt durch weitere, kriteriumsbezogene und individuelle Rückmeldeverfahren ergänzt werden. In die Sachunterrichtsnote selbst muss die Vielfalt der unterschiedlichen Leistungen, die Kinder im Unterricht erbringen und die mit den von uns vorgeschlagenen Formen auch gut dokumentiert sind, eingehen. Neben gemeinsamen Klassenarbeiten – die übrigens nicht in allen Bundesländern im Sachunterricht gefordert sind – sind dies auch vielfältige andere Leistungen (z.B. Portfolios, Diplome, Referate, praktische Leistungen). Größere Objektivität bezogen auf die Aufgabe der Bewertung wird durch die klare Definition und Festlegung von Kriterien – für Kinder und auch Eltern – erreicht. Die gemeinsame Erarbeitung und Diskussion der hier vorgestellten und auch der klassischen Formen der Leistungsbewertung im Lehrerteam einer Schule sind erforderlich. Dies kann zur Entlastung für einzelne Lehrkräfte führen, im Team können z.B. strukturierte Beobachtungs- und Auswertungsbögen entwickelt werden. Vorrang muss bei allen Verfahren die Rückmeldung und Lernberatung für Schülerinnen, Schüler und Eltern haben, also die Förder- und Berichts- vor der Selektionsfunktion.

Die hier vorgestellten alternativen Rückmelde- und Bewertungsformen erfüllen Gütekriterien wie Fairness, Glaubwürdigkeit, Stimmigkeit und Nützlichkeit: Auf die Lernprozesse in einer Klasse bezogen, orientieren sie sich an den individuellen Voraussetzungen und Lernwegen der Kinder, geben konkrete Hinweise für das weitere Lernen, fördern metakognitive Kompetenzen und unterstützen die Bildungs- und Erziehungsziele der Grundschule. Verschiedene Bewertungsformen bieten unterschiedliche Informationen: Informelle, unterrichtsnahe und rückmeldeorientierte dialogische Formen sind unerlässlich im Schulalltag, sie werden durch von Lehrkräften möglichst gemeinsam erstellte Klassenarbeiten und normierte Tests ergänzt. Alle Formen der Lernerfolgsmessung müssen sich an den Bildungszielen der Grundschule orientieren und an den Rechten von Kindern: Sie dürfen ihre Würde nicht verletzen und sollen die Entwicklung von Selbstständigkeit und Selbstverantwortung fördern.

Literatur

Gläser, E./Grittner, F. (2004): Neue Perspektiven zur Leistungsbewertung im Sachunterricht. In: Bartnitzky, H./Speck-Hamdan, A. (Hrsg.): Leistungen der Kinder wahrnehmen – würdigen – fördern, Frankfurt a. M. S. 282–296.

Hartinger, A./Fölling-Albers, M. (2002): Schüler motivieren und interessieren. Bad Heilbrunn.

Schönknecht, G./Ederer, B./Klenk, G. (2006): Sachunterricht. In: Bartnitzky, H./Brügelmann, H./ Hecker, U./Schönknecht, G. (Hrsg.): Pädagogische Leistungskultur: Materialien für die Klasse 3 und 4. Beiträge zur Reform der Grundschule Band 121. Frankfurt a. M.,

Schönknecht, G./Hartinger, A./Grittner, F. (2009): Sachunterricht. In: Bartnitzky, H./Brügelmann, H./Hecker, U./Heinzel, F./ Schönknecht, G./Speck-Hamdan, A. (Hrsg.): Kursbuch Grundschule. Beiträge zur Reform der Grundschule Band 127/128. Frankfurt a. M. S. 598 – 651.

Schönknecht, G./Hartinger, A. (2010): Lernen begleiten – Lernergebnisse beurteilen. Modul G 9 Naturwissenschaften. Sinus-Transfer Grundschule. www.sinus-an-grundschulen.de/fileadmin/ uploads/Material_aus_STG/NaWi-Module/N9.pdf (8.3.2011).

von Reeken, D. (Hrsg.) (2003): Handbuch Methoden im Sachunterricht. Baltmannsweiler.

Winter, F. (2004): Leistungsbewertung. Eine neue Lernkultur braucht einen anderen Umgang mit Schülerleistungen. Baltmannsweiler.

Die Grundschule ist gekennzeichnet durch zwei Übergänge: die Einschulung und die Abgabe an eine weiterführende Schule. Die Aufnahme erfolgt aus dem Elternhaus oder aus einer Kindertageseinrichtung, die Abgabe an eine weiterführende Schule. Übergänge sind „kritische" Lebensereignisse. Mit ihnen einher gehen ein Wechsel des Umfelds, neue Aufgaben und Erwartungen und ein Rollenwechsel. Aus Sicht des Bildungssystems markieren Übergänge bedeutende Entscheidungssituationen, in denen Schülerinnen und Schüler pädagogischen Einrichtungen bzw. besonderen oder zusätzlichen Maßnahmen zugeordnet werden. Nicht immer kooperieren die abgebende und die aufnehmende Einrichtung derart miteinander, dass Kinder bei der Bewältigung des Übergangs Unterstützung finden und Entscheidungskriterien ausreichend geklärt und abgestimmt werden. Mit dem Modul sollen Möglichkeiten aufgezeigt werden, den Übergang so zu gestalten, dass die Kinder positive Entwicklungsimpulse erhalten.

Andrea Peter-Koop und Klaus Hasemann zeigen in ihrer Modulbeschreibung „Gestaltung der Übergänge zur Grundschule und zur Sekundarstufe I im Mathematikunterricht" Grundideen zur Entwicklung des mathematischen Denkens vom Kindergartenalter bis in die Sekundarstufe auf. Es werden Möglichkeiten der Unterstützung und Begleitung des Kindergartenkindes im Aufbau des mathematischen Denkens ausgeführt sowie Antworten auf die Frage „Was kommt nach der Grundschule?" gegeben. Neben der fachlichen und inhaltsbezogenen Vorbereitung auf den Übergang setzen sich Peter-Koop und Hasemann auch mit den Erwartungen und Hoffnungen sowie Ängsten und Bedenken der Kinder auseinander.

In der naturwissenschaftlichen Modulbeschreibung „Übergänge gestalten mit Blick auf den Sachunterricht" von Joachim Kahlert und Reinhard Demuth werden anhand konkreter Beispiele Perspektiven für einen erfolgreichen Übergang aufgezeigt. Dabei wird deutlich, dass ein fachinhaltlich gestalteter Übergang in hohem Maße von der Abstimmungs- und Verständigungsbereitschaft der einzelnen Erzieherinnen und Erzieher in den Kindertageseinrichtungen sowie der Lehrkräfte an den Grundschulen und den weiterführenden Schulen abhängt. Die Gestaltung von Übergängen wird am Beispiel der beiden zentralen Felder des naturwissenschaftlichen Unterrichts – den naturwissenschaftlichen Arbeitsweisen und den grundlegenden Konzepten – dargelegt und mit Vorschlägen für die Gestaltung des naturwissenschaftlichen Unterrichts konkretisiert.

Andrea Peter-Koop und Klaus Hasemann

Gestaltung der Übergänge zur Grundschule und zur Sekundarstufe I im Mathematikunterricht

Gestaltung von Übergängen

Ob Kindergarten, Grundschule oder Gymnasium, die Übergänge zwischen den Bildungsstationen sind in Deutschland eher Bruchstellen als Brücken.

Die Grundschule hat die Aufgabe, zwei wesentliche Übergänge zu gestalten, nämlich den der Aufnahme (Einschulung) aus dem Elternhaus oder einer Kindertageseinrichtung und den der Übergabe an eine weiterführende Schule. Diese Übergänge betreffen alle Kinder. Daneben gibt es weitere Übergänge in Einzelfällen, wie z.B. bei der Überleitung in eine Fördereinrichtung oder bei einer Klassenwiederholung, die besondere Aufmerksamkeit verdienen.

Für die Kinder sind die Übergänge kritische Lebensereignisse, die mit einem Wechsel des Lebensumfelds, neuen Aufgaben und Erwartungen und einem Rollenwechsel verbunden sind und bewältigt werden müssen. Erstrebenswert ist in diesem Zusammenhang die verstärkte Zusammenarbeit von Eltern, pädagogischen und psychologischen Fachkräften aus Kindergärten und Schulen, mit dem Ziel, Kinder bei der Bewältigung dieser bedeutsamen Lebensereignisse zu unterstützen.

Im Folgenden soll in Form eines Überblicks dargestellt werden, welche fachdidaktischen Grundlagen bei der Gestaltung der Übergänge berücksichtigt werden sollten. Der Schwerpunkt liegt dabei auf Übergängen im fachlichen Rahmen des mathematischen Unterrichts. Dies führt zum einen zu der Frage nach der Kontinuität und Kohärenz der Auseinandersetzung mit mathematischen Inhalten vom Kindergarten über die Grundschule bis in die Sekundarstufe I sowie zum anderen zu der Frage, welche mathematischen Kompetenzen gerade in den Phasen des Übergangs jeweils eine besondere Rolle spielen. (Detaillierte Vorschläge und Anregungen siehe Peter-Koop/Hasemann 2006.)

Grundideen der Entwicklung mathematischen Denkens vom Kindergarten bis zur Sekundarstufe I

Die Entwicklung mathematischen Denkens und mathematischer Fähigkeiten und Fertigkeiten ist inhaltsorientiert, d.h. sie bezieht sich auf
‣ Zahlbegriff und Operationsverständnis,
‣ die Entwicklung räumlicher Kompetenzen und das Unterscheiden von Formen,
‣ das Erkennen von Mustern und Strukturen,
‣ die Entwicklung von Größenvorstellungen und Kompetenzen beim Vergleichen und Messen sowie auch auf

▸ die Erfassung von Daten und Häufigkeiten und elementare Vorstellungen von Wahrscheinlichkeit.

Diese Inhaltsbereiche bilden auch die Bildungsstandards im Fach Mathematik für den Primarbereich und den Hauptschulabschluss bzw. den Mittleren Bildungsabschluss ab. Zudem finden sich in den Orientierungsplänen der einzelnen Bundesländer für Bildung und Erziehung in Tageseinrichtungen für Kinder mehr oder weniger dezidierte Hinweise auf mathematische Inhaltsbereiche im Rahmen der mathematischen Frühförderung (vgl. Peter-Koop 2009). Alle Inhaltsbereiche werden dabei in der Regel von Kindern zunächst auf konkreter Ebene selbstmotiviert oder angeleitet von Erwachsenen erkundet. Aus der Situation heraus ergeben sich dann Versuche der Kinder, erlebte Situationen festzuhalten, zu dokumentieren oder mental zu repräsentieren. Sie sind dann im Übergang von der konkreten zur abstrakten Phase und versuchen, Zeichnungen einer erlebten bzw. fiktiven Situation anzufertigen oder erfinden bzw. imitieren Symbole zur Darstellung von Mengen, Zahlen, Größen oder Formen. Ziel des Mathematikunterrichts ist ultimativ die Fähigkeit zum abstrakten Umgang mit Zahlen, Operationen, Formen, Größen, Mustern/Strukturen und Wahrscheinlichkeiten.

Allerdings entwickeln sich inhaltsbezogene Fähigkeiten nicht gleichförmig parallel von der konkreten zur abstrakten Phase. Ein Kind kann z. B. in Bezug auf den Umgang mit Formen durchaus zu abstrakten Leistungen fähig sein (z. B. die Form Rechteck in verschiedensten Gegenständen seiner Umwelt zielsicher erkennen, unabhängig von Lage, Größe und Material) während es sich in Bezug auf die Entwicklung von Zahlbegriffen noch auf der konkreten Ebene befindet (noch nicht fähig ist, die Zahl vier als Repräsentant für alle Mengen mit vier Elementen zu erkennen) und hierzu noch keine tragfähigen inneren Vorstellungsbilder entwickelt hat.

Die Entwicklung inhaltsbezogener Fähigkeiten ist untrennbar verbunden mit der Entwicklung allgemeiner mathematischer Kompetenzen in der lebendigen Auseinandersetzung mit Mathematik. Diese prozessbezogenen Fähigkeiten betreffen die Bereiche Kommunizieren, Argumentieren, Darstellen, Problemlösen und Modellieren (vgl. KMK 2005). Bereits im Kindergartenalter kommunizieren Kinder in ihrer tätigen Auseinandersetzung mit Mathematik natürlicherweise mit anderen Kindern und auch mit den sie begleitenden Erwachsenen. Die zunächst schwerpunktmäßig verbalen und über ihre Zeichnungen und Bilder auch ikonischen Kommunikationsformen werden dann in der Grundschule ausgebaut, sodass zunehmend mathematische Fachbegriffe und Zeichen verstanden und für die Dokumentation und Mitteilung eigener Lösungswege verwendet werden können. Auch mathematisches Argumentieren setzt bereits deutlich vor dem Schulanfang ein, wenn Kinder versuchen, Begründungen für beobachtete/erfahrene Sachverhalte zu suchen oder diese nachzuvollziehen. Im Übergang von der Grundschule zur weiterführenden Schule sollen Kinder befähigt werden, mathematische Aussagen zu hinterfragen und zu überprüfen und auch auf abstrakter Ebene mathematische Zusammenhänge zu erkennen, Vermutungen zu entwickeln und Begründungen zu finden. Im Übergang von der konkreten zur abstrakten Ebene kommt dem Umgang mit Darstellungen eine zunehmend bedeutende Rolle zu. Während Kindergartenkinder eigene Darstellungsformen „erfinden", begegnen ihnen in der Schule vermehrt konventionelle Darstellungen (in Form von Rechensätzen, Skizzen, Tabellen, Diagrammen oder Grafiken). Bereits jüngere Kinder üben in ihrem Spiel das Problemlösen, wie die Beobachtung von Kindern beim Spielen mit Holzgleisen und Zügen in einem holländischen Kindergarten zeigt (siehe den Exkurs „Kleine Kinder als Gleisbauer" in Peter-Koop/Hasemann 2006).

In der (Grund-)Schule werden anknüpfend an diese spielerischen Erfahrungen die erlernten mathematischen Kenntnisse, Fertigkeiten und Fähigkeiten bei der Bearbeitung problemhaltiger Aufgaben aus verschiedenen mathematischen Inhaltsbereichen angewandt und dabei heuristische Strategien bewusstgemacht. Mathematisches Modellieren hingegen ist eindeutig eine Kompetenz, die in der Regel in der Grundschule angebahnt und im Mathematikunterricht der Sekundarstufe I weiter ausgebaut wird. Dazu gehören laut Bildungsstandards im Fach Mathematik für den Primarbereich (KMK 2005, S. 8) die Fähigkeiten, Sachtexten und anderen Darstellungen relevante Informationen zu entnehmen, zu Termen, Gleichungen und ikonischen Darstellungen selbstständig Sachaufgaben zu formulieren und Sachprobleme in die Sprache der Mathematik zu übersetzen, innermathematisch zu lösen und die Lösung wieder auf die Ausgangssituation beziehen zu können.

Bedeutung von Vorläuferkompetenzen für das Mathematiklernen in der Schule

Bereits im Kindergartenalter werden „entscheidende Vorläuferfähigkeiten für die schulischen Lernprozesse" (Faust-Siehl 2001, S. 74) entwickelt. So haben die meisten Kinder bei Schulbeginn bereits umfangreiches mathematisches Wissen, Erfahrungen und Einsichten, die sich auf vielfältige mathematische Sachverhalte und Zusammenhänge beziehen. Der mathematische Anfangsunterricht kann diese Vorkenntnisse der Kinder nicht ignorieren, sondern muss an sie anknüpfen und aktiv mit ihnen umgehen. Allerdings sind die Vorkenntnisse, Erfahrungen und Kompetenzen von Kindern am Schulanfang sehr unterschiedlich (Schipper 2002, S. 138). Die häufig zu beobachtenden informellen, zumeist zählenden Verfahren können dabei im Anfangsunterricht ein guter Anknüpfungspunkt sein, die Kinder im Sinne fortschreitender Schematisierung zu befähigen, solche Aufgaben auch auf abstraktere, eben schulmathematische Weise zu lösen (siehe Schipper 2002). Außerdem gibt es in den individuell unterschiedlichen Ausprägungen gerade bei der Zahlbegriffsentwicklung gewisse Risikofaktoren, die schon am Schulbeginn auf spätere Rechenschwächen hindeuten können (Krajewski 2008).

Ein aktuelles Entwicklungsmodell früher numerischer Kompetenzen (Krajewski 2008) beschreibt drei Kompetenzebenen. Im Zentrum der ersten Ebene steht die Ausbildung numerischer Basisfähigkeiten. Fähigkeiten im Umgang mit Mengen und Zahlen sind noch isoliert voneinander. Erst im Alter von etwa drei bis vier Jahren beginnen Kinder, Zahlworte mit Mengen zu verbinden. Sie entwickeln eine Mengenbewusstheit für Zahlen und erkennen, dass Zahlen stellvertretend für Mengen/Anzahlen

stehen. Dabei werden in einer ersten Phase die Zahlworte zunächst groben Mengen-
kategorien wie „wenig" (eins, zwei oder drei), „viel" (acht oder zwanzig) oder „sehr
viel" (hundert oder tausend) zugeordnet. In einer zweiten Phase (präzises Anzahlkon-
zept) können nahe beieinanderliegende Zahlen wie sieben und acht unterschieden
werden, denn Zahlworte werden nun diskreten Mengen durch punktuelle Zuordnung
exakt zugeordnet. Ferner entwickelt sich im Rahmen der zweiten Kompetenzebene
auch das Verständnis für Mengen weiter, indem Kinder erkennen, dass sich Mengen
nur verändern, wenn etwas hinzugefügt oder weggenommen wird (Zahlinvarianz).

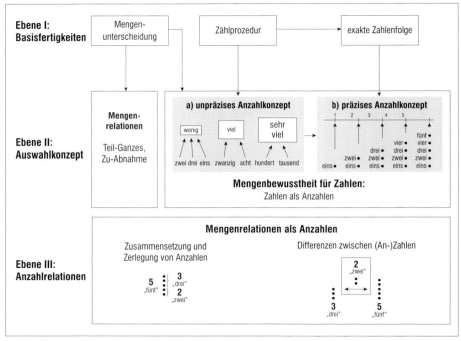

Abb. 1: Entwicklungsmodell früher numerischer Kompetenzen (© Krajewski, K. (2007): Prävention der Rechenschwäche. In: Schneider, W./Hasselhorn, M. (Hrsg.): Handbuch der Pädagogischen Psychologie. Göttingen)

Im Rahmen der dritten Kompetenzebene entwickelt sich das Verständnis für Beziehungen zwischen Zahlen, d. h. Kinder verstehen nun Teil-Ganzes-Beziehungen, indem
das Verständnis für Mengenrelationen, das in der zweiten Ebene noch keinen Zahlbe-
zug aufwies, mit dem Verständnis von Zahlen als Anzahlen verknüpft wird. Die sich
bis zum Schulanfang entwickelnden Mengen-Zahlen-Kompetenzen bilden die Grundlage für das Verständnis der Schulmathematik. Dabei spiegeln die Kompetenzen der
dritten Ebene bereits erste Rechenfertigkeiten und damit den Beginn arithmetischen
Verständnisses wider. Die beiden ersten Kompetenzebenen können hingegen nach

Krajewski als sogenannte mathematische Vorläuferfähigkeiten betrachtet werden. Befunde einer finnischen Studie zeigen zudem, dass Kinder, die zu Beginn des letzten Kindergartenjahres nur über schwache Mengen-Zahlen-Kompetenzen verfügten, eine deutlich langsamere mathematische Entwicklung vollzogen als Kinder mit diesbezüglich besseren Kompetenzen.

Der Gestaltung des Übergangs vom Kindergarten zur Grundschule kommt daher aus mathematischer Sicht bei der Prävention von Rechenschwierigkeiten eine besondere Bedeutung zu. Dabei ist es für eine optimale Förderung aller Kinder, aber besonders der potenziellen Risikokinder, in Bezug auf das schulische Mathematiklernen sinnvoll und notwendig, dass beide Institutionen in der Phase des Übergangs bei der Förderung mathematischer Kompetenzen eng zusammenarbeiten, denn die Entwicklung der Kinder, pädagogische Bildungskonzepte und Ziele der frühen mathematischen Bildung bedingen sich wechselseitig. Konkrete Impulse für die inhaltliche Gestaltung von Diagnose und Förderung liefert neben dem Band „Anfangsunterricht Mathematik" (Hasemann 2007) auch das „Elementarmathematische Basisinterview" (Peter-Koop/Wollring u. a. 2007). Die Einbeziehung der Eltern in frühe mathematische Bildungsprozesse ihrer Kinder gelingt diesbezüglich z. B. über ein mathematisches Bilderbuchprojekt (Peter-Koop/Hasemann 2006; sowie Peter-Koop/Grüßing 2006). Und auch der affektive Bereich sollte nicht übersehen werden. Kinder (und ihre Eltern) haben Erwartungen, Wünsche, Hoffnungen in Bezug auf das schulische Lernen und diese sollten bei der Vorbereitung, Begleitung und Gestaltung des Übergangs auch berücksichtigt werden.

Was kommt nach der Grundschule?
Vorbereitung auf den Übergang zur Sekundarstufe I

Im Bereich der Schulmathematik bilden sich beim Übergang von der Grundschule zur Sekundarstufe I zwei Schwerpunkte: zum einen Anwendungen der Mathematik in Physik, Chemie und anderen Fächern oder Berufsfeldern, zum anderen der Erwerb mathematischer Grundlagen für die Entwicklung von Konzepten und Leitideen, die über direkte Anwendungen hinausgehen und die für den gesamten Mathematikunterricht von fundamentaler Bedeutung sind. Die Forderung nach „Anschlussfähigkeit der Bildungsprozesse" (Faust/Götz u. a. 2004) bezieht sich nicht nur auf den Übergang vom Kindergarten in die Grundschule, sondern auch auf den in die Sekundarstufe. Selbstverständlich ist guter Unterricht zunächst und vor allem auf den aktuellen Lern- und Entwicklungsstand ausgerichtet, auf dem sich die Kinder gerade befinden. Doch werden Grundschullehrkräfte stets auch im Blick haben, was im Mathematikunterricht nach der Grundschule kommt. So gibt es in den ersten Schuljahren gerade bei der Entwicklung des Zahl- und Operationsverständnisses viele Situationen, in denen bereits die Grundlagen für wichtige spätere Einsichten gelegt (oder auch versäumt) werden.

Hierzu drei Beispiele:

▸ Die Konzentration auf die Verwendung der Zahlen als Rechenzahlen bzw. als Kardinalzahlen (Mächtigkeiten von Mengen) in Sachaufgaben führt zu einem eingeschränkten mathematischen Verständnis. In den ersten Schuljahren lassen sich die meisten Aufgaben allein mit Hilfe konkreter Handlungsvorstellungen lösen; Kinder sollten bereits in der Grundschule lernen, Beziehungen zwischen Zahlen zu modellieren. Dabei geht es z. B. um Aufgaben wie: David sammelt Pokémon-Karten. Am Wochenende hat er 15 Karten bekommen. Jetzt hat er 89 Karten. Wie viele Karten hatte er vorher?

Diese Aufgabe erfordert das Zugreifen auf eine unbekannte Startmenge. Sie ist für viele Kinder recht schwierig, da keine direkte Übersetzung in Handlungen möglich ist. Doch z. B. die Kennzeichnung der 89 auf der Hunderter-Tafel oder am Zahlenstrahl erleichtert den Zugang zur Lösung, weil die Kinder zunächst am Material erkennen, wo die Startzahl zu suchen ist, um dann die Beziehung zwischen gesuchter Startzahl, Abstand und Zielzahl in eine Rechenoperation zu übersetzen. Materialien wie z. B. die Hunderter-Tafel und der Zahlenstrahl können sehr gute Erfahrungs- und Übungsfelder sein; sie erlauben es gerade den schwächeren Kindern, mentale Bilder von Situationen zu konstruieren, in denen mathematische Beziehungen repräsentiert sind (z. B. „Ich denke mir zwei Zahlen, eine ist um fünf größer als die andere. Welche Zahlen könnten das sein?"). Auch das gezielte Eingehen auf Aufgaben vom Typ $a + ? = c$ und insbesondere (wie im Beispiel oben) vom Typ $? + b = c$ bietet den Kindern die Erfahrungsgrundlage, auf die bei der Behandlung von Gleichungen in der Sekundarstufe zurückgegriffen werden kann.

▸ In der Grundschule bezeichnen Brüche konkrete oder anschauliche Objekte (Bruchteile von Pizzen, Geldwerten, Längen von Strecken usw.). Das Ablösen von diesen anschaulichen Vorstellungen und das Gewinnen der Einsicht, dass Brüche und Dezimalbrüche Zahlen bezeichnen, also abstrakte Objekte, mit denen man rechnen kann, ist ein sehr schwieriger Prozess. Dieser Prozess ist umso mühsamer, je stärker verfestigt die Vorstellung vom Bruch als einem „konkreten Objekt" ist. Gerade bei der Verwendung von Brüchen als Maßzahlen von Größen (1,25 €; 3/4 Stunde; 1,5 m) lassen sich Grundlagen dafür legen, dass man mit diesen Zahlen rechnen kann, so ähnlich wie mit natürlichen Zahlen, aber doch ein bisschen anders: Wie lang sind eine 3/4 Stunde und 1/2 Stunde zusammen? Warum sind 1,25 m + 1,5 m nicht 1,30 m? Und warum gilt die „alte" Erfahrung, dass „Multiplizieren größer" (und „Dividieren kleiner") macht, nicht mehr?

Bereits in der Grundschule sollten auch andere Aspekte der Multiplikation als die der wiederholten Addition (wie z. B. Anwendungen in der Kombinatorik) und, vor allem, die formale Beziehung zwischen Multiplikation und Division als jeweilige Umkehroperationen angesprochen werden.

▸ Ein weiteres Beispiel für die kontinuierliche Entwicklung des mathematischen Denkens ist der Übergang vom Erkennen, Herstellen und Beschreiben symmetrischer Figuren hin zur Betrachtung der Achsensymmetrie als Abbildung der Ebene auf sich. Dabei handelt es sich um einen Prozess, bei dem sich ein spiraliges Vorgehen im Verlauf der Schuljahre besonders anbietet. Selbstverständlich erkennen die Kinder symmetrische Figuren zunächst an ihrer äußeren Gestalt, bevor sie etwa im vierten Schuljahr deren Eigenschaften entdecken. Diese Eigenschaften lassen sich dann im fünften oder sechsten Schuljahr zu einer Konstruktionsvorschrift zum Herstellen von Spiegelbildern zusammenfassen, und diese Vorschrift wiederum kann als Definition der Achsenspiegelung im Sinne einer Abbildung aufgefasst werden; im nächsten Schritt werden die Eigenschaften dieser Abbildung untersucht. Dabei werden stets symmetrische Figuren betrachtet, aber ihre Bedeutung als Objekte des Denkens verändert sich mehrfach, und jede einzelne Stufe ist wichtig für die folgenden.

Wie anhand der Beispiele deutlich wird, beginnt die Vorbereitung eines geeigneten fachlichen Übergangs von der Grundschule in die Sekundarschulen bereits lange vor Ende des vierten Schuljahres. Für die Kinder ist der Übergang zudem meist auch mit erheblichen organisatorischen Veränderungen des (Mathematik-)Unterrichts verbunden. Die Kinder erwartet in der Sekundarschule nun verstärkt Fachunterricht, d. h. mit den meist stündlich wechselnden Fächern ist in der Regel auch ein Wechsel der Lehrperson verbunden. Vielen Kindern fehlt im ständig wechselnden Fachunterricht häufig die aus der Grundschule gewohnte individuelle Ansprache der Lehrkraft. Es wird von ihnen zunehmende Selbstständigkeit und Selbstorganisation beim Lernen verlangt. Weiterhin sind die Schülerinnen und Schüler mit dem Übergang auf die neue Schule erstmals für alle sichtbar äußerlich differenziert worden, denn je nach ihren individuellen Fähigkeiten und Leistungen haben sie eine Schulempfehlung fürs Gymnasium, die Real- oder Hauptschule bekommen. Auch diese Differenzierung hat sicherlich höchst unterschiedliche affektive Begleiterscheinungen, die sich auch in den Erwartungen, Wünschen und Hoffnungen der Kinder und Eltern an die neue Schule widerspiegeln. Jenseits aller fachlichen Aspekte sollte auch diese affektive Ebene sowohl von Seiten der Grundschule als auch von Seiten der weiterführenden Schule in der Übergangsphase berücksichtigt werden.

Literatur

Faust-Siehl, G. (2001): Konzept und Qualität im Kindergarten. In: Faust-Siehl, G./Speck-Hamdan, A. (Hrsg.): Schulanfang ohne Umwege. Frankfurt a. M. S. 53–79.

Faust, G./Götz, M./Hacher, H./Roßbach, G. (Hrsg.) (2004): Anschlussfähige Bildungsprozesse im Elementar- und Primarbereich. Bad Heilbrunn.

Hasemann, K. (2007): Anfangsunterricht Mathematik. Heidelberg.

Krajewski, K. (2008): Vorschulische Förderung mathematischer Kompetenzen. In: Petermann, F./Schneider, W. (Hrsg.): Angewandte Entwicklungspsychologie. Göttingen. S. 275–304.

Kultusministerkonferenz (KMK) (2005): Bildungsstandards im Fach Mathematik für den Primarbereich. Beschluss vom 15.10.2004. München.

Peter-Koop, A. (2009): Orientierungspläne für den Elementarbereich – ein Überblick. In: Heinze, A./Grüßing, M. (Hrsg.): Mathematiklernen vom Kindergarten bis zum Studium. Münster. S. 47–52.

Peter-Koop, A./Wollring, B./Spindeler, B./Grüßing, M. (2007): Elementarmathematisches Basisinterview. Offenburg.

Peter-Koop, A./Grüßing, M. (2006): Mathematische Bilderbücher – Kooperation zwischen Elternhaus, Kindergarten und Grundschule. In: Grüßing, M./Peter-Koop, A. (Hrsg.): Die Entwicklung mathematischen Denkens in Kindergarten und Grundschule: Beobachten – Fördern – Dokumentieren. Offenburg. S. 150–169.

Peter-Koop, A./Hasemann, K. (2006): Modul G 10: Übergänge gestalten. SINUS-Transfer Grundschule. www.sinus-an-grundschulen.de/fileadmin/uploads/Material_aus_STG/Mathe-Module/M10.pdf (8.11.2010).

Schipper, W. (2002): „Schulanfänger verfügen über hohe mathematische Kompetenzen." Eine Auseinandersetzung mit einem Mythos. In: Peter-Koop, A. (Hrsg.): Das besondere Kind im Mathematikunterricht der Grundschule. Offenburg. S. 119–140.

Joachim Kahlert und Reinhard Demuth

Übergänge gestalten mit Blick auf den Sachunterricht

Die allgemeinen Voraussetzungen und Maßnahmen, die einen erfolgreichen Übergang vom Kindergarten in die Grundschule unterstützen bzw. gewährleisten, sind in den Vorbemerkungen zum Modul G 10 angesprochen und in der ausführlichen Modulbeschreibung (Demuth/Kahlert 2007) dargestellt. An dieser Stelle sollen zunächst eher übergreifende und grundlegende Aspekte thematisiert werden; danach werden diese in der gebotenen Kürze auf die Gegebenheiten bezogen, die für die Naturwissenschaften konstitutiv sind.

Was kann zum Gelingen des Übergangs beitragen?

Im Sachunterricht der Grundschule geht es darum, Kinder zu unterstützen, sich zuverlässiges Wissen über die soziale, natürliche und technisch gestaltete Umwelt anzueignen und sich in der modernen Gesellschaft zunehmend selbstständig und verantwortlich zu orientieren (Kahlert 2009, 17 ff.). Es kommt darauf an, dass Kinder in der Einsicht gestärkt werden, dass das als Wissen gilt, was man gemeinsam aus guten Gründen annimmt. Dazu müssen sie sich über Wissen und Vorstellungen austauschen und verständigen. Über Beobachtungen und Vorstellungen zu sprechen, sie in Frage zu stellen und darüber zu beraten, dient dazu, Wissen abzusichern. Um Beobachtungen mitteilen zu können, muss man sich auf Merkmale einigen und auf Verfahren, die eigenen Beobachtungen festzuhalten und zu ordnen. So werden Symbol- und Ordnungssysteme einsichtig:

▶ Wozu lege ich eine Tabelle an?
▶ Welche Vorteile hat das?
▶ Was bedeutet es, etwas zu messen?
▶ Wie muss man dabei vorgehen, damit sichergestellt ist, dass alle auf die gleiche Art und Weise messen?

Nach und nach wird so eine Haltung der Sachlichkeit gefördert. Sachlichkeit bedeutet, sich mit seiner natürlichen und sozialen Umwelt überlegt, umsichtig, um Verständigung mit anderen bemüht, aber auch hartnäckig und zielgerichtet fragend auseinanderzusetzen.

Die Tabellen 1 bis 4 versuchen zusammenzufassen, wie Lernerfahrungen im Umgang mit naturwissenschaftlichen Inhalten vom Kindergarten über die Grundschule bis zur weiterführenden Schule auf- und ausgebaut werden können. Dabei sollen Kinder erfahren, dass sie das bereits Gelernte erneut anwenden können und dass das zu neuem Wissen und Können führt.

195

Vom Kindergarten an	In der Grundschule	In weiterführenden Schulen
... Zugänge bieten und ausbauen	... sachliche Grundlagen schaffen – fachliches Wissen, Können und Verstehen aufbauen	... fachliches Wissen, Können und Verstehen ausbauen und vertiefen

Vom Durchführen einfacher Versuche zum geplanten Experiment

Schülerinnen und Schüler können ...

• Eigenschaften von Gegenständen und Materialien sinnlich erfassen und unterscheiden. • einfache Versuche beobachten und mit angemessener Unterstützung durchführen.	• Materialien und Gegenstände nach ausgewählten Eigenschaften klassifizieren. • Versuche nach Anleitung zunehmend selbstständig durchführen und auswerten.	• fachliche Erkenntnisinteressen und spezifische Fachmethoden unterscheiden (chemische, physikalische, biologische Fragestellungen) und fachangemessen anwenden. • Experimente zunehmend selbständig planen, durchführen und auswerten.

Tab. 1: Vom Durchführen einfacher Versuche zum geplanten Experiment

Vom Sprechen über einfache Beobachtungen zur fachangemessenen Darlegung

Schülerinnen und Schüler können ...

• Phänomene, Abläufe und Beobachtungen beschreiben. • erfahren, dass das gleiche Ereignis von verschiedenen Menschen unterschiedlich wahrgenommen wird. • einfache Größen- und Gewichtsrelationen als Möglichkeit erfahren, sich auf gemeinsame Wahrnehmungen zu einigen (kleiner als, schwerer als, genauso groß wie etc.).	• sinnliche Wahrnehmungen und gemessene Größen im Hinblick auf Eindeutigkeit für die gemeinsame Verständigung unterscheiden. • ausgewählte Größen messen und die Messwerte für Vergleiche nutzen. • Beobachtungen miteinander vergleichen und dabei zunehmend Merkmale benutzen, die für den Vergleich angemessenen sind.	• bei der Beschreibung von Sachverhalten und Phänomenen und bei der Begründung von Vermutungen Fachbegriffe, Fachwissen und Gesetzmäßigkeiten immer sicherer anwenden.

Tab. 2: Vom Sprechen über einfache Beobachtungen zur fachangemessenen Darlegung

Von der Neugierde an interessanten Phänomenen zum fachlichen Interesse

Schülerinnen und Schüler können ...

- über Beobachtungen sprechen, die man erstaunlich findet.
- darlegen, was man herausfinden könnte.
- überlegen, wie man das herausfinden und wer oder was dabei helfen könnte.
- Vermutungen formulieren und diese begründen.
- erfahren, dass es helfen kann, mit anderen über Beobachtungen, Vermutungen und Ideen zu sprechen, und dass man sich gemeinsam Zeit nehmen muss, um etwas herauszufinden.

- selbstständig begründen, warum ein beobachtbarer Sachverhalt erstaunt oder zum Nachdenken bringt.
- überlegen, welche Informationsquellen genutzt werden können, um Fragen zu klären (Bücher, Internet, andere Kinder, Lehrkraft, andere Erwachsene. Ausdenken eines geeigneten Versuchs). Diese Quellen selbstständig nutzen.
- sich gegenseitig auf Widersprüche und Unstimmigkeiten aufmerksam machen und sich mit Einwänden auseinandersetzen.
- Vorstellungen und Vermutungen miteinander vergleichen; auswählen, was besonders überzeugt, und begründen, warum.
- sich darauf einigen, was man zusammen beobachten müsste und wie man das am besten so macht, dass alle die Chance haben, das gleiche zu beobachten, wenn das gleiche geschieht.
- einfache Versuche zur Überprüfung bzw. zur Widerlegung von Vermutungen beraten, planen und durchführen („was müsste geschehen, wenn ...").
- Beobachtungen, Vermutungen und Ergebnisse übersichtlich festhalten und dazu einfache Tabellen, Skizzen und Diagramme nutzen.

- Hypothesen bilden und zunehmend unter Einbeziehung von Sachwissen begründen.
- Experimente immer selbstständiger in der Gruppe planen und durchführen.
- Beobachtungen und Ergebnisse mit Hilfe formalisierter Verfahren festhalten (Protokolle).

Tab. 3: Von der Neugierde an interessanten Phänomenen zum fachlichen Interesse

---

Vom Nachdenken über das, was man getan hat, zum reflektierten Lernen

Schülerinnen und Schüler können ...

• am Ende eines Versuches gemeinsam besprechen, was sie getan und bemerkt haben: „Was hat uns gewundert?" „Welche Vermutungen haben wir gehört?" „Wie haben wir eine Lösung gefunden?" • in ähnlichen Anwendungssituationen das neue Wissen nutzen: es in einer inhaltlich passenden Geschichte oder in einer Erzählung wiederentdecken; einen ähnlichen Versuch erkennen und mit dem neuen Wissen beschreiben und deuten.	• den Lernprozess in größeren Einheiten zusammenfassen und dabei zunächst strukturierende Hilfen nutzen: „Was war das Problem?" „Gab es verschiedene Vermutungen?" „Wie sind wir vorgegangen?" „Wie haben wir die Lösung gefunden?" • versuchen, anderen einen Sachverhalt zu erklären.	• mit Hilfe von Stichpunkten den eigenen Erkenntnisgewinn mündlich zusammenfassen. • selbstständig Anwendungen von neu erworbenem Wissen erkunden (Technik, Umweltschutz, Gesundheit) und für andere darstellen. • sich arbeitsteilig neues Wissen erarbeiten und sich gegenseitig vorstellen.

Tab. 4: Vom Nachdenken über das, was man getan hat, zum reflektierten Lernen

Anschlussfähige Erfahrungen und Einsichten ermöglichen

Mit den von der KMK beschlossenen Bildungsstandards für den mittleren Bildungsabschluss (Klasse 10) in den Fächern Biologie, Chemie und Physik (KMK 2005) wurden Zielsetzungen für bestimmte Kenntnis- und Fähigkeitsniveaus formuliert, die sich am Ende der Sekundarstufe als „Kompetenzen" bei den Schülerinnen und Schülern zeigen und nachprüfen lassen sollen. Diese Kompetenzen müssen im vorangegangen Unterricht kontinuierlich und systematisch aufgebaut worden sein.

Es soll daher im Folgenden eine Möglichkeit beschrieben werden, wie eine frühe Entwicklung naturwissenschaftlicher Arbeitsweisen (Mikelskis-Seifert 2004) erfolgen kann. Für den Aufbau tragfähiger Konzepte (Demuth/Rieck 2005) sei auf die Langfassung der Modulbeschreibung (Demuth/Kahlert 2007) verwiesen.

Naturwissenschaftliche Arbeitsweisen

Für die naturwissenschaftlichen Arbeitsweisen gibt es eine detailliert ausgearbeitete und erprobte Beschreibung der Abfolge von „methodischen Kenntnissen", welche die American Association for the Advancement of Science im Programm „Science – A Process Approach" (AAAS 1993) vor fast 40 Jahren vorgelegt hat.

In ihr wurden insgesamt 13 grundlegende Verfahren identifiziert, die mit Beginn des Unterrichts systematisch und hierarchisch aufeinander aufbauend eingeführt werden sollten.

In der Grundschule sollen die folgenden acht methodischen Grundfertigkeiten geübt werden, wobei der Anspruch von eins bis acht steigt (Mikelskis-Seifert 2004):

▸ Beobachten
▸ Gebrauch von Raum/Zeit-Beziehungen
▸ Gebrauch von Zahlen
▸ Messen
▸ Klassifizieren
▸ Kommunizieren
▸ Voraussagen treffen
▸ Schlussfolgerungen ziehen

Auf dieser Grundlage lassen sich in der Sekundarstufe fünf anspruchsvollere Fertigkeiten aufbauen, die nachstehend wiederum nach steigendem Niveau geordnet sind:

▸ Hypothesen formulieren
▸ Variablen kontrollieren
▸ Daten interpretieren
▸ auf operationale Weise definieren
▸ Experimentieren

Zur Abstimmung der zu behandelnden Arbeitsweisen und ihren Ausprägungen kann auf dieser Basis eine Abstimmung zwischen den Bildungseinrichtungen erfolgen. Ein mögliches Vorgehen sei für die grundlegende methodische Fertigkeit des Beobachtens skizziert, wie sie bis zum Ende der Grundschule entwickelt werden kann:

▸ Identifizieren und Benennen der Oberflächenbeschaffenheit eines Objekts mit den Begriffen „glatt" und „rau". Identifizieren und Benennen der Größe eines Objekts mit den Begriffen „groß" und „klein".
▸ Identifizieren und Benennen von zwei oder mehr Eigenschaften eines Objekts wie Farbe, Form, Größe und Oberflächenbeschaffenheit.
▸ Beschreiben von zwei oder mehr Eigenschaften eines Objekts: Farbe, Form, Größe und Oberflächenbeschaffenheit. Identifizieren und Benennen von Farbveränderungen.
▸ Identifizieren und Benennen von Veränderungen der Eigenschaften wie Temperatur, Größe, Form und Farbe beim Wechsel von festen zu flüssigen Zuständen.

Entsprechende hierarchische Gliederungen lassen sich auch für die weiteren sieben Grundfertigkeiten in der Grundschule formulieren. Mit ihnen kann der Beitrag der jeweiligen Bildungseinrichtung zur Entwicklung dieser Grundfertigkeiten bestimmt werden.

Methodische und inhaltliche Gestaltung des Unterrichts

Für die Grundschule und zunehmend auch für den Kindergarten wird immer wieder die Wichtigkeit von Versuchen betont, die Kinder selbst durchführen. Ohne eine gründliche sachfundierte didaktische und methodische Reflexion der mit diesen Versuchen verbundenen Lernmöglichkeiten nützen sie jedoch wenig für den Aufbau zuverlässigen Wissens und Könnens. Es ist daher immer zu klären, was der für den Unterricht jeweils ausgewählte Versuch zur Entwicklung eines tragfähigen naturwissenschaftlichen Konzepts beitragen kann. Im Zentrum stehen drei Fragen:

▸ Worauf kommt es bei dem behandelten Sachverhalt aus naturwissenschaftlich-fachlicher Sicht an?

▸ Welches Ziel soll mit Bezug auf naturwissenschaftliche Konzepte mit diesem Versuch erreicht werden?

▸ Mit welchen Vorstellungen der Kinder kann man rechnen? Welche Vorstellungen unterstützen den Lernprozess, welche führen eher in eine falsche Richtung und blockieren oder verhindern sogar den für die Altersstufe angemessenen Erwerb eines langfristig tragfähigen naturwissenschaftlichen Konzepts?

Die folgende Übersicht „Was kann man hier lernen?" zeigt an einem Beispiel, wie diese sachfundierte didaktische Reflexion aussehen könnte:

Literatur

American Association for the Advancement of Science (AAAS) (1993): Benchmarks for science literacy. New York. Hier nach: www.project2061.org/publications/bsl/default.htm (8.3.2011).

Demuth, R./Kahlert, J. (2007): Modul G 10: Übergänge gestalten. Naturwissenschaften. SINUS-Transfer Grundschule. www.sinus-an-grundschulen.de/fileadmin/uploads/Material_aus_STG/NaWi-Module/N10.pdf (8.3.2011).

Demuth, R./Rieck, K. (2005): Modul G 3: Schülervorstellungen aufgreifen – grundlegende Ideen entwickeln. Naturwissenschaften. SINUS-Transfer Grundschule. www.sinus-an-grundschulen.de/fileadmin/uploads/Material_aus_STG/NaWi-Module/N3.pdf (8.3.2011).

Kahlert, J. (2009): Der Sachunterricht und seine Didaktik. Bad Heilbrunn.

Kultusministerkonferenz (KMK) (2005): Bildungsstandards im Fach Chemie für den Mittleren Schulabschluss. München.

Mikelskis-Seifert, S. (2004): Modul G 2: Erforschen, Entdecken und Erklären im naturwissenschaftlichen Unterricht der Grundschule. Naturwissenschaften. SINUS-Transfer Grundschule. www.sinus-an-grundschulen.de/fileadmin/uploads/Material_aus_STG/NaWi-Module/N2b.pdf (8.3.2011).

A Flaschenversuch

Über die Öffnung einer kalten Flasche (aus dem Eisfach) stülpt man einen Luftballon, der schon einmal aufgeblasen war, und erwärmt die Flasche (heißes Wasser, Föhn). Der vorher schlaffe Luftballon richtet sich auf.

Worauf kommt es aus naturwissenschaftlicher Sicht an?	• Warme Luft braucht mehr Platz als kalte Luft. • Sie dehnt sich aus, wenn Raum dafür vorhanden ist. Der vorher schlaffe Luftballon bietet diesen Raum.
Welches Ziel soll mit Bezug auf naturwissenschaftliche Konzepte mit diesem Versuch erreicht werden?	**Bezug auf das Konzept „Erhaltung der Materie":** • Luft ist ein Stoff, der Platz braucht und der sich auch Platz verschaffen kann. **Bezug auf das Wechselwirkungskonzept:** • Warme und kalte Luft unterscheiden sich. Warme Luft braucht mehr Platz als kalte Luft. • Die Luft dehnt den Ballon, der ihr Widerstand entgegensetzt. **Evtl. Bezug auf das Teilchenkonzept:** • Die Luftteilchen in warmer Luft bewegen sich schneller als die Teilchen in kalter Luft. Sie können daher mehr Raum einnehmen und sogar die vorher schlaffe Hülle des Luftballons ein wenig dehnen.
Mit welchen Vorstellungen der Kinder kann man rechnen?	Kinder haben in der Regel schon beobachtet, dass warme Luft nach oben steigt (Heißluftballon; Raumluft). Für sie ist dies auch der Grund für die Ausdehnung des Luftballons. Hält man die Flasche jedoch mit der Öffnung nach unten, bleibt der Luftballon gedehnt, nur zeigt er jetzt nach unten. Nun leuchtet auch den Kindern ein: „Warme Luft steigt nach oben" reicht nicht, um die Aufrichtung des Luftballons zu erklären. Vielmehr dehnt sich Luft beim Erwärmen überall dorthin aus, wo sie sich Platz verschaffen kann: nach oben, nach unten und zur Seite.

Tab. 5: Was kann man hier lernen? – Anleitung zur sachfundierten didaktischen Reflexion

Autorinnen und Autoren

Prof. Dr. Reinhard Demuth war bis 2009 Direktor der Abteilung Didaktik der Chemie am Leibniz-Institut für die Pädagogik der Naturwissenschaften und Mathematik (IPN) und Mitglied der Koordinierungsgruppe Naturwissenschaften im Programm „SINUS-Transfer Grundschule".

Prof. Dr. Andreas Hartinger ist Lehrstuhlinhaber für Grundschulpädagogik und Grundschuldidaktik an der Universität Augsburg.

Prof. Dr. Klaus Hasemann ist Professor für Didaktik der Mathematik mit dem Schwerpunkt Grundschule an der Leibniz Universität Hannover.

Angela Jonen war bis 2006 wissenschaftliche Mitarbeiterin an der Universität Münster und Würzburg. Seit 2007 ist sie Grundschullehrerein an der Grundschule Steinbachtal-Burkhard in Würzburg.

PD Dr. Johannes Jung ist akademischer Rat am Lehrstuhl für Grundschulpädagogik und -didaktik an der Universität Würzburg. Seine Arbeitsschwerpunkte sind Lehre und Forschung in der Grundschulpädagogik und Entwicklung des Sachunterrichts.

Prof. Dr. Joachim Kahlert ist Professor am Lehrstuhl Grundschulpädagogik und -didaktik an der Ludwig-Maximilians-Universität München (LMU). Darüber hinaus ist er Direktor des Münchner Zentrums für Lehrerbildung an der LMU.

Prof. Dr. Friedhelm Käpnick ist Lehrstuhlinhaber für Mathematikdidaktik an der Westfälischen Wilhelms-Universität Münster. Seine Arbeitsschwerpunkte sind: Forschungen zur Diagnostik und Förderung mathematischer Begabungen in verschiedenen Altersbereichen zu subjektiven Zahlauffassungen und zu intuitiven Erkenntnisprozessen von Kindern beim Lernen von Mathematik.

Prof. Dr. Ernst Kircher war von 1978 bis 2005 als Physikdidaktiker an der Universität Würzburg tätig. Seine wissenschaftlichen Schwerpunkte sind die erkenntnis- und wissenschaftstheoretischen Grundlagen der Physikdidaktik sowie Unterrichtsforschung vor allem in der Grundschule.

Prof. Dr. Silke Mikelskis-Seifert ist seit 2008 Professorin für Physik und ihre Didaktik an der Pädagogischen Hochschule Freiburg. Davor war sie seit 2002 Juniorprofessorin für Physikdidaktik am Leibniz-Institut für die Pädagogik der Naturwissenschaften und Mathematik (IPN).

Prof. Dr. Marianne Nolte ist Mathematikdidaktikerin und arbeitet an der Fakultät für Erziehungswissenschaft, Psychologie und Bewegungswissenschaft der Universität Hamburg. Ihre Arbeitsschwerpunkte sind fachdidaktische Grundlagen der Mathematik in der Grundschule, Fragen zur mathematischen Hochbegabung im Grundschulalter sowie Rechenschwächen.

Prof. Dr. Marcus Nührenbörger lehrt Didaktik der Mathematik am Institut für Entwicklung und Erforschung des Mathematikunterrichts (IEEM) der Technischen Universität Dortmund. Sein Forschungsgebiet umfasst die Entwicklung und Erforschung mathematischer Lehr- und Lernprozesse unter den Bedingungen von Heterogenität.

Prof. Dr. Andrea Peter-Koop ist Professorin für Didaktik der Mathematik mit dem Schwerpunkt Grundschule an der Universität Bielefeld. Sie leitet die Arbeitsgruppe „Mathematische Diagnostik und Förderung".

Dr. Karen Rieck koordiniert seit 2009 den naturwissenschaftlichen Bereich im Programm *SINUS an Grundschulen* am Leibniz-Institut für die Pädagogik der Naturwissenschaften und Mathematik (IPN). Von 2004 bis 2009 nahm sie diese Aufgabe bereits im Programm „SINUS-Transfer Grundschule" wahr.

Prof. Dr. Wilhelm Schipper war Professor für Didaktik der Mathematik an der Universität Bielefeld und ist Leiter der Bielefelder Beratungsstelle für Kinder mit Rechenstörungen.

Prof. Dr. Gudrun Schönknecht ist Professorin für Grundschulpädagogik an der Pädagogischen Hochschule Freiburg, Fakultät für Bildungswissenschaften.

Prof. Dr. Christoph Selter ist Hochschullehrer für Didaktik der Mathematik an der TU Dortmund.

Beate Sundermann ist Fachleiterin am Studienseminar Bochum und abgeordnete Lehrerin an der TU Dortmund im Projekt PIK AS.

Lilo Verboom ist Grundschullehrerin, Haupt- und Fachleiterin am Studienseminar Duisburg und Mitarbeiterin im Projekt PIK AS der TU Dortmund.

Prof. Dr. Gerd Walther ist seit 1981 Professor für Mathematik und ihre Didaktik an der Pädagogischen Hochschule Kiel, später am Mathematisches Seminar der CAU. Seit 2004 ist er Mitglied der Koordinierungsgruppe für Mathematikdidaktik in den Programmen „SINUS-Transfer Grundschule" und *SINUS an Grundschulen*.

Prof. em. Dr. Dr. h.c. Heinrich Winter lehrte mehr als fünfzig Jahre in Neuss, Dortmund und zuletzt an der RWTH Aachen als Mathematikdidaktiker. Für sein umfangreiches Werk verlieh ihm der Fachbereich Mathematik der Universität Dortmund die Ehrendoktorwürde. Aus gleichen Gründen erhielt er 2011 den Johannes-Kühnel-Preis der MNU.

Prof. Dr. Rita Wodzinski ist seit September 2000 Professorin für Didaktik der Physik an der Universität Kassel. Sie beschäftigt sich u.a. mit physikalischen Aspekten im Sachunterricht und mit dem Experimentieren im Sachunterricht.

Quellenverzeichnis

Grafiken

S. 24 Gute Aufgaben: © K. Rieck

S. 30/31 Bewertungsskala und Radarplot: © Stäudel (2003): Der Aufgabencheck. Überprüfen Sie Ihre Aufgabenkultur. In: Ball, H. u. a. (Hrsg.): Aufgaben. Lernen fördern – Selbstständigkeit entwickeln. Seelze. S. 16–17

S. 35 Zahlenmauern: © C. Selter

S. 36/39 Zahlengitter: © C. Selter

S. 46 Wechselspiel: © S. Mikelskis-Seifert

S. 48 Erfahrungs- und Modellwelt: © S. Mikelskis-Seifert

S. 49 Sinnesorgane: © S. Mikelskis-Seifert

S. 57 Hunderter-Feld: © W. Schipper

S. 62 Tische aufstellen: © Bildungshaus Schulbuchverlage Westermann Schroedel Diesterweg Schöningh Winklers GmbH

S. 126 Töne … und Intervalle …: © A. Jonen/J. Jung

S. 149 Rechnen mit Zahlenkarten: © M. Nührenbörger/L. Verboom

S. 152 Aufgabengenerator: © M. Nührenbörger/L. Verboom

S. 155 Zahlenquadrate: © M. Nührenbörger/L. Verboom

S. 190 Entwicklungsmodell: © Krajewski, K. (2007): Prävention der Rechenschwäche. In: Schneider, W./Hasselhorn, M. (Hrsg.): Handbuch der Pädagogischen Psychologie. Göttingen, Hogrefe

Fotos

S. 13 Scrabble: © B. Dedekind und K. Rieck/IPN Kiel

S. 33 Flüstertüten: © David Ausserhofer/Intro

S. 55 Junge mit Trichter: © contrastwerkstatt/Fotolia.de

S. 73 Klettergarten: © Joanna Zielinska/Fotolia.de

S. 89 Kinder mit Daumen hoch: © Jacek Chabraszewski/Fotolia.de

S. 109 Fischernetz: © Anne Kitzman/Fotolia.de

S. 129 Kind guckt durch Zaun: © Karyn Kudrna – IStockphoto

S. 147 Mädchen lernen gemeinsam: © Christian Schwier/Fotolia.de

S. 165 Im Schulflur: © Christian Schwier/Fotolia.de

S. 185 Brücke in Aula: © B. Gramann

Fremdtexte

S. 111 Elefant, grau, wie Stein. Aus: Was denkt die Maus am Donnerstag? © 1998 Beltz & Galberg in der Verlagsgruppe Beltz, Weinheim/Basel

Die Schülerarbeiten stammen aus dem Archiv der jeweiligen Autoren.

Neue Zugänge
für den Sachunterricht

CLAUDIA FISCHER | KAREN RIECK |
MANFRED PRENZEL (HRSG.)

Naturwissenschaften
in der Grundschule
Neue Zugänge entdecken

16 x 23 cm, 159 Seiten, in Farbe

ISBN 978-3-7800-1062-9

€ 24,95

Sachunterricht wird nur mit wenigen Stunden erteilt. Die behandelten Themen kommen aus vielen verschiedenen Sachgebieten und der Anteil naturwissenschaftlicher Inhalte ist gering. Erfahren Sie, wie Sie das Potenzial der anderen Fächer für naturwissenschaftliches Lernen nutzen können. Die im Sportunterricht erworbene Fähigkeit des Messens hilft z. B. im naturwissenschaftlichen Unterricht, ebenso die für den Deutschunterricht charakteristische Begriffsbildung. Modellieren ist in Mathematik und Kunst eine grundlegende Arbeitsweise.

Prüfen Sie für Ihren Unterricht die Möglichkeiten der Vernetzung.

Praxisbücher

Alle Preise zzgl. Versandkosten, Stand 2011.

Unser Leserservice berät Sie gern:
Telefon: 05 11/4 00 04 -150
Fax: 05 11/4 00 04 -170
leserservice@friedrich-verlag.de

Experimentieren und Entdecken im Sachunterricht

KATJA N. ANDERSEN

Lernumgebungen im Sachunterricht

Differenziertes Arbeiten – selbstgesteuertes Lernen

16 x 23 cm, 136 Seiten

ISBN 978-3-7800-1059-9
€ 19,95

Besonders nachhaltig ist jener Lernerfolg, der sich durch eigene Erfahrungen der Schüler mit dem Lerngegenstand einstellt. Nach einer kompakten Erläuterung ihres konstruktivistischen Ansatzes öffnet die Autorin ein weites Feld praxisnaher Vorschläge zu Themen aus der Lebenswelt der Kinder und zeigt, wie solche Umgebungen geschaffen werden können. Die Vorschläge gliedern sich nach den Kategorien der Bildungspläne: Lernumgebungen zur natürlichen, technischen und sozialen Umwelt. Mit Hinweisen u.a. zu Materialien, Ablauf, Zielsetzung und Methodik.